행복한 두뇌!!
김영훈

압도적인
결과를 내는
공부두뇌

압도적인 결과를 내는

공부 두뇌

의학박사 김영훈 지음

베가북스
VegaBooks

머리말

어느 날 O tvN 채널의 김창동 PD가 찾아와서 물었다. 초등학교 아이들에게 70일 동안 솔루션을 제공하면 IQ를 높일 수 있느냐고. IQ는 변하지 않기 때문에 그건 불가능하다는 것이 나의 답변이었다. 물론 한 아이에게 지능검사를 하고 70일 후에 같은 지능검사를 하면 학습효과로 2~3점 정도는 높아지겠지만 그 이상은 기대하기 어렵다고도 말해주었다. 그리고 〈70일간의 두뇌계발 프로젝트, 영재의 비법〉은 TV 프로그램 소재로 너무 비현실적이 아니냐고 되물었다.

그런데 출연할 아이와 부모를 대상으로 사전 인터뷰를 해보니 의외로 부모의 잘못된 양육방식 때문에 어려움을 겪고 있는 아이가 많았다. 부모는 아이의 잠재력이 제대로 발휘될 수 있게 조력자 역할을 해야 하지만 그렇지 않은 경우가 있어, 이번 프로그램을 통해 그런 장애 요소를 제거하여 아이의 잠재력을 깨워주면 IQ가 높아질 수도 있겠다는 생각이 들었다. 70일간의 솔루션 제공 후 결과는 만족스러웠다. 부모가 아이에게 뇌에 적합한 솔루션을 수행하다 보니 억눌렸던 아이의 IQ가 살아났다.

우리나라의 많은 부모들이 아이를 교육할 때 합리적이지 못한 양육태도를 보이는 것을 종종 보았다. 아이의 미래가 걸린 중요한 일인데도 자신과 수준이 비슷한 옆집 엄마의 이야기를 듣고 자녀교육을 하고 있었다. 옆집 아이가 무엇을 하느냐에 따라 내 아이가 해야 할 일도 결정된다. 이때 내 아이의 공부선호도나 학습양식, 두뇌성격은 고려되지 않는다. 옆집아이가 선행학습을 하면 내 아이도 무조건 똑같이 선행학습을 해야 한다. 그렇게 하지 않으면 시대에 뒤떨어지고 내 아이만 뒤쳐진다고 생각한다.

최근 아이들에게 많이 발생하는 주의력결핍 과잉행동장애(ADHD)나 틱장애는 이러한 교육적 환경과 무관하지 않다. 부모들의 조급증으로 창의력까지 '교육'받는 시대이다 보니 아이들이 수면부족과 두통을 호소하는 사례도 많다. 그러다보면 뇌기능이 위축되고, 오히려 IQ가 낮아지는 교육환경이 될 수도 있다. 영재든, 평범한 아이든 부모의 양육 태도에 따라 아이의 뇌는 얼마든지 달라질 수가 있다.

한국 부모들의 내 아이만 뒤처지면 안 된다는 경쟁의식과 불안감은 '누가 더 일찍 진도를 시작하는가?'라는 조기교육과 '누가 더 빨리 진도를 나가는가?'라는 선행학습으로 이어지고 있다. 아이의 신경회로는 엉성하고 가늘어서 어려운 내용을 입력하면 과부하가 일어나 성취감보다는 좌절감을 느끼게 된다. 뇌 발달 속도에 맞추어 적기교육을 시킨다면 아이의 뇌가 잘 받아들일 수 있지만, 뇌가 준비되지 않은 상태에서 조기교육을 받으면 코르티솔(cortisol)이라는 스트레스호르몬이 나와 오히려 신경전달물질의 분비를 떨어뜨리고 뉴런(neuron)을 죽이게 된다.

공부두뇌의 결정적 차이는 단순히 영재성이나 환경에 의한 것이 아니다. 뇌가 어떤 상태에 있는지가 가장 큰 관건이다. 뇌가 부모의 양육태도나 아이의 공부방법에 의하여 억제되어 있는지, 아니면 아이의 잠재력을 최대한 끌어올리도록 최적화되어 있는지의 여부가 중요하다. 특히 많은 아이들이 가지고 있는 '공부에 대한 부정적인 감정'이야말로 아이의 숨은 잠재력을 찾아내는 데 방해가 되고, 아이의 뇌를 억제하는 주범이라 볼 수 있다.

공부두뇌는 집중력, 기억력, 사고력만을 키운다고 만들어지는 것은 아니다. 최적화된 공부두뇌를 만들려면 정서적인 느낌이나 창의력, 추론력, 직관력 등이 필요한데 이는 의지력으로 얻어지는 것이 아니라 여유를 가지고 깊이 있게 생각해야 자연스럽게 만들어진다.

지난 수 백년 동안 부모들은 뇌의 공부원리를 거의 모르는 상태에서 아이들을 가르쳐왔다. 뇌의 생리적인 구조나 기능을 설명할 과학적인 근거가 충분하지 않았기 때문이다. 공부에 대한 과학적인 원리가 밝혀지지 않았던 과거에는 부모들 각자의 경험과 추측에 근거하여 아이들을 가르칠 수밖에 없었다. 하지만 이제는 뇌 과학의 발달과 더불어 살아 있는 아이의 뇌가 어떻게 작동하는지 직접 관찰하게 되면서 뇌의 메커니즘과 신경망에 대해 훨씬 더 잘 이해하게 되었다. 물론 뇌는 여전히 많은 비밀을 감추고 있는 복잡하고 불가사의한 기관이다. 하지만 이제는 그 베일이 서서히 벗겨지면서 아이들이 공부하는 데 많은 시사점을 주고 있다.

뇌 과학을 교육에 접목한다는 생각이 흥미로워 보이기는 하지만, 한편으론 그 실효성에 대해 여러 가지 의심과 궁금증이 쏟아지는 것도 사실이다. 뇌에 대한 여러 연구 결과 중에서 어떤 연구를 교육에 적용할 수 있을까? 그것이 아이들에게 도움이 될까? 뇌 과학 연구를 정확하게 해석하여 적용했는지를 어떻게 확신할 수 있을까? 과연 그런 지식이 아이들의 공부두뇌를 변화시키는 데 실질적인 도움이 될까?

이 책은 뇌 과학이 아이의 공부에 어떻게 적용되는지에 대해 이제 막 관심을 갖게 된 부모들을 위한 책이다. 뇌 과학 관련 책은 실제 어떤 것을 먼저 읽어야 할지 쉽게 판단할 수 없을 정도로 시중에 많이 나와 있지만, 특히 이 책의 목표는 아이로 하여금 뇌의 원리에 맞게 공부할 수 있는 실마리를 제공하는 데 있다.

아이들의 뇌가 어떻게 작동하는지를 이해하면, 아이는 보다 효율적으로 공부할 수 있다. 이 책은 뇌 과학의 발달로 최근 몇 년 동안 아이들의 학습에 관해 알게 된 새로운 수많은 지식들을 소개하고 있다. 또 아이들이 주도적이면서도 성공적으로 공부할 수 있도록, 뇌 과학에서 얻은 지식을 다양한 상황에 적용하는 방법에 대해 알기 쉽게 서술하였으며, 다양한 전략과 기법을 제시하고 있다.

또한 공부두뇌를 최적화하는 적기교육을 위해 아이의 학년별로 부모가 어떤 노력을 해야 하는지, 초등학교 아이에게 바로 적용할 수 있는 구체적인 지침은 무엇인지 알려준다.

이 책은 부모들이 이해하기 쉽게 모두 다섯 부분으로 구성하였다. 1부에서는 뇌의 발달 과정에 초점을 맞추어 뇌의 구조와 기능, 그리고 초등학생의 두뇌 특징을 알아보고 어떻게 공부두뇌를 만들지 개략적인 내용을 알아본다. 2부에서는 초등학교 1~2학년에서 중요한 집중력을 어떻게 키울 것인지 구체적인 전략을 알아보고, 아이의 공부유형을 파악하여 유형별 맞춤공부법에 대해 살펴본다. 3부에서는 갑자기 외울 내용이 많아지는 초등학교 3~4학년에서 기억력을 어떻게 향상시킬지 장기기억과 작업기억으로 나누어 다루며, 스트레스가 많은 시기에 정서지능을 높여 공부에 대한 긍정성을 높이는 방법과 공부두뇌를 안정화하는 자기조절력에 대하여 다룬다. 4부에서는 초등학교 5~6학년에서 사춘기를 겪으면서 공사를 하는 공부두뇌에 맞추어 학습의욕을 높이는 방법과 공부습관을 들일 수 있는 실행력을 어떤 전략을 가지고 향상시킬지를 고민해볼 것이다. 마지막으로 5부에서는 국어두뇌, 영어두뇌, 수학두뇌 등 과목별 두뇌를 어떻게 만들어갈지 지침을 제시할 것이다.

초등학교 공부두뇌에 관심이 있는 부모들이 이 책을 읽고 아이를 양육하고 교육하는 데 많은 도움을 받았으면 좋겠다. 아이를 직접 키운 경험을 살려 엄마의 시각으로 전체 원고를 검토해준 아내 송미경에게 고마움을 전한다. 끝으로 이 책을 쓰는 동안 지속적인 도움을 주신 베가북스 출판사의 권기대 대표와 배혜진 이사께도 감사드린다.

2018년 9월
김영훈

차례

머리말 • 4

PART 1. 공부두뇌 만들기

1. IQ가 높으면 공부도 잘할까? • 15
2. 하루 3시간씩 10년, 1만 시간의 법칙 • 21
3. 우리 아이의 뇌 탐색 • 27
4. 공부, 신경전달물질요법 • 35
5. 4차산업혁명 시대의 공부두뇌 • 42

PART 2. 초등학교 1~2학년

Chapter 1. 집중력의 뇌 만들기

6. 영재의 비법은 집중력! • 53
7. 집중력 좋은 아이의 힘 세 가지 • 59
8. 머리는 좋은데 공부 못하는 이유 • 66
9. 텔레비전보다 더 나쁜 건 컴퓨터게임 • 72
10. 아이의 지속적 집중력, 이렇게 하면 쑥쑥 • 77

Chapter 2. 두뇌 유형 파악하기

11. 내 아이에 맞는 학습양식 유형은? • 85

12. 강점지능으로 창의적인 업적을 이루려면 • 94
13. 4가지 뇌 성격별 맞춤 공부법 • 106
14. 남자아이의 뇌 vs 여자아이의 뇌 • 129

PART 3. 초등학교 3~4학년

Chapter 1. 기억력의 뇌 만들기
15. 기억력의 3대 적 • 141
16. 이렇게 하면 아이의 기억력 쑥쑥 • 147
17. 작업기억을 키우면 IQ가 쑥쑥 • 151
18. 기억력 좋게 하는 비법 • 157
19. 시간 관리를 몸에 익히기 위한 여섯 가지 전략 • 164
20. 공부두뇌를 만드는 운동의 힘 • 169

Chapter 2. 자기조절력 키우기
21. 공부, 의지일까 습관일까 • 179
22. 아이의 뇌는 긍정심을 먹고 자란다 • 185
23. 아이의 건강에 밥과 위생보다 중요한 것 • 190
24. 자기조절력을 키우기 위한 다섯 가지 전략 • 193
25. 행복과 공부의 전도사 세로토닌 • 197
26. 잠을 잘 자야 뇌가 똑똑해진다 • 203

PART 4. 초등학교 5~6학년

Chapter 1. 학습의욕의 뇌 만들기
27. 무력감의 수렁에 빠진 아이 • 213
28. 공부 잘하기 위한 필요충분조건 • 216
29. 학습동기 유지, 역경지수가 열쇠 • 221
30. 학령기 성취동기가 성인까지 간다 • 225
31. IQ는 IQ일 뿐! • 230
32. 칭찬도 안 먹히는 고래에겐 격려가 약이다 • 235
33. 공부중독의 필수조건 • 240

Chapter 2. 실행력 키우기
34. 고학년은 집중력보다는 실행력이 우선! • 247
35. 정리와 조직화 능력이 부족한 아이를 위한 작업기억력 • 252
36. 아이의 성장에 따른 시간과 순서능력의 발달 • 258
37. 통찰력을 키우기 위해 부모가 할 일 • 263
38. 자기통제력을 키워라 • 268

PART 5. 과목별 공부두뇌 만들기

Chapter 1. 국어두뇌 만들기
39. 국어의 뇌 • 279
40. 읽기, 어휘력을 늘려라 • 286

41. 국어, 독서태도가 중요하다 • 293
42. 국어, 추론력을 키워라 • 297
43. 말하기는 피드백이 중요하다 • 304
44. 글쓰기 싫어하는 아이, 쓰게 하는 법 • 311
45. 국어, 글쓰기로 사고력을 향상시키자 • 315

Chapter 2. 영어두뇌 만들기

46. 영어는 시작시기보다 노출환경이 더 중요하다 • 325
47. 국내에서 모국어처럼 영어 습득하기 • 330
48. 영어, 듣기부터 시작하자 • 335
49. 영어 말하기에 실패할 때 • 341
50. 영어읽기 발달을 위해 부모가 할 일 • 346
51. 영어쓰기는 단계적 학습이 효과적! • 351
52. 고급영어, 어휘력과 문법을 키워라 • 354

Chapter 3. 수학두뇌 만들기

53. 수학의 뇌를 활용하는 여섯 가지 전략 • 363
54. 수학, 연산력 키우기 • 370
55. 수학, 독해력을 키워라 • 376
56. 수학 공부에 실패할 때 • 380
57. 수학을 잘하기 위해 부모가 할 일 • 386

PART 1
공부두뇌 만들기

"감정의 뇌가 움직여야 전두엽이 활발해진다"

1. IQ가 높으면 공부도 잘할까?

천재 물리학자 알베르트 아인슈타인(Albert Einstein)이 세상을 떠난 1955년 4월 18일, 부검을 맡은 프린스턴병원 당직의사 토머스 하비(Thomas Harvey)가 그 두개골을 열어 뇌를 꺼내 무게를 재어봤더니 1,230 g 에 불과했다. 보통사람과 다를 바가 없었다. 그는 뇌를 포름알데히드 병에 담아 가서 240개 조각과 수천 개의 현미경 관찰용 표본으로 나누어 신경과학자에게 뇌 조각을 보내 천재의 뇌가 일반인의 뇌와 어떤 차이가 있는지를 밝히려고 애썼다. 하지만 차이점을 발견할 수 없었다. 그런데 1985년, 신경과학자 매리언 다이아몬드(Marian Diamond)가 아인슈타인의 뇌에는 일반인보다 신경교세포(neuroglial cell)가 많다는 사실을 발견하였다. 평균 64세에 죽은 남자 11명의 뇌와 아인슈타인의 뇌를 비교하였더니 아인슈타인의 뇌에서 뉴런당 신경교세포의 수가 일반 남자의 뇌보다 상대적으로 많았다. 신경교세포는 뉴런에 영양을 공급하고 손상된 부분을 복구하며 죽은 뉴런을 제거하는 역할을 한다. 또한 시냅스(synapse)에 재흡수되지 않은 신경전달물질을 깨끗하게 청소해 뇌에 떠다니지 않도록 방지한다. 그리고 수상돌기와 축색돌기의 성장을 촉진하며, 분열할 때 축색돌기의 미세한 신호를 탐지하여 몇천 배 이상으로 확대하는 기능도 한다. 신경교세포는 뉴런이 제 기능을 다하는 데 없어서는 안 되는 세포로서 뇌의 처리속도를 높여 준다. 신경교세포의 수가 많다는 것 외에 아인슈타인 뇌의 또 다른 특징은 전두엽(frontal lobe)과 두정엽(parietal lobe)의 활성도가 높다는 것이다. 1999년 샌드라 위틀슨(Sandra Witelson) 교수는 아인슈타인의 뇌는 앞부분(전두엽)과 윗부분(두정엽)을 아래쪽과 나누면서 뻗어나가는 '실비우스 주름'의 모양이 특이하고, 일반인보다 15% 넓은 두정엽이 과학적인 사고력을 높였다고 발표하였다.

영재들은 기억력, 사고력, 추리력 등 전두엽의 기능이 뛰어난 경우가 많다. 이렇게 전두엽의 기능이 좋으면 습득한 정보와 지식을 기억하고 해석하여 문제를 해결하는 데 효율적이다. 그러나 머리가 좋다고 해서 모두 공부를 잘하거나 좋은 대학에 가는 것은 아니다. 자기가 접한 정보와 지식을 공부해야 할지 결정하는 능력, 그리고 학습된 정보를 어떻게 활용할지는 변연계나 우뇌의 기능에 의해 결정된다. 공부하는 데는 IQ뿐만 아니라 정서지능의 역할이 중요하다. 또한 공부를 잘하느냐는 재능보다는 환경이나 공부습관의 영향력이 더 크다. 공부는 스포츠 혹은 예술 분야와 달리 선천적인 지능보다 후천적인 환경에 의해 좌우된다. 아서 젠슨(Arthur Jensen)은 〈지능검사의 편견〉에서 IQ에 따라서 일반적인 학교를 들어갈 수 있는지(IQ 50), 초등학교를 다닐 수 있는지(IQ 75), 고등학교를 다닐 수 있는지(IQ 105), 4년제 대학에서 전문적인 지식을 익힐 수 있는지(IQ 115)를 판단할 수 있다고 하였다. 하지만 IQ 115를 넘어서면 더 이상 IQ는 성공의 척도나 학업성취에 있어서 큰 역할을 하지 못한다. IQ 115 이상이라면 IQ보다 성격이나 정서지능이 더 중요한 역할을 한다. 통계적으로 봐도 IQ가 학교성적에 미치는 영향은 15~25% 정도에 불과한 것으로 알려져 있다. 지능검사는 전체적인 점수보다는 사고력이 뛰어난지, 표현력이 우수한지, 언어적 정보를 잘 처리하는지, 시각적 정보를 잘 처리하는지 등 아이의 잠재력을 파악하는 데 도움을 주지만 현대 사회에서는 다양한 영역의 잠재력이 있을수록 자신의 능력을 더 잘 발휘할 수 있다.

영재의 개념

이전까지만 해도 영재는 IQ(지능지수)에 의하여 결정되었다. IQ가 전체 상위의 3~5% 안에 들면 영재라고 판정했다. 그러나 최근에는 영재의 개념이 지능 위주로 평가하던 단일 차원에서 잠재된 재능을 보는 다차원으로 바뀌고 있다. IQ와는 상관없이, 어느 한 분야에서 평범한 아이가 나타낼 수 없는 탁월한 재능을 가지고 있다면 그 아이는 영재라고 할 수 있다. 즉 언어나 음악에 비범한 재능을 보인다면 그 아이는 언어 영재 또는 음악 영재라고 불린다. 수학이나 과학도 마찬가지이다. 이런 아이는 어느 한 분야에서는 영재라는 소리를 듣지만 다른 분야에서는 평범할 수도 있다. 한편 다양한 기준과 정의로 영재의 개념이 달라짐에 따라 요즘 아이들은 영재가 될 가능성이 훨씬 더 높아졌다.

영재는 평균 이상의 지적 능력, 높은 창의성, 높은 과제집착력이 있는 아이를 말한다. 따라서 부모가 아이의 잠재력을 찾아내어 키워주는 것이 중요하다. 영재의 두뇌라고 하더라도 대뇌피질(cerebral cortex)의 두께가 일반 아이들과 다르지 않다. 대뇌피질의 두께는 9세 무렵까지 시냅스의 증가로 두꺼워졌다가 점차 가지치기를 하여 완만하게 얇아진다. 그런데 영재의 대뇌피질 두께는 학령기에 얇지만 13세 즈음까지 빠른 속도로 최고 수준에 도달하고 이후 다시 급격하게 감소하는 경향을 보인다. 즉 대뇌피질의 두께가 역동적으로 빠르게 변화한다. 영재의 대표적 특징은 한 가지 영역에만 집중적으로 관심을 보인다는 것이다. 이런 특징으로 인해 학령기 초기에는 특정한 분야를 담당하는 뇌 이외에는 대뇌피질의 두께가 상당히 얇지만 연령이 증가하여 다양한 분야를 경험하면서 대뇌피질이 점차 두꺼워진다. 그러다가 다시 관심 분야에 집중하면서 효율적인 뇌로 바뀌는 변화가 나타난다.

과목별 IQ의 영향력

IQ의 영향력은 과목에 따라서도 차이가 있다. 초등학생의 뇌 발달은 전체적으로 균일하게 발달하는 것이 아니라 부분적으로 더 발달하는 부위가 있고 덜 발달하는 부위가 있기 때문이다.

국어를 예로 들면, 초등학교 5학년까지는 국어 성취도가 IQ에 의한 영향보다는 교육에 의한 영향이 더 크다. 이 시기를 언어발달의 감수성기(critical point)라고 볼 수 있으며, 언어발달의 감수성기의 끝이 사춘기 이전까지라고 주장하는 언어학자들의 생각과도 유사하다. 또한 이란성 쌍둥이 사이의 국어 성취도 차이는 초등학교 전 과정을 통해 큰 변화 없이 비교적 일정한 값을 유지하다가 중학교 과정부터 점점 더 커지는 경향을 보인다. 이란성 쌍둥이의 경우 유전적인 차이는 있지만 교육환경이 일정하다고 보아야 하기 때문이다. 반면, 일란성 쌍둥이 사이의 국어 성취도 차이는 초등학교 6학년부터 거의 나타나지 않는다. 일란성 쌍둥이는 유전자 차이가 없어 교육환경에 의해 좌우되는데, 초등학교 6학년부터는 교육의 영향이 줄어들기 때문이다. 이러한 결과는 국어 성취도의 경우 초등학교 과정에서는 주로 IQ보다 교육의 영향이 더 크게 작용함으로써 변화 가능성이 큰 반면, 초등학교 6학년 과정부터 교육의 영향력이 줄어들고 IQ의 영향이 점점 더 증가한다는 것을 의미한다.

수학 성취도도 국어 성취도와 비슷한 양상을 보이나, IQ에 의한 수학발달에 대한 영향이 본격화되는 시기가 국어보다 1년 정도 늦다. 또한 IQ의 영향력은 국어 성취도보다 수학 성취도에 더 크게 작용한다. 수학 공부를 잘하는 아이는 국어공부를 잘하는 아이에 비하여 IQ에 의해 더 좌우된다는 의미이다. 수학 성취도의 경우 초등학교 6학년까지는 IQ보다는 주로 교육에 의한 영향이 더 크게 작용하고 이후에는 교육에 의해 발생할 수 있는 여지가 줄어들고, 반대로 IQ에 의한 영향이 점점 더 증가한다.

과학 성취도는 교육에 의한 영향이 국어와 수학에 비해 더 오래 지속된다. 즉 과학발달의 감수성기의 끝이 중학교 1학년 정도이다. 결과적으로 과학 성취도는 국어 성취도와 수학 성취도와 연계되어 있으므로, 발달의 시기적 측면에서도 언어의 뇌 발달과 수학의 뇌 발달 이후로 전개된다는 연구결과와도 일치한다. 또한 과학 성취도는 IQ의 영향이 국어와 수학에 비해 적고 교육의 효과가 더 크다. 따라서 초등학생의 뇌의 경우 뇌 발달 초기에는 주로 교육에 의한 영향이 크게 작용하고, 과목별 감수성기를 정점으로 IQ에 의한 영향이 지속적으로 상승하는 것을 볼 수 있다. 즉 초등학교 시기의 학업성취도는 IQ에 의한 영향력보다 교육의 영향력이 더 크다.

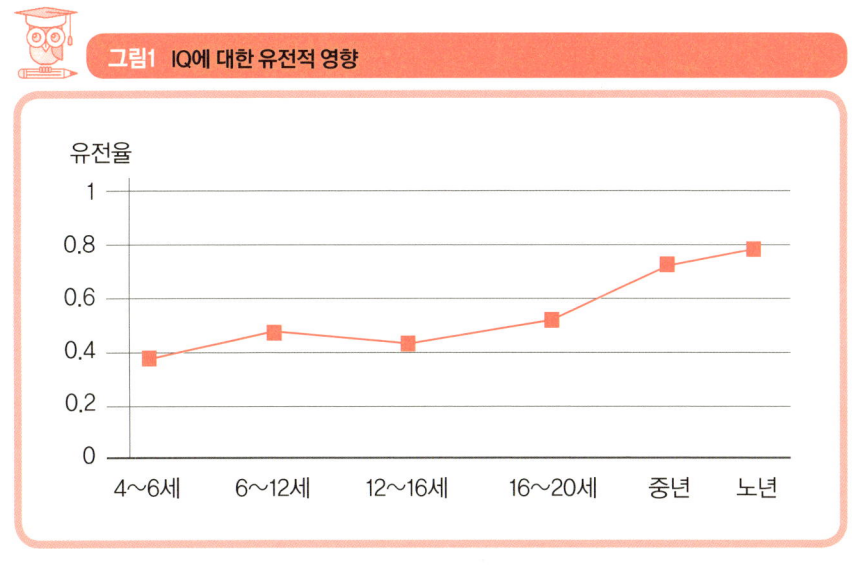

그림1 IQ에 대한 유전적 영향

그러나 IQ와 교육의 영향력은 상대적인 것으로, 어느 시기에 IQ에 의한 영향력이 낮다고 해서 IQ가 전혀 영향을 주지 않는 것은 아니며, 어느 시기에 IQ에 의한 영향력이 높다고 해서 교육에 의한 영향이 전혀 없는 것은 아니다. 중요한 것은 과목별 학습발달의 결정적 시기, 즉 감수성기이다. 감수성기에 적절한 교육이 이루어지지 않으면, 내재된 유전적 요인 또는 정상적으로 발현되어야 할 여러 가지 잠재력에 좋지 않은 영향을 준다.

이러한 연구 결과는 IQ에 대한 유전적 영향이 생애(life span)를 통해 점차로 증가한다는 사실을 말해준다. 연구결과에 따르면 IQ에 의한 영향은 유아기에 40% 정도이지만 성년 초기에는 60% 정도이며 노년기에는 80%에 이른다. 어릴수록 환경의 영향이 크다는 뜻이다.

초등학교 때는 IQ의 영향력보다 교육적 영향력이 크고 교육에 의한 변화 가능성이 큰 만큼 이 시기에 학업성취도를 높이기 위한 공부습관을 들여 주어야 한다. 따라서 과목의 성취도에 대한 감수성기에 적절한 교육적, 환경적 자극이 제공되어야 한다.

2. 하루 3시간씩 10년, 1만 시간의 법칙

　　볼프강 아마데우스 모차르트(Wolfgang Amadeus Mozart)는 태어날 때부터 왼쪽 귀가 유난히 컸다. 그래서인지 소리를 잘 듣고 정확하게 구별해냈다. 소위 절대음감을 가지고 태어난 것이다. 3세 때는 누나가 연주하는 하프시코드(harpsichord)의 여러 화음을 정확히 구별하여 아버지를 놀라게 하더니, 5세가 되자 미뉴에트(minuet)와 트리오(trio) 악보를 단 30분 만에 암기해 완벽하게 연주해냈다. 6세에는 피아노협주곡을 작곡했다. 두 눈을 가리고 피아노 건반을 천으로 가려놓고도 한 음도 틀리지 않고 연주한 음악천재였다. 모차르트의 아빠는 작은 도시에는 아들이 더 이상 보고 듣고 배울 것이 없다고 생각했다. 더 넓은 세상을 만나게 해주고, 이 시대 최고의 음악가들을 직접 만나서 배우게 하는 것이 부모의 의무라고 믿었다. 그래서 아빠는 10년 동안 전 유럽으로 연주여행을 떠났다.

　　그렇다면 모차르트가 세계적인 음악가가 된 것이 그가 천재였기 때문일까? 심리학자 마이클 하우(Michael Howe)에 의하면 숙달된 작곡가의 기준에서 볼 때 모차르트의 초기 작품은 놀라운 것이 아니라고 한다. 가장 초기에 나온 작품은 대개 모차르트의 아버지가 작성한 것으로 보이며, 어린 시절에 작곡한 협주곡, 특히 처음 일곱 편의 피아노협주곡은 다른 작곡가들의 작품을 재배열한 것에 지나지 않는다. 현재 걸작으로 평가받는 진정한 협주곡은 모짜르트가 협주곡을 만들기 시작한 지 10년 뒤인 그가 스물한 살 이후에 만든 것이다. 결국 모차르트가 세계적인 음악가가 된 것은 유전적 영향보다 교육의 힘이 컸음을 의미한다.

어느 아이든 태어날 때 자신에게 맞는 뇌로 발달시킬 수 있는 뇌세포 덩어리를 공평하게 부여받는다. 뇌 발달에 중요한 뉴런이라는 뇌세포는 아이의 뇌에 1,000억 개 정도 존재하는데 일단 한번 죽거나 손상되면 쉽게 재생되지 않으며 생후 8개월에 가장 많고 이후로는 주로 감소한다. 뉴런의 발달은 수정된 지 약 4주된 배아에서 시작되고 놀라운 속도로 진행된다. 임신 후 4개월이 지나면 약 2,000억 개의 뉴런이 형성되지만, 그 중 절반 정도는 성장하는 뇌의 어떤 영역과도 연결되지 못해 임신 5개월째에 소멸된다. 키 180cm 이상인 성인의 경우 뉴런에서 이루어지는 전기화학적 자극과 신호의 과정이 머리끝부터 발끝까지 불과 0.2초 만에 완료된다. 하나의 뉴런이 1초에 250~2,500개의 자극을 전달할 수 있기 때문이다. 이를 가능하게 하는 것이 시냅스이다. 뉴런을 연결해주는 시냅스는 한 뉴런당 1,000~100,000개 정도 되는데 생후 36개월까지는 뇌에 필요한 시냅스의 150~200%가 형성되고 이후에는 사용하지 않거나 효율성이 떨어지는 시냅스를 없애는 가지치기가 이루어진다. 이때 자극이나 교육의 영향력이 가장 강력한 시기를 '감수성기'라고 한다.

경험기대적 발달

뇌 발달이 적절하게 이루어지기 위해서는 이 감수성기 동안 해당 자극에 노출되어야 하며, 만일 이 시기를 놓치면 뇌 발달이 지연되거나 왜곡될 수 있다. 시각이나 청각, 감정, 운동기능 등 진화론적으로 조물주가 만든 아이의 기본 기능들은 감수성기와 관련이 있다. 이를 경험기대적 발달이라 하는데 감수성기를 놓치지 않는 것이 중요하며, 많은 자극을 받더라도 남보다 2배 이상 발달하지는 않는다.

시각의 경우 태아 때부터 12개월 이전까지 급속하게 발달하기 때문에 선천성 백내장이 있는 아이를 24개월 이후에 수술해주면 시각장애가 올 확률이 많지만 12개월 이전에 수술하면 정상적으로 볼 수 있다. 한편 몽골 아이처럼 푸른 초원에서 양을 치느라 시각적인 자극을 많이 받았다고 하더라도 다른 아이들에 비하여 시력이 2배 이상 높지는 않다. 얼마나 자극을 받느냐가 중요한 게 아니라 제때 노출되었느냐가 중요한 것이다.

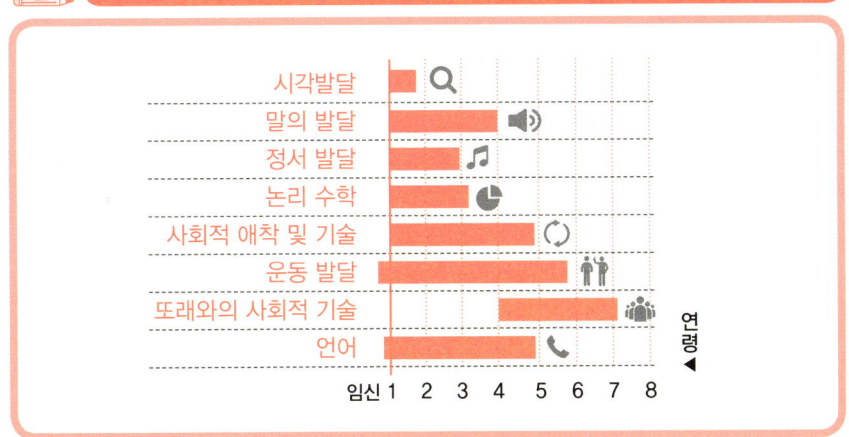

그림2 경험기대적 발달의 감수성기 – 뇌 발달의 단계

경험의존적 발달은 1만 시간 노출하면 세계적인 경쟁력이 생긴다

피아노 연주나 미술 등의 예술적인 기능, 수영이나 피겨스케이팅 등의 운동기능, 수학이나 독서 등의 인지기능은 감수성기가 따로 없는데 아이의 풍부한 경험이나 학습에 의해 새로운 시냅스를 만들거나 강화시킬 수 있다. 이를 경험의존적 발달이라고 하는데 개인차가 많을 뿐 아니라 남보다 더 많이 제공할 경우에 발달이 더 강화된다.

경험의존적 발달은 주로 초등학교 시기에 이루어진다. 성인에서도 훈련과 학습을 통하여 시냅스가 증가하고 신경망이 정교해진다. 즉 언제부터 자극하였느냐가 중요한 것이 아니라 얼마나 자극하였느냐가 중요하다. 자극을 100배 이상 많이 받는다면 다른 아이에 비하여 100배 이상 발달할 수도 있다. 말콤 글래드웰(Malcolm Gladwell)은《아웃라이어》에서 누구든 해당 분야에 노출되는 시간이 5,000시간 이상이면 영재가 되고, 1만 시간 이상이면 세계적인 사람이 될 수 있다고 하였다.

'1만 시간 노출'이라는 개념은 심리학자인 에릭슨(Erik Homburger Erikson)에 의하여 제안되었다. 에릭슨은 바이올리니스트들을 세 집단으로 나누었는데, 첫 번째 집단은 '엘리트'로 장래에 세계적 수준의 솔로 주자가 될 수 있는 학생들, 두 번째 집단은 그냥 '잘한다'는 평가를 받는 학생들, 세 번째 집단은 프로급 연주를 해본 적이 없고 공립학교 음악교사가 꿈인 학생들이었다.

세 집단에 속한 학생들은 대략 5세 전후에 연주를 시작한 것으로 나타났다. 초기 몇 년간은 거의 일주일에 두세 시간씩 비슷하게 연습했지만, 8세 무렵부터 변화가 나타났다. 반에서 가장 잘하는 아이가 다른 아이보다 더 연습했던 것이다. 결과적으로 20세가 되면 엘리트 학생은 모두 1만 시간을 연습하게 된다. 반면 그냥 잘하는 학생은 모두 8,000시간, 미래의 음악교사는 4,000시간을 연습한다.

신경과학자인 대니얼 레비틴(Daniel Levitin)에 의하면 1만 시간의 법칙은 작곡가, 수영선수, 소설가, 스케이트선수, 피아니스트, 바둑기사 그 밖의 어떤 분야에도 적용된다. 1만 시간은 대략 하루에 3시간, 일주일에 20시간씩 10년 동안 연습하는 것과 같다. 즉 어느 분야에서든 이보다 적은 시간을 연습하여 세계 수준의 전문가가 탄생한 경우를 발견하지는 못했다. 뇌는 영재의 경지에 이르기까지 그 정도의 시간이 필요한 것이다. 1만 시간이란 엄청난 것이다. 특히 초등학생은 혼자 힘으로 그 정도까지 노출하기 어렵다. 물론 아이가 해당 분야에 재능이 있고 흥미를 느껴야 하겠지만 부모의 격려와 지원 또한 필요하다. 그리고 지속적인 보상이 이루어지지 않으면 아이 혼자만의 의욕으로는 도달할 수 없는 시간이다. 공부두뇌는 경험의존적 발달에 의하여 주로 이루어진다. 따라서 공부를 할수록 아이의 뇌는 활성화된다. 해마(hippocampus)의 뉴런이 증식되기 때문이다. 새로운 뉴런은 창의력과 문제해결 능력을 높여준다. 공부를 하면 집중력, 기억력, 이해력이 좋아져 궁극적으로 아이의 경쟁력도 강화된다. 나아가 목표를 달성하면 성취감, 자부심, 긍지도 함께 높아진다.

영어, 1만 시간의 법칙

1만 시간의 법칙은 영어를 배우는 데도 적용된다. 영어는 모국어와 달리 경험의존적 발달이기 때문이다. 따라서 영어에 얼마나 일찍 노출되느냐가 중요한 것이 아니라 얼마나 오랜 시간 노출되느냐가 중요하다. 분명 영어는 일찍 접할수록 쉽게 배울 수 있다. 그러나 유아 시기의 영어공부는 자기주도성이 부족할 뿐 아니라 영어를 좋아하거나 잘해서 시키는 것이 아니기 때문에 5,000시간, 1만 시간을 노출되기가 어렵다. 한편 모국어에 빨리 익숙해질수록 모국어 문법구조에 따른 논리력이나 수리력도 함께 계발되기 때문에 모국어에 5,000

시간 노출된 다음에 영어를 익히면 고급영어를 익힐 수 있다. 모국어를 먼저 배우고 영어를 학습하게 되면 영어의 의미, 문장구성, 단어 형태를 배우는 데 모국어의 언어적 지식과 센스가 활용되어 유아기에 영어를 배우는 것보다 더 빨리 학습할 수 있다. 유아기의 영어공부는 영어만 잘하는 아이로 키우고 싶다면 모를까, 논리력, 수리력, 사회성, 지능 등 여러 가지 인지 기능에 대한 폭넓은 계발을 위해서라면 모국어를 일찍 습득하게 하는 것이 무엇보다 중요하다.

특히 태어나자마자 영어에 노출되면 2,200시간 이상 노출되어야 의미 있는 영어 단어를 한마디 할 수 있고 5,000시간 이상 노출되어야 영어를 유창하게 말할 수 있다. 반면 모국어에 5,000시간 이상 노출되어 모국어에 능통한 경우는 모국어의 언어력을 기반으로 영어를 배울 수 있기 때문에 2,400시간만 노출되어도 유창한 의사소통이 가능하며 4,300시간 노출되면 영어 전문가가 될 수 있다. 그런 의미에서 영어는 모국어에 5,000시간 이상 노출된 후에 하는 것이 바람직하다.

뇌과학적으로도 문법의 뇌가 4세 즈음에 완성되므로 5~6세 이후에는 영어 문법을 잘 배울 수 있다. 그렇지만 12세 이후에 영어를 시작하는 것은 바람직하지 않다. 12세 이후에 영어를 들으면 좌뇌의 활성이 거의 없다. 열심히 노력하여 영어를 들을 수 있게 된다 해도 아이처럼 자연스럽지는 못하다. 영어를 말하는 것도 마찬가지이다. 즉 어색한 발음으로 영어를 할 수밖에 없다. 따라서 가족 구성원 중에 영어를 잘하는 사람이 있어 아기 때부터 지속적으로 영어를 할 수 있다면 영어를 가르치는 것이 바람직할 수 있다. 그런 경우가 아니라면 모국어에 먼저 익숙해진 다음 영어를 가르치는 것이 좋다.

3. 우리 아이의 뇌 탐색

 아이의 뇌는 3층으로 이루어져 있다

뇌는 대뇌피질, 변연계, 뇌간이라는 3층으로 구성되어 있다. 3층으로 구성된 뇌는 1층이 안정되어야 2층이 기능하고, 2층이 안정되어야 3층이 제대로 기능을 할 수 있다. 따라서 가장 아래에 해당되는 생리적 욕구를 담당하는 뇌간의 기능이 안정되고, 정서를 담당하는 2층 변연계의 기능이 잘 이루어져야, 이성과 판단력 등을 담당하는 3층 대뇌피질의 기능이 활성화된다.

뇌간은 단순히 생명을 유지하는 가장 원시적인 기능을 한다. 호흡중추, 심장박동중추, 체온조절중추, 수면중추 등이 포함된다. 이는 의지의 지배를 받지 않고, 자율적으로 끊임없이 기능을 수행한다. 그리고 뇌의 깊숙이 위치해 가장 잘 보호받고 있다. 생명보존이 최우선인 것이다. 위협적인 환경에서는 생명을 지키기 위하여 총력을 기울인다. 따라서 본능의 뇌를 만족시키려면 생리적인 욕구와 안전의 욕구를 충족시켜야 한다. 아이가 공부를 하다가 화장실에 가고 싶다거나, 방이 덥다거나, 배가 고프다거나, 목이 마르다고 방을 나오는 것은 생리적인 욕구의 중요성을 말해준다. 또한 학교에서 왕따를 당하거나 학교가 전쟁터처럼 느껴진다면 아이는 공부를 잘할 수 없다. 안전의 욕구가 충족되지 않기 때문이다. 따라서 아이가 집에서 공부하길 바란다면 부모는 아이에게 잔소리를 해대는 등 전쟁터로 만들지 말고 안락한 공간으로 만들어야 한다.

2층은 감정의 뇌라 불리는데 변연계가 있는 층으로 감정을 다루는 편도체(amygdala), 단기기억을 장기기억으로 바꿔주는 해마, 의욕을 일으키는 측좌핵(nucleus accumbens)으로 구성되어 있다. 진화론적으로 변연계는 오래된 구조로써 포유류부터 존재한다. 변연계는 먹는 즐거움, 경쟁에서 싸워 이기는 것, 사랑 등을 통하여 쾌감을 준다. 반대로 이러한 것들이 방해를 받으면 분노, 우울, 공포 등 불쾌감을 느끼게 된다. 변연계는 적군과 아군을 구분하여 긍정적인 정보는 이성의 뇌로 대부분 보내지만 부정적인 정보는 이성의 뇌로 거의 보내지 않는다. 즉 문지기 역할을 하는 것이다. 엄마를 아군이 아닌 적군으로 생각하는 아이에게 엄마의 말은 가능하면 듣지 말아야 할 감언이설에 불과할 것이다. 따라서 아이가 엄마를 아군으로 생각하도록 아이와 긍정적인 관계를 유지

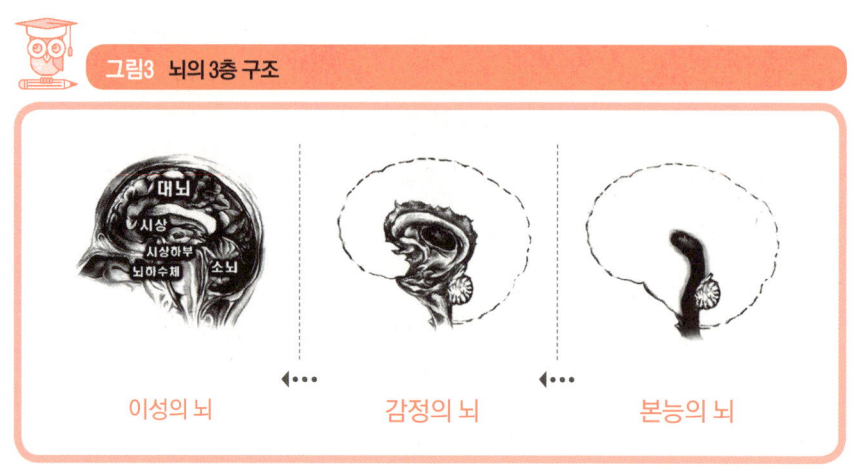

그림3 뇌의 3층 구조

이성의 뇌   감정의 뇌   본능의 뇌

하는 것이 필요하다. 또한 아이가 흥분했거나 감정에 휘둘리면 이성의 뇌가 기능을 하지 못한다. 아이가 흥분해 있을 때는 잔소리보다 스킨십이나 유머를 통하여 아이의 감정을 가라앉혀야 이성의 뇌가 열린다. 아이가 흥분했거나 짜증난 상태라면 혈액이 변연계로 몰려 대뇌피질이 제대로 작동하기 어렵다. 공부하게 하려면 우선 아이의 감정을 받아주어 안정시켜 원래 상태로 돌려놓아야 한다. 따라서 정서의 뇌를 충족시키려면 긍정성과 감정조절이 중요하다.

가장 위층은 이성의 뇌라고 한다. 뇌의 가장 상층부에 위치하는 대뇌피질로 이성, 지성뿐만 아니라 문제해결력, 실행력, 창의력을 담당하고 갈등, 행복 등 고등 감정을 조절한다. 그중 가장 최근에 발달한 구조는 전두엽이다. 인간은 어떤 동물과도 비교할 수 없을 만큼 전두엽이 아주 잘 발달하여 '생각하는 동물', '사회적 동물'이 되었다. 이성의 뇌는 본능의 뇌와 정서의 뇌가 만족스러울 때 비로소 활발하게 기능을 한다.

이성의 뇌

이성의 뇌인 대뇌피질은 위치에 따라 전두엽, 측두엽(temporal lobe), 두정엽, 후두엽(occipital lobe)으로 나뉜다. 후두엽은 주로 시각을 인지하는 곳이고, 측두엽은 청각 및 언어적 자극을 모으고 처리하는 곳이다. 두정엽은 측두엽과 함께 눈, 코, 입, 귀 등으로부터 전달받은 여러 자극을 모으는 역할을 하는데, 특히 공간지각과 관련이 있으며 수학과 과학을 담당하는 뇌이기도 하다. 이렇게 모아진 자극을 전두엽에서 받아 분석하고 판단하여 문제를 해결한다. 이렇게 내려진 명령은 뇌의 전두엽과 두정엽의 경계 부분에 있는 운동신경 영역으로 전달되어 아이가 행동을 한다. 전두엽에서 특히 사고하고 판단하는 뇌 부위가 있는데 이를 전전두엽(prefrontal lobe)이라고 한다. 전전두엽의 기능이 활성화되

그림4 대뇌피질의 구조

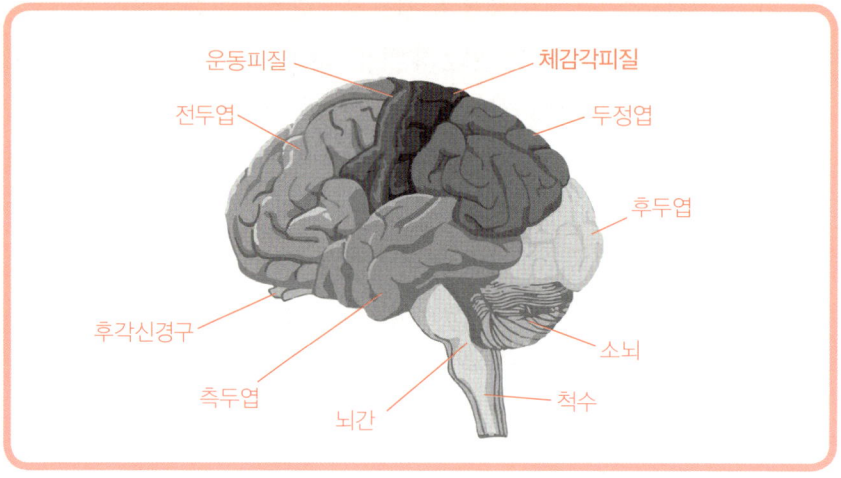

면 이성적, 합리적일 뿐 아니라 문제해결 능력이 뛰어나고 계획을 잘 세우며 지능도 높다. 그러나 전전두엽의 기능이 활성화되지 않으면 융통성이 떨어져 낯선 문제에 대응하는 능력이 낮고 계획도 잘 세우지 못한다.

감정의 뇌가 움직여야 전두엽이 활발해진다

여기에서 꼭 기억해야 할 점은 전두엽이 감정의 뇌인 변연계와 밀접하게 신경회로가 연결되어 있다는 사실이다. 변연계의 움직임에 따라 전두엽이 활발하게 움직이기도 하고 전혀 움직이지 않기도 한다. 그래서 인지기능에는 정서가 중요하다. 변연계의 기능이 활성화되면 집중력이 뛰어나고 감정 조절을 잘하며 마음이 안정적이고 학습동기가 높으며 기억력도 우수하다. 그러나 변연계의 기능이 활성화되지 않으면 집중력이 부족하고 충동적이며 공격적이다.

학습동기 또한 낮아서 자주 우울해하고 시험 불안도 높다. 게다가 전전두엽은 변연계로 가는 신경회로의 연결이 적은 반면, 변연계에서 전전두엽으로 가는 신경회로의 연결은 많다. 따라서 아이는 감정을 조절하기보다 감정에 휘둘리는 일이 많다. 중요한 것은 이렇게 신경전달이 한 번 이루어지면 다음에도 같은 일이 생겼을 때 한번 갔던 신경회로로 가려고 한다는 점이다. 같은 길을 반복해서 가다 보면 처음보다 더 빠르게 신경전달이 이루어지고 신경전달물질의 통로인 시냅스는 더 많아지고 더 두꺼워진다. 따라서 어릴 때부터 정서지능을 키워줄 필요가 있다.

　적당한 긴장도 필요하다. 공부를 하겠다고 결심하고 긴장을 하면 방어호르몬인 코르티솔이나 방어신경전달물질(norepinephrine)이 분비되어 스트레스를 이겨내게 해준다. 피로를 줄여주고, 하기 싫은 일이라도 참고 할 수 있도록 해준다. 그러나 긴장이 심하면 스트레스가 많아지므로 심장이 뛰고 얼굴이 붉어지면서 온몸이 굳고 감정적으로 예민해지고 면역력도 떨어진다. 또한 뇌에서

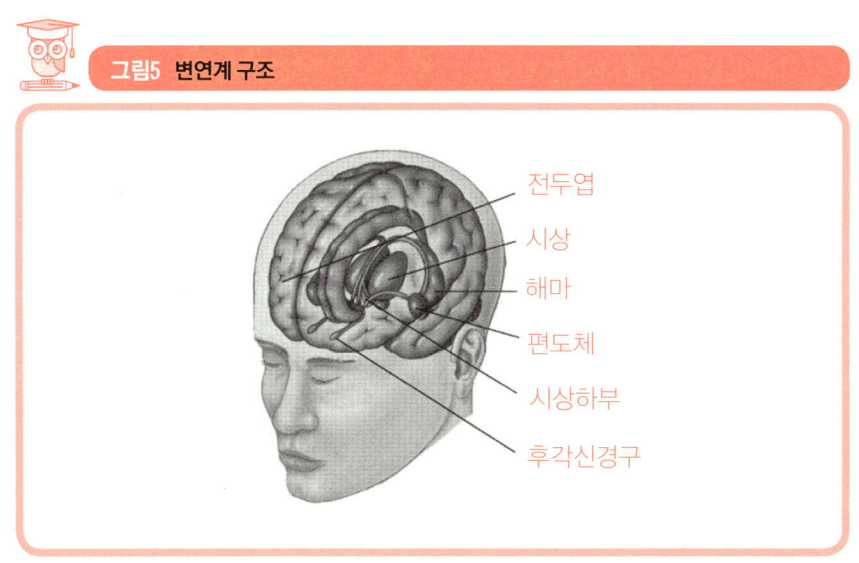

그림5　변연계 구조

도 정서를 안정시키는 세로토닌(serotonin)이 줄어들고 시냅스가 감소하고 뉴런이 죽어나가기도 한다.

뇌에는 좌우로 측좌핵이 있다. 측좌핵은 전전두엽으로부터 받은 지시를 다른 뇌 부위에 전달하고 뇌 활동이 원활하도록 조절하며, 그 활동 상황을 실시간으로 피드백하여 전전두엽의 새로운 지시를 이끌어낸다. 여기에는 도파민(dopamine)과 노르에피네프린이 관여하는데 측좌핵이 자극되면 아이는 의욕이 넘친다. 측좌핵을 활성화하기 위해서는 조그만 일이라도 시작해야 한다. 일단 시작을 하여 측좌핵이 흥분하면 의욕이 생기면서 지칠 줄 모르고 지속한다. 시작이 반이라는 속담도 있듯 일단 결심하고 시작하는 것이 중요하다.

 연령별 뇌 발달

아이의 뇌는 다음과 같이 크게 5단계로 나누어 발달하게 된다.

- **1단계**(24개월까지)

오감각이 발달하고 뉴런을 연결하는 시냅스가 급격히 발달한다.

- **2단계**(48개월까지)

종합적인 사고와 정서적 안정의 기초를 다지고 관계를 통한 학습이 중점적으로 이루어지고, 전두엽과 변연계가 활발하게 발달한다.

- **3단계**(학령 전까지)

창의력과 정서발달이 중요한 전두엽과 우뇌가 발달한다.

- **4단계**(초등학생 시기)

언어의 뇌가 발달하고, 이어서 수학이나 추상적 개념의 뇌가 발달한다.

- **5단계**(20세까지)

시각의 뇌가 발달해 시각적으로 추상적 개념을 이해할 수 있고 변연계가 활성화되어 감정에 휘둘리기 쉽다.

사실 초등학교 교과서를 살펴보면 교과 과정이 뇌 발달에 맞게 짜여 있음을 알 수 있다. 수학의 경우 초등학교 1학년 때는 수 세기와 개념을 배우고, 4학년 때는 도형과 평행선의 정의 같은 추상적 개념을 배운다.

소아신경과 전문의인 해리 추가니(Harry Chugani) 교수는 뇌 신경세포의 포도당 소모량이 4세까지는 성인의 2배 정도이며 이 상태가 4~10세까지 유지되다가 10세 이후에 급속히 감소한다는 사실을 밝혀냈다. 따라서 왕성한 뇌 활동 시기인 4~10세에 교육이 잘 이루어져야 한다고 주장했다. 하지만 이것이 5세 아이가 15세 아이보다 더 많이 더 쉽게 배운다는 의미는 아니다.

퍼트리샤 라키시(Patricia Goldman-Rakic) 박사는 시냅스의 안정화가 일어나는 10세 이후에 더 많은 학습이 이루어진다고 주장한다. 뇌가 왕성하게 활동하는 것은 10세 이전이지만 이를 학습으로 연결시킬 수 있는 능력은 10세부터 시작된다는 것이다. 따라서 10세 이전에 추상적으로 생각하고 판단할 수 있는 두뇌를 준비해야 하고 10세 이후부터 본격적인 추상적인 사고가 필요한 학습이 이루어져야 한다.

뇌의 구조 및 기능

 전두엽: 사고력과 창의력을 담당하는 뇌

대뇌피질에서 가장 넓은 부분을 차지하는 전두엽은 뇌의 맨 앞부분에 위치하며 사고와 판단, 기억과 집중력, 실행과 창의력 같은 고차원적 기능을 담당한다. 전두엽의 발달은 취학 전 5~6세부터 급격히 진행되어 사춘기까지 이어지다가 20세 무렵이 되면 성장세가 안정기에 접어들지만 보통 25세까지 지속된다. 자기주도적인 경험을 통하여 계획하기, 주의집중력, 의사 결정, 문제해결력, 실행력, 창의력 등을 발달시키는 학습이 필요하다.

 측두엽: 청각, 언어, 통찰력을 담당하는 뇌

측두엽은 소리를 듣고, 언어를 이해하고 해석하며, 다양한 청각자극과 오감 자극을 통합한다. 그 외에도 직관력, 통찰력, 신비한 영적 체험 등과도 관련이 있다. 측두엽은 초등학교 시기에 지속적으로 발달한다. 배경지식을 쌓고 어휘력을 늘릴 수 있도록 독서교육과 토론교육 위주로 학습이 이루어져야 한다.

 두정엽: 공간감각과 수학적 추상력의 뇌

두정엽은 몸의 감각을 감지하고 공간에 대해 이해하며 수학적 추상력을 담당한다. 두정엽의 앞부분은 체감각피질 영역인데, 이곳에서는 피부의 촉각과 통각, 압력, 온도, 몸의 위치 등에 대한 정보를 받아들인다. 또 두정엽은 수나 공간을 파악하며 수학적 추상력을 담당한다. 초등학교 4학년 때 수학적 추상력의 뇌가 발달하므로 본격적인 수학교육이 가능하다.

 후두엽: 시각과 도형, 공간기억력의 뇌

뇌의 뒷부분에 위치한 후두엽은 주로 시각 처리를 하며 공간기억력을 담당한다. 후두엽은 초등학교 6학년 시기에 급격히 발달하여 한 페이지로 된 글보다 도표 한 장이나 그림 한 장을 통하여 더 많은 것을 파악하게 된다. 따라서 그림이나 그래프, 마인드맵(mind map) 등을 활용하여 공부하면 효과적이다.

4. 공부, 신경전달물질요법

　1921년 오스트리아의 오토 뢰비(Otto Loewi) 박사는 개구리의 심장을 이용해 실험을 실시하였다. 개구리 심장에는 두 종류의 신경이 붙어 있다. 신경 하나는 심장박동을 빠르게 하고 또 다른 하나는 심장박동을 느리게 한다. 전자를 교감신경이라 하고 후자를 부교감신경이라고 한다. 박사는 개구리의 부교감신경을 전기적으로 자극하여 심장박동이 느려지는 것을 관찰했다. 그리고 다음 실험에서는 미주신경(심장과 장에 분포하고 있는 부교감신경)이 붙어 있는 개구리 심장과 미주신경을 제거한 개구리 심장을 준비하여 각각 링거액에 담그고 링거액이 서로 통하게 연결시켰다. 첫 번째 개구리의 심장에 붙어 있는 미주신경을 자극하자 심장 박동이 느려졌다. 그런데 놀랍게도 미주신경이 없는 두 번째 개구리의 심장 박동도 느려진 것이다. 박사는 첫 번째 개구리의 심장에 붙어 있는 미주신경을 자극하면 신경 말단에서 어떤 물질이 유리되어 링거액을 통해 신경이 없는 두 번째 개구리 심장에 직접 영향을 미친다는 사실을 밝혀냈다. 신경전달물질의 존재를 처음으로 증명한 셈이다. 그 신경전달물질이 미주신경말단으로부터 분비된다는 의미에서 이를 미주신경물질이라 명명하였다. 이후 그 물질이 아세틸콜린(acetylcholine)이라는 것이 밝혀졌다.

　뉴런의 시냅스끼리의 정보전달은 1,000분의 1초도 안 되는 순간에 이루어지는데, 이 시냅스를 따라 빠르게 정보를 전달하는 물질을 신경전달물질이라고 한다. 현재까지 약 40종류 이상의 신경전달물질에 대한 기능과 역할이 밝혀졌다. 아세틸콜린은 기억과 깊은 관련이 있어서 아세틸콜린이 줄어들면 알츠하이머병(Alzheimer's disease)이 나타날 가능성이 높다. 아세틸콜린을 만드는 뇌 부위는 해마와 시냅스로 연결되어 있기 때문에 아세틸콜린이 많으면 해마가 두뇌음식 활성화되어 기억력이 좋아진다. 따라서 아세틸콜린은 기억, 학습, 각성 등의 기능을 높인다.

　아세틸콜린의 성분인 콜린(choline)이 들어있는 음식으로는 콩, 두유, 두부, 달걀 등이 있다. 콩과 달걀은 레시틴(lecithin)을 다량 함유하고 있어 아세틸콜린을 뇌로 전달하여 기억력을 향상시킨다. 완전식품으로 통하는 달걀은 훌륭한 단백질 공급원이다. 특히 달걀노른자에 있는 콜린은 기억력 발달을 돕는다. 콜린은 세포막을 구성하는 레시틴의 재료이기도 하다. 달걀노른자에 함유된 레시틴이 기억력을 높인다.

　이렇듯 신경전달물질의 기능과 역할을 알면 그 신경전달물질을 높일 수 있는 음식이나 방법을 알아낼 수 있다. 특히 도파민, 세로토닌, 노르에피네프린은 기분이나 감정과 관련이 있는 신경전달물질로 이들의 분비량에 따라 집중력이 높아지기도 하고 우울증, 조증, 양극성 장애 등이 발병하기도 하므로 이들의 기능과 역할을 이해하고 관리하는 것은 아이의 공부두뇌를 만드는 데 중요하다.

✏️ 창의력을 샘솟게 하는 도파민

뇌는 새로운 것을 좋아한다. 대표적인 쾌락 물질 중 하나인 도파민은 새로운 것을 좋아하기 때문에, 분비가 증가하면 집중력이 높아지며 탐구력과 창의력이 발휘되기도 한다. 도파민이 분비되면 아이들은 새로운 지식을 습득하려고 끊임없이 노력한다. 뇌는 학습경험이 유쾌하면 도파민의 분비로 인해 학습을 지속하려고 한다.

도파민이 분비되려면 아이가 좋아하거나 잠재력이 있는 영역에서 새로운 것을 받아들여야 한다. 또한 자기 수준보다 약간 높은 단계의 성취를 달성했을 때 더 많이 분비된다. 학습향상이 있어야 하는 것이다. 또한 성취 중에서도 스스로 달성한 것에 대해서는 더 많은 도파민이 분비된다. 여기에 부모가 칭찬까지 해준다면, 아이는 기분 좋은 학습경험을 다시 하려고 반복할 것이며, 도파민이 분비되어 지칠 줄 모르고 반복하게 되는 것이다. 이렇게 반복적인 학습으로 뉴런의 신경회로가 증식되고 새로운 신경회로가 생성되는 것을 도파민 학습법이라고 한다. 게다가 도파민은 반대물질이 없기 때문에 아무리 많이 생성되더라도 도파민을 억제하는 물질이 만들어지지 않는다. 따라서 아이는 끊임없이 학습을 탐닉할 수 있게 된다.

그런데 도파민은 쉽게 중독된다는 단점이 있다. 흥분과 쾌락을 추구하던 도파민은 무언가에 익숙해지는 순간부터 분비가 감소한다. 분비가 줄어들면 아이는 기분이 나빠지고 허전해진다. 그러면 아이는 흥분과 쾌락을 느끼기 위해 새로운 것을 추구하게 되고, 자칫 게임이나 인터넷 중독에서 벗어나지 못하기도 한다. 익숙한 것보다는 새로운 쾌감, 더 강한 자극을 찾다가 도파민에 중독되는 것이다.

이처럼 도파민은 어떤 과제에 완전히 빠져 있을 때 마구 분출된다. 그 경험이 바로 몰입이다. 그렇기에 도파민과 몰입은 떼려야 뗄 수 없는 관계이다. 정신을 집중해 조심스럽게 블록을 쌓거나 새로운 무엇인가를 만드는 일에 쏙 빠지면, 밥을 먹는 것도 화장실 가는 것도 잊을 때가 있다. 배가 고프고 화장실에 가고 싶다는 원초적인 생각조차 차단해버리고 원하는 한 가지에 집중하도록 돕는 신경전달물질이 바로 도파민이다. 도파민은 이처럼 어떤 과제를 수행할 때 주의력과 집중력을 높여준다.

정서를 안정시키는 세로토닌

세로토닌은 아이의 정서와 관계가 깊은 신경전달물질로 수면이나 기억, 식욕 조절 등에 관여하며 아이에게 생기와 활력을 불어넣어 준다. 행복을 느끼게 하는 이 호르몬은 부족하면 우울증에 걸리기 쉽고 자극이나 통증에 민감해진다. 세로토닌에 의해 유발되는 감정은 폭발적인 기쁨보다 여유로운 행복에 가깝다. 또한 세로토닌은 감정을 가라앉혀주는 기능을 하는데, 기분이 너무 들뜨지도, 그렇다고 너무 가라앉지도 않게 균형을 맞춰준다.

실패와 좌절을 경험하더라도 마냥 우울한 기분에 빠져 있지 않고 다시 일어나 꾸준히 노력할 수 있는 것도 모두 세로토닌 덕분이다. 세로토닌이 부족한 아이는 공격적으로 변하거나 흥분에 빠지기 쉽다. 세로토닌이 충분히 분비되면 자기감정을 관리할 수 있는 힘이 생기며 집중력도 강해진다.

세로토닌은 도파민에 비해 분포하는 영역이 훨씬 넓다. 도파민이 전두엽을 비롯해 변연계에 주로 분포하는 반면, 세로토닌은 전두엽뿐만 아니라 후두엽, 측두엽, 두정엽 등 대뇌피질 전반과 변연계에서 분지되어 기분 조절을 이끌어 준다. 그만큼 전반적인 안정과 조절기능이 중요하다는 뜻이기도 하다.

규칙적으로 운동을 하거나, 햇빛을 받거나 충분한 수면을 취하면 세로토닌 분비가 촉진된다. 또 세로토닌을 생성하려면 필수아미노산인 트립토판

(tryptophan)이 필요하다. 트립토판은 장에서 소화 흡수되어 그 일부가 세로토닌으로 분비되는데, 특히 콩 종류에 많이 함유되어 있고 바나나, 우유, 등푸른생선, 견과류 등에도 풍부하다.

철분이 풍부한 음식도 도움이 된다. 철분은 세로토닌 생성에 보조효소로 작용하기 때문이다. 따라서 철결핍성 빈혈이 있으면 세로토닌이 감소하는데, 세로토닌이 부족하면 집중력이 떨어지고 결국에는 IQ도 떨어지는 것으로 알려져 있다. 세로토닌이 어느 정도 과잉 분비되면 반대물질이 나와 항상성을 유지한다. 따라서 세로토닌을 높이기 위해 온종일 바깥에서 놀며 햇빛을 받거나 필요한 수면시간 이상으로 잠을 자거나 트립토판과 철분을 과잉으로 섭취하는 것은 아무 소용이 없다. 과잉보다는 적당해야 좋다.

집중력을 발휘하는 노르에피네프린

노르에피네프린은 긴장하거나 스트레스를 받으면 분비되는 신경전달물질이다. 아이가 긴장하거나 스트레스를 받으면 처음에는 뇌가 맑아지고 집중력이 생겨 아이의 학업성취도를 높여주고 순발력 있게 행동하도록 돕는다. 집중할 때는 노르에피네프린에 의해 대뇌피질의 활동이 전체적으로 높아져 외부의 정보를 적절하고 신속하게 처리할 수 있다. 이 신경전달물질은 감정의 뇌에 해당하는 편도체와 매우 관련이 깊은데 불안이나 공포 등의 감정이 발생할 때 투쟁 혹은 도망 반응을 하도록 준비시키는 역할을 한다.

예컨대 어두운 골목길에서 누군가가 쫓아오는 것을 느끼면 편도체에서 불안과 공포가 발생하는데, 이때 누군가와 싸우든지 도망갈 준비를 하게 만드는 것이 바로 노르에피네프린이다. 즉 싸움하거나 도망가도록 근육을 긴장시켜 단단하게 만들고, 평소와 다른 괴력이 나오게도 한다. 예를 들어 아이가 차에 깔렸을 때 엄마가 순간적으로 차를 들어 올리는 괴력을 발휘한다면 노르에피네프린이 작용했음을 알 수 있다.

노르에피네프린은 극복이 가능한 일시적 스트레스 상황에서 집중력을 높이고 삶의 활력을 준다. 그래서 약간의 스트레스는 오히려 학업성취도를 높이는 것이다. MBC의 〈나는 가수다〉라는 프로그램에서 가수 인순이 씨가 처음 나왔을 때, 베테랑인 그녀도 몸을 떨고 땀을 흘렸다. 엄청나게 긴장한 것이다. 노르에피네프린이 분비되면서 그녀는 엄청난 집중력을 발휘해 청중을 감동시켰다. 그렇게 긴장을 통해 세 번이나 일등을 거머쥐었고, 네 번째 나왔을 때는 조금 이완된 상태로 노래를 불러 그날 꼴찌를 했다. 긴장감이 없었던 것이다. 많은 부모들은 긴장감을 나쁜 것이라고 생각하는데 결코 그렇지 않다.

적당한 긴장과 스트레스는 중요하다. 예를 들어 아무리 공부를 혼자 잘하는 아이라도 20분 정도 지나면 집중력이 떨어지기 시작하여 한 시간이 되면 절반 이상 떨어진다. 그러나 20분 정도 지나서 엄마가 아이 방에 들어가 등을 탁탁 한번 두드려주는 관심을 보이면 아이의 집중력은 다시 살아난다. 또 다시 20분 정도 지난 후에 엄마가 사과를 하나 깎아 들고 들어가 관심을 보여주면 60분 동안 집중이 유지된다. 이렇듯 아이에게 부모가 관심을 가지고 있다는 걸 인식시켜주는 것이 중요하다. 따라서 아이가 학습하려면 긴장을 해야 하고 학습에 대한 생각을 끊임없이 해야 한다.

그런 의미에서 방임이 가장 바람직하지 않다. 부모가 아이의 학습에 관심을 갖지 않고 방임을 하면 아이는 긴장하지 않아 집중력이나 기억력을 발휘하기 어렵다. 따라서 부모는 아이의 공부에 꾸준히 관심을 가져야 하며, 아이 스스로도 관심을 가지고 꿈의 가치, 인생의 가치, 공부의 의미 등을 추구해야 아이가 공부를 잘할 수 있다.

그러나 극복이 불가능할 정도의 심한 스트레스는 아이의 면역력을 떨어뜨려 질병을 일으킬 수 있다. 노르에피네프린이 과도하게 분비되었을 때는 화, 두통,

심장의 두근거림, 식은땀, 호흡곤란 등이 발생할 수 있으며 더 악화되면 질식하거나 경련을 일으킨다. 과도한 긴장이나 스트레스가 바람직하지 않은 이유이기도 하다.

5. 4차산업혁명 시대의 공부두뇌

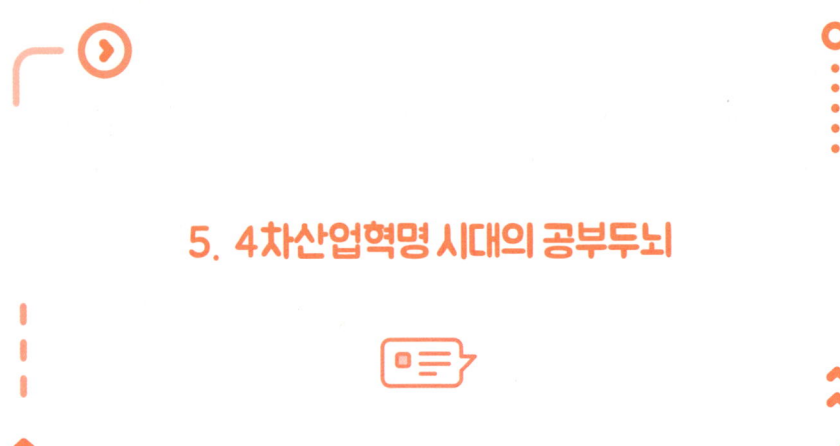

　유대인의 부모는 아이가 36개월이 되었을 때 책에다 꿀을 묻힌 다음 아이에게 핥게 하면서 "학문은 이 꿀처럼 달콤한 것이다"라고 가르친다. 학문을 함으로써 하느님이 창조한 세계를 더 선하고 아름답게 가꿀 수 있다고 아이에게 주지시키는 것이다. 유대인은 일생 동안 끊임없이 시간을 아껴 진리를 발굴하고 인류에 공헌해야 한다는 삶의 목표를 가슴속에 간직한다. 이것이 높은 이상을 가지고 성실하게 살아가는 유대인을 배출하는 근간이 된다.

　유대인 아이를 대상으로 한 비전을 가진 집중교육에는 많은 장점이 있다. 사회학자 아네트 라로(Annette Lareau)에 의하면 이러한 집중교육을 받는 아이는 매우 다양한 체험을 해볼 수 있다. 단체생활을 배우고 잘 짜인 사회구조 속에서 행동하고 관계를 맺는 법을 배운다. 성인들과 자유롭게 대화하고 필요할 때는 자기주장을 한다.

　아이는 자기가 좋아하는 것을 할 수 있고 주어진 상황을 적극적으로 활용하는 능력을 키울 수 있다. 다른 아이와 정보를 공유하고 다른 사람의 관심을 유도하는 방법도 배운다. 더불어 사회적인 규칙을 알게 되어 거기에 맞추어 자기를 표현하기도 한다.

아이가 집중교육을 통하여 자기가 놓인 상황에 대응하는 방식을 익히는 것은 매우 중요하다. 이는 후천적인 것으로 어린 시절부터 부모와 대화를 통해 남을 설득하는 방법, 거절하는 방법, 격려하는 방법 등을 배우고 익혀야 한다. 공부두뇌를 만들기 위해서는 학습동기를 갖고 유지하는 법, 스트레스를 이겨내는 법, 목표와 계획 세우기, 읽기, 쓰기, 내용의 조직화, 핵심 찾기 등의 내용이 포함되어야 한다.

이에 비하여 한국의 부모들은 어떤가? 한 부류의 부모는 아이에게 자유 시간을 주기보다 아이를 이 학원에서 저 학원으로 실어 나르고 교사나 친구에 대한 정보를 얻기 위해 동서분주한다. 초등학생 아이들은 태권도와 수영을 배우고 피아노 레슨을 받는다. 영어학원이나 수학학원은 기본이고 사고력과 창의력 향상을 위한 학원에 다니기도 한다. 이렇게 적극적으로 아이의 잠재력, 학습력, 공부습관을 길러주려고 어마어마한 사교육비를 지출한다. 전형적인 헬리콥터형 부모이거나 잔디깎기형 부모이다.

반면에 다른 부류의 부모는 이러한 교육열에 우려를 표시하며 자연적인 성장을 통하여 아이 스스로 성취해가도록 유도한다. 아이를 돌봐야 할 책임은 다 하지만 아이 스스로가 잠재력을 펼쳐 성장할 수 있게 자율성을 부여한다. 입시 위주의 학교교육보다는 대안학교를 찾거나 스스로 하도록 내버려두어 아이가 자신의 시간을 더욱 창의적으로 사용하도록 유도하고 독립심을 키우며 인성교육에 중점을 둔다.

해결사가 아닌 아이의 꿈을 지지하는 지지자로서의 역할을 충실히 하는 부모이다. 이를테면 아이의 연습 상대로서 전형적인 스파링파트너 부모라 할 수 있다.

4차산업혁명 시대의 인재 육성을 위한 지침

4차산업혁명 시대는 창의력을 갖추고 글로벌 소통이 가능한 인재를 필요로 한다. 정보가 기하급수적으로 급증하고 있는 현대 정보사회에서 통신기술이 발달하면서 정보소통 또한 전 세계적으로 급속히 확장되고 있다. 따라서 정보 자체보다는 정보를 어떤 개념으로 다루느냐가 더 중요해지고 기업이나 국가 단위가 아닌 글로벌 단위의 의식을 가져야 하는 상황이다.

문제는 그러한 인재를 어떻게 키울 것인가이다. 미래학자들은 이에 대한 열쇠로 뇌에 주목하고 있다. 뇌는 누구나 가지고 있지만 그것을 어떻게 활용하느냐에 따라 글로벌 인재가 될 수 있는지가 결정된다는 것이다.

기업은 어떻게 해야 보다 높은 이윤을 내고 지속 가능한 성장을 할 수 있을까 항상 고민한다. 이전 산업사회에서는 조직화, 규격화와 위험관리를 통하여 해결이 가능했다. 그러나 현대 사회에서는 산업사회의 덕목이 제대로 기능을 발휘하지 못하고 있다. 기업들은 변화하는 사회에 대응하기 위해 창의적으로 공부하는 인재를 필요로 한다. 4차산업혁명 시대의 인재는 자신의 분야에서 계발과 혁신을 통해 새로운 부가가치를 창출하고 다른 사람과 소통하며 창조된 지식을 통합할 수 있어야 한다. 하지만 이러한 인재는 쉽게 만들어지지 않는다.

4차산업혁명 시대의 인재로서 꼭 갖추어야 할 능력은 다음 네 가지이다.

💬 첫째, 정보활용능력을 키워라.

인공지능 시대에는 정보가 널려 있다. 그리고 네이버지식인이나 구글링을 하면 바로 정보 취득이 가능한 시대이다. 이제는 정보를 많이 긁어모으는 것이 중요한 것이 아니라 정보를 의미 있게 가공하고, 스토리를 만들고, 다른 사람들을 감동시킬 수 있도록 정보를 활용하는 능력이 더 필요하다. 그런 의미에서 독서는 더 강조될 필요가 있다.

아이는 독서하는 과정에서 스토리를 읽으며 공감과 감동을 하게 되고, 맥락을 파악하면서 정보를 활용하는 능력이 키워진다. 영어를 배운다고 하더라도 대화하고, 여행하고 물건을 사용하는 데 사용되는 영어는 인공지능으로 대체될 것이다. 간단한 스마트폰 앱으로 30개국 언어의 동시통역이 가능한 시대이다. 중요한 것은 자기가 좋아하고 잘하는 분야의 원서를 읽고 세미나를 듣고 전문분야에 대해 의사소통을 할 수 있는 고급영어이다. 특정한 분야의 덕후가 되어 자신의 지식과 생각 그리고 방향성을 표현할 수 있는 영어가 필요하다.

4차산업혁명 시대에는 스마트폰 앱도 자신이 만들어야 한다. 자신만이 쓰는 소프트웨어나 소규모 그룹에서 쓰는 앱을 다른 사람들에게 맡길 수는 없다. 대부분의 일이 컴퓨터를 기반으로 이루어지므로 인공지능 시대에 코딩(coding) 교육은 필수이다. 일반적으로 코딩교육은 연산과 같이 지루하고 반복적인 좌뇌작업이라고 생각하기 쉬운데, 아이들이 익혀야 할 코딩은 코드를 만지는 기술이 아니라 패턴을 분석, 분해하고 나아가 추상화하여 문제해결의 알고리즘을 만드는 등 창의적 사고를 하게 돕는 언어이다.

🔴 둘째, 창의력을 키워라.

4차산업혁명 시대에 아이들은 인공지능이나 로봇과 경쟁하여 이기지 못하면 실업자가 될 수 있다. 그래서 아이들은 의욕을 가지고 열정적으로 몰입할 수 있는 자신만의 영역을 찾아야 한다. 덕후가 되기 위해 새로운 지식을 익히고 고도의 기술에 도전하고 역경을 넘어서는 끈기를 발휘할 수 있어야 한다. 이제는 공교육에서 이루어지는 획일화된 교육이 아니라 더 많이 체험하고 더 많이 만들며, 취미를 같이 하는 글로벌 친구도 사귀고, 자신의 재능을 키워주는 멘토와의 소통이 더 필요하다.

따라서 글로벌 융합인재로서의 역량을 키우려면 스트레스를 줄이고 오감을 자극하는 자연친화교육에 아이의 영재성을 찾아주는 예체능 교육을 결합하고,

발명과 디자인과 창업을 일찍부터 경험하게 하는 창의교육이 되어야 한다. 평범하게 시작한 과제를 1년 수행하고, 10년 수행하고, 평생토록 하다보면 그것은 이미 평범할 수 없는 위대한 일이 된다. 처음부터 위대한 과제를 수행하려 하면 시작하기도 어렵고, 시작했다가 포기하기도 쉽다.

누구나 영재성을 갖고 있지만 정말 위대한 일을 하기 위해서는 그 과제를 꾸준히 반복해야 한다. 창의력도 마찬가지이다. 상식처럼 쌓아두는 지식이 아니라 사고력처럼 사용하고 활용해야 하는 능력이다. 그리고 아이들은 바로 그러한 활용법을 스스로 터득하여야 한다. 아이는 우선 창의력이 재미있는 활동이라는 것을 알아야 하며 아이가 꿈꾸는 모든 것이 언젠가는 이루어질 수 있다는 믿음이 있어야 한다.

셋째, 직 키워라.

인공지능과 로봇의 시대에 아이에게 더 필요한 것은 지식보다는 감각이다. 자기만의 특기를 살리거나 자기만의 생각을 키우고 몰입하여 고수가 되면, 온몸 감각을 깨우는 깊이 있는 전체체험으로써 직관력이 키워진다. 예를 들면 숙련된 소방수가 불타는 건물에서 아이를 꺼내올지를 결정하는 판단이나, 양궁선수가 표적 중앙의 카메라를 맞추는 정확성이 그런 감각인데, 사람의 내면이 물질과 소통하며 환경과 공간의 상황을 본능적으로 느끼는 고수의 경지이다.

교실의 창문이 넓을수록 학생 성적이 올라간다는 미국의 연구가 있었다. 교실 창문이 넓으면 아이는 넓은 세상을 보며 감각의 확장을 경험하게 된다. 감각은 인간이 경쟁력을 가지는 분야로 인공지능이 따라오기에는 아직 한계가 있다. 인공지능 시대에는 딥러닝(deep learning; 스스로 학습하는 컴퓨터)을 하고, 정교하게 신체를 조작하고 감정을 표현하며 문제해결력까지 갖춘 로봇이 등장할 것이다. 특히 하워드 가드너(Howard Gardner)가 말한 다중지능 중 '논리수학지능'과 '언어지능'은 인공지능이 가장 쉽게 대체할 수 있는 능력이다. 따라서 아이들이 인공지능 시대에 살아남으려면 언어화와 수치화가 힘든 역량을 키워 정서지능이 높고 경험과 무의식적 기억이 발달한 인재로 자라야 한다.

특히 시공간 감각은 창의력과 직관력에 가장 큰 영향을 준다. 흔히들 산과 바다를 자연이라고 하지만, 자연에는 기후나 환경 보존, 우주적인 것까지 포함된다. 아이들은 자연에 대한 관심과 호기심을 보이며, 동물이나 식물의 자세한 생김새나 식습관, 서식지 등과 같은 구체적인 특징들에 호기심을 보인다. 아이들이 이렇게 자연을 이해하게 되면, 그것을 바탕으로 주변의 특징을 관찰하고 탐구하는 활동이 강화됨으로써 일상에서의 관찰력과 탐구력이 높아진다. 섬세한 레고블록으로 성을 쌓거나, 프라모델로 건담을 만들거나, 과학상자로 자동차를 작동시키는 것은 소근육 운동을 통한 직관력을 키울 수 있다.

손을 움직이면 뇌가 발달하는 이유는 뇌가 일단 완성되면 이후에 전혀 변하지 않는 융통성 없는 존재가 아니라 들어오는 정보에 따라 역동적으로 변화하는 기관이기 때문이다. 직관력은 오감을 동원한 전체체험으로부터 발휘된다. 특히 신체를 이용한 전체체험은 뇌 발달을 촉진한다. 1주일에 3번, 30분씩만 운동해도 학습력과 집중력이 15%나 좋아진다. 운동을 하면 증가하는 두뇌신경촉진인자(brain-derived nutrient factor, BDNF)라는 물질이 기억력과 집중력을 높여주기 때문이다. 신체적 전체체험을 통하여 무의식적인 기억과 직관력을 높여야 한다.

🔴 넷째, 협업 능력을 키워라.

아이가 자라서 직장을 다녀도 협업(collaboration) 능력이 필요한 시대이다. 인공지능조차도 학습과 협업이 가능한 시대에 동료와 협업하지 못하는 아이는 집단지성을 발휘할 수 없다. 협업이 중요한 시대에는 자신의 호기심을 충족시키는 공부여야 하고 협력을 통해 집단지성을 발휘하는 공부여야 한다.

친구와 레고나 과학상자로 큰 프로젝트를 하면서 아이는 협동하는 법을 배우고 사회성도 커진다. 이 과정에서 감정조절이나 남을 배려하는 습관도 기를 수 있다. 가족 간의 의견이나 생각에 관심을 갖고 존중해주며 친척이나 친구들과 만나는 기회를 자주 갖게 해주어야 한다. 친구들과 함께 놀기 위해서는 서로 협력하고 의견을 존중하는 등의 호감을 살만한 친사회적인 기술이 필요하다. 큰 프로젝트를 협력하여 완수하거나, 공연을 함께하거나, 회의와 토론을 통해 협업 역량을 키울 수 있다. 혼자서 공부하던 시대는 끝났다. 고등학교나 대학에서처럼 낯선 사람들과 많이 협업하는 환경에서는 함께 공부해야 한다.

PART 2
초등학교 1~2학년

Chapter 1
집중력의 뇌 만들기

집중력은 일단 주의하고 경계하는 에너지를 공급하는 단계가 필요하고, 여러 가지 자극 중에 자기에게 필요한 자극만 선별해서 주의하는 시각주의력과 청각주의력이 필요하다. 시각주의력과 청각주의력은 집중력의 기초 체력이라 볼 수 있다.

"집중력의 정신에너지를 관리하라"

6. 영재의 비법은 집중력!

　방송국에서 만난 아이 중에 청각집중력이 떨어지는 여자아이가 있었다. 시각학습자이며 신체운동학습자이다. 기초학력 테스트를 하였는데 읽기는 평균보다 낮았고 쓰기는 평균 수준이었고 수학에서도 다른 영역은 평균보다 낮았으나 도형 분야만큼은 우수했다. 부모는 아이가 말귀를 못 알아듣고 혼자 공부하지 않는 것에 대해 곤혹스러워하였다. 그러다 보니 잔소리가 많아지고, 아이는 청각집중력이 부족하여 부모의 잔소리에 그다지 주의력을 기울이지 않았다. 관찰카메라로 살펴보니 엄마가 아이와 공부를 하는데 옆에서 끊임없이 잔소리를 해댔다. 아이는 공부가 재미없어 10분도 집중하지 못하고 딴 짓을 하며 마음속에 떠오르는 일에 수시로 충동적으로 매달렸다.
　아이가 공부할 때 주의를 집중하여 가장 좋은 방법을 찾아내 주어진 문제를 풀려고 노력한다면 결과 또한 만족스럽다. 하지만 집중력에 문제가 생기면 학습과정뿐만 아니라 일상생활에도 혼란이 일어나기 쉽다. 그래서 재미있어 보이는 애니메이션, 게임, 인터넷에 끊임없이 몰두하게 되기도 한다.

생각이나 공부를 하는 데는 집중력이 필수적인데, 그 집중력에 중요한 역할을 하는 것이 바로 도파민이다. 도파민은 집중력을 지속적으로 높여 효율적으로 일을 처리하게 해준다. 또한 새로운 것을 좋아하기 때문에 분비가 활발할 때는 집중력이 높아지며 탐구력과 창의력이 발휘된다. 그러나 새로운 것에 익숙해지면 도파민은 분비가 감소한다. 공부를 할 때 앉아서 하다, 서서도 하고, 방안을 돌아다니며 하거나, 소리 내 읽다 쓰기도 하는 등 여러 방법을 동원하는 이유도 익숙해지면 감소하는 도파민의 분비를 적정선에서 유지하기 위해서다.

노르에피네프린이라는 신경전달물질 또한 중요한데 집중하거나 경계할 때 필요한 에너지를 공급한다. 노르에피네프린의 평소 분비량은 하루의 활력을 주는 정도인데 아침에 눈을 뜨면 분비되기 시작하여 열심히 공부하는 낮에 왕성해지고 밤이 되면 줄어든다. 수면이 부족할 경우 노르에피네프린은 기능을 잘 발휘하지 못한다. 집중력이 필요하거나 경계를 하여야 하는 상황에서는 노르에피네프린에 의해 대뇌피질의 활동이 전체적으로 높아지는데 그렇지 않으면 외부의 정보를 적절하고 신속하게 처리할 수 없다.

일반적으로 뇌는 30분 정도 활동하면 정보전달 속도가 느려지고, 이후 30분 정도가 더 지나면 뇌세포가 제대로 기능하지 않는 불응기(refractory period)에 빠진다. 불응기란 외부자극에 반응을 하지 않는 시간이므로 이때는 뇌를 쉬게 해야 다시 작동할 수 있다. 50분의 수업시간과 10분의 쉬는 시간은 이러한 뇌구조를 반영한 결과이다.

집중력의 뇌

디지털미디어에 빠져 있는 아이는 언뜻 보면 집중력이 대단해 보인다. 아무리 큰 소리로 불러도 전혀 들리지 않는 듯 대답은커녕 미동도 없다. 그런데 이

때 보이는 아이의 집중력은 공부하는 데 전혀 도움이 되지 않는다.

집중력에는 반응성 집중력과 초점성 집중력이 있다. 텔레비전이나 게임, 디지털미디어 등에 몰입하는 것은 '반응성 집중력'에 의한 것이다. 반응성 집중력은 자극이 주어지는 대로 끌려다니는 수동적 집중력이고, 초점성 집중력은 주체로서 나에게 필요한 주의를 유지하는 능동적 집중력이다. 반응성 집중력은 인간의 본능에 해당하는 호기심을 충족시킬 때 자연스럽게 나타나는 집중력이다. 새롭고 신기한 자극이나 강한 자극을 접할 때면 누구나 집중을 한다. 반면 초점성 집중력은 다소 지루하고 반복적이거나 어려운 과제를 수행할 때 발휘되는 집중력이다. 초점성 집중력이 높은 아이는 익숙하고 평범한 것에서도 세세한 부분에 관심을 기울여 새롭고 신기한 것을 찾아낸다. 공부가 다소 재미없고 지루해도 인내심과 끈기를 가지고 집중하게 해준다. 반응성 집중력은 두정엽과 측두엽에서 담당하지만, 초점성 집중력은 기억, 판단, 의사결정과 같은 사고능력을 담당하는 전두엽 특히 전전두엽에서 담당한다. 그러므로 몇 시간씩 컴퓨터게임이나 스마트폰에 몰두할 때 보이는 집중력과 수업시간에 필요한 집중력은 분명 다르다.

두정엽은 초등학교 입학 시기부터 활발하게 발달하는데, 주로 체감각과 같은 자극의 집중과 관련된다. 위스콘신 대학교(University of Wisconsin)의 리처드 데이비슨(Richard Davidson) 교수에 따르면 특정 사물이나 위치에 집중할 때, 두정엽의 활동이 급격하게 증가하고 특히 정밀하고 세밀한 자극을 선택하여 집중할 때, 두정엽이 중요한 역할을 한다고 한다. 예컨대 촘촘하게 적힌 글을 읽을 때나 노트를 작성할 때 이에 집중할 수 있도록 해주는 역할을 두정엽이 담당하는 것이다.

집중력을 담당하는 기관에는 시상하부(hypothalamus)도 있다. 시상하부는 체온조절, 식욕조절, 호르몬 조절 등 우리가 건강하게 살아가는 데 필수적인 기능을 담당할 뿐만 아니라 여러 가지 자극이 들어왔을 때 중요한 자극을 선별하여 집중적으로 에너지를 쏟는 역할을 한다.

집중력을 높이기 위해서는 뇌가 불필요한 정보를 걸러내야 하는데 이때 기저핵(basal ganglia)과 전전두엽피질이 특히 활발하게 작동한다. 기저핵은 중요한 움직임을 조절하는 영역이고, 전전두엽피질은 합리적, 이성적 사고와 문제해결력에 관여하는 영역이다. 기저핵과 전전두엽피질의 연결회로는 학습을 위한 연결을 강화하는 행동을 할 때, 또는 어떤 행동을 방해하거나 그 행동의 강도를 약화시키기 위해 행동을 억제할 때도 활성화된다.

아이가 공부를 할 때는 주어진 과제의 부담스러운 정도와 아이의 이전 성공적이었던 학습경험을 토대로 서로 다른 기억체계가 뇌의 주의를 끌기 위해 서로 경쟁한다. 이때 기저핵과 연결된 전전두엽이 서로 경쟁하는 기억체계 중 어느 것을 더 활성화할지를 조절하게 되는 것이다.

따라서 뇌는 불필요한 정보를 처음에는 시상(thalamus)에서 거르고, 다음에는 기저핵과 전전두엽피질에서 거른다는 것을 알 수 있다. 기저핵 시스템이 뇌를 보호하기 위해 경찰관 역할을 하는 것이다. 즉 학습자가 불필요한 소음이나 방해가 되는 외부 자극을 차단하는 의식적 결정을 내리도록 한다. 더 많은 고려가 필요해서 선택된 정보는 신경섬유를 타고 다시 시상으로 흘러 들어간다. 정보는 시상에 들어온 뒤, 정보해석을 위해 다시 뇌의 연합영역으로 보내지고 전전두엽에서 신정보와 구정보를 통합하는 것이다.

시각주의력과 청각주의력 높이기

집중력은 일단 주의하고 경계하는 에너지를 공급하는 단계가 필요하고, 여러 가지 자극 중에 자기에게 필요한 자극만 선별해서 주의하는 시각주의력과 청각주의력이 필요하다. 시각주의력과 청각주의력은 집중력의 기초체력이라

볼 수 있다. 이 기초체력이 형성되지 않으면 실행기능(executive functions)이라고 하여 아이가 공부나 운동과 같은 특정한 일을 할 때 이루어지는 초점성 집중력이 효과적으로 발휘되기 어렵다. 실행기능은 초등학교 1~2학년 때 급속히 향상되는데 이 또한 놀이나 반복적인 행동을 통해 키울 수 있다.

집중력을 향상시키는 놀이는 여러 가지가 있다. 집중력 놀이는 한번에 20분씩 하루 세 번 정도 하면 효과적이다. 특히 공부하기 전에 머리회전을 빨리 하기 위한 뇌체조의 하나로 시행하면 좋다. 규칙적이고 지속적으로 매일 일정한 시간에 행하는 것이 중요하다. 매번 다른 놀이를 하기보다 한 가지 놀이에 익숙해질 때까지 난이도를 높여가며 반복하는 것이 더 좋다.

아이가 집중력이 늘어날 때마다 부모는 칭찬해주어야 한다. '어제보다 집중하는 시간이 5분이 늘었네'처럼 구체적으로 칭찬해주어야 하고 노력하는 과정을 칭찬하는 것이 좋다. 청각주의력과 시각주의력을 높이는 놀이에는 어떤 것이 있을까.

1) 청각주의력을 높이는 놀이

공부를 시작하기 전에 집중력을 높이는 놀이를 하자. 청각주의력이 떨어지는 아이들은 차근차근 집중하며 글자를 읽는다는 것이 쉽지 않다. 특히 읽다가 이해가 안 되는 부분이라도 나오면 집중력이 금세 떨어진다. 따라서 청각주의력이 떨어지는 아이들은 다른 사람의 말에 귀를 기울이는 연습을 하는 것이 필요하다. 대표적인 놀이는 부모가 다르게 읽는 부분을 아이로 하여금 찾게 하는 것이다. 주어진 글을 잘 보면서 부모가 다르게 읽는 부분을 찾아 표시하는 놀이를 통해 아이들은 청각주의력을 기를 수 있다. 계산기를 아이에게 주고 부모가 숫자를 불러주어 전자계산기에 입력하는 놀이도 청각주의력에 효과적이다. 빠르게 더하고 빼는 놀이로 청각주의력을 향상시킬 수 있다. 말만 듣고 따라하는 놀이도 좋다. 부모가 '입'이라고 말하면서 손으로는 귀를 가리키는 식으로 행동과 말을 다르게 하여 아이의 집중력을 높인다. 행동은 보지 말고 말하는 대로만 따라하는 게임이다.

 2) 시각주의력을 높이는 놀이

시각주의력이 떨어지는 아이라면 특정한 모양에서 빠진 곳을 찾는 놀이를 통해 시각주의력을 길러나갈 수 있다. 이 놀이를 통하여 시각적으로 중요한 부분과 그렇지 않은 부분을 구별하는 능력을 키울 수 있다. 틀린그림 찾기도 시각주의력을 키울 수 있는 좋은 놀이이다. 퍼즐 맞추기도 좋은데 50조각, 100조각 퍼즐을 하나 사서 아이와 함께 맞추다보면 어느새 퍼즐에 몰두하고 있는 아이를 보게 될 것이다. 단어 캔슬링이라고 하여 신문이나 책의 한 장을 복사해 'ㄹ'자만 지워나가는 식의 놀이도 집중력 향상에 효과적이다. 제한시간을 정해두고 동생과 함께하면 시각주의력이 급격히 높아진다. 숨은그림 찾기나 미로찾기 놀이도 시각주의력이 부족한 아이에게는 효과적이다.

실제로 영재의 비법에 나오는 청각주의력이 부족한 아이에게 이러한 집중력 놀이를 먼저 시킨 후 공부에 들어갔더니 10분도 집중하지 못하던 아이가 40분 이상 공부에 집중하며 흥미를 보였다. 이처럼 집중력은 충분히 계발될 수 있는 능력이다.

7. 집중력 좋은 아이의 힘 세 가지

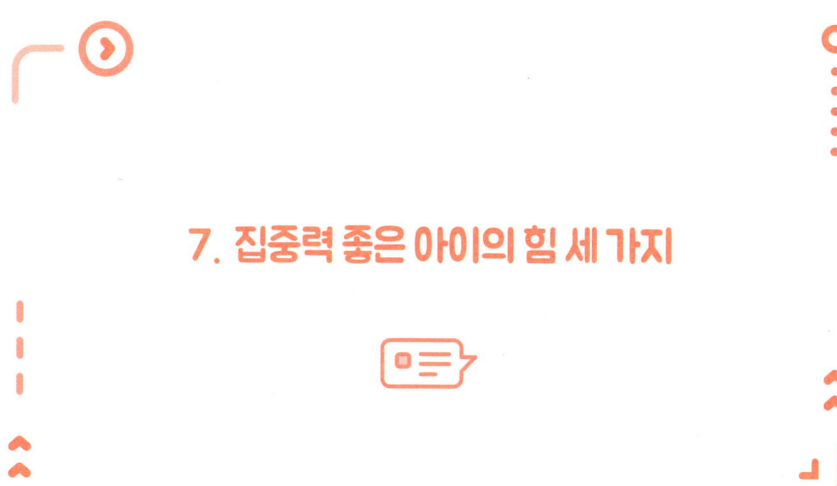

집중력이 좋은 수민이는 수업시간에 떠오르는 생각대로 충동적으로 행동하기보다는, 주의를 집중하여 가장 좋은 방법을 찾아내 수학문제를 풀려고 노력한다. 결과도 만족스럽다. 반면에 집중력에 문제가 있는 해성이는 공부할 때뿐만 아니라 일상생활에도 문제가 많다. 재미있는 일이 있으면 무조건 하고, 새로운 자극, 오락, 기발한 놀이를 끊임없이 만들어내고 집착한다.

집중력 좋은 수민이가 가지고 있는 힘은 3가지로 요약할 수 있다.
첫째는 한 가지에 몰두하는 힘으로, 우리가 흔히 말하는 집중력은 이것과 가장 가까운 개념이다.
둘째는 충동을 조절하는 힘으로, 성급하게 결정하지 않고 침착하게 심사숙고하게 하는 능력이다.
셋째는 인내심으로, 주의를 기울이더라도 자연적으로 저하되는 집중력을 거슬러 자기가 원하는 시간 동안 지속해서 집중하게 된다.

이 세 가지가 모두 갖추어졌을 때 비로소 진정한 집중력이 발휘된다. 집중력은 뇌의 가운데 깊은 부분에 위치하는 감정의 뇌, 그중에서도 시상 부위와 관련이 깊다. 시상하부와 전대상회 영역, 이와 연결된 전두엽의 일부분까지가 집중력을 관리하는 영역이다. 요즘 증가하는 ADHD 아이들에게서 이 부위의 미세한 뇌기능 이상이 발견되었다는 보고가 많다. 집중력과 관련된 공부 호르몬 중 도파민은 집중력을 지속적으로 높여 효율적으로 일을 처리하도록 돕는다. 한편 대뇌피질에서의 노르에피네프린은 주의나 경계에서 중요하다.
　《아이의 뇌를 읽으면 아이의 미래가 열린다》의 저자 멜 레빈(Mel Levine)이 제안하는 집중력의 뇌를 관리하기 위한 방안을 알아보자.

그림6 　신경전달물질

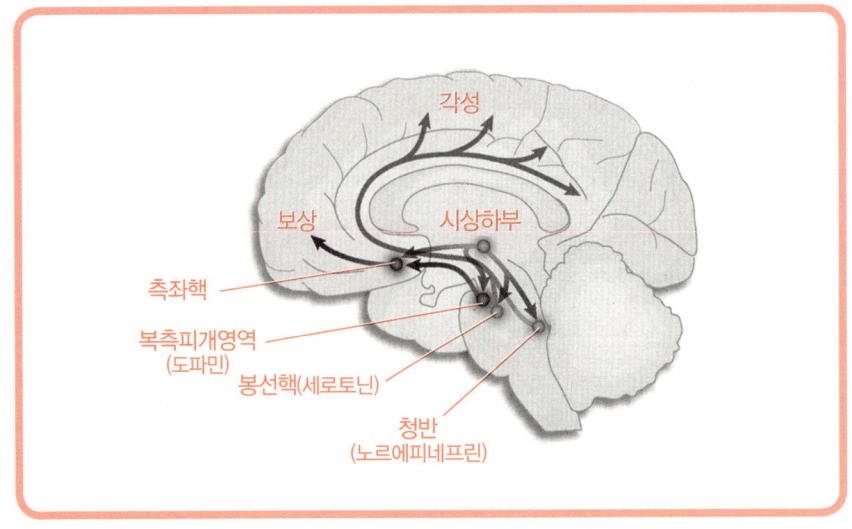

집중력의 정신에너지를 관리하라

수민이가 수학문제를 잘 풀려면 수학을 담당하는 두정엽과 문제를 해결하고 집행하는 전두엽에 가급적이면 많은 양의 정신에너지가 공급되어야 한다. 이 에너지는 필요할 때에 적절한 곳에 공급되어야 하고 수학문제를 푸는 동안 지속적으로 공급되어야 한다.

초등학교 1~2학년 아이는 정신에너지를 어느 정도 통제할 수 있기 때문에 학교에서 정신을 집중하여 40분 정도 수업을 들을 수 있다. 그리고 초등학생이면 어느 정도 의지력을 발휘하여 즐거움을 잠시 제쳐놓고 꼭 해야 할 일을 할 수 있어야 한다.

첫째, 적당히 긴장하라.

절박하면 공부가 잘되듯 뇌는 적당한 긴장을 좋아한다. 노르에피네프린은 아이의 긴장감을 유발하고 유지시킨다. 긴장감은 아이가 수업시간에 한눈팔지 않게 하고, 들어오는 중요한 정보에 집중시켜, 학교생활을 하는 동안 자신이 거기에 열심히 참여하고 있다는 느낌이 들도록 해준다. 아이가 60분 동안 공부를 한다고 하더라도 처음 20분은 집중하지만 그 이후에는 집중력이 단계적으로 떨어진다. 혼자 공부할 때도 20분 단위로 부모가 공부방에 들어가 격려하거나 관심을 보여 아이를 긴장하게 하는 것이 필요하다.

둘째, 끈기를 가져라.

재미는 없지만 가치 있는 곳에 몰입하게 하는 것이 끈기이다. 당장의 희열을 미루고 숙제와 공부를 하는 것은 아이의 의지력을 키우는 수단이기도 하다. 이런 의미에서 아이는 자신이 추구하는 꿈의 가치를 알고 인생의 의미를 추구하며 공부하는 이유에 대해 알아야 한다. 학교는 아이에게 배우는 방법을 가르쳐야 하고, 부모는 공부와 관련하여 규칙과 규범을 정해 놓음으로써 공부하는 방법을 가르쳐야 한다.

셋째, 제때 자고 제때 일어나라.

규칙적인 습관은 정신에너지 조절에 매우 중요하다. 이렇게 함으로써 공부하는 데 필요한 정신에너지를 충전할 수 있다. 공부할 때 뇌가 최상의 상태를 유지하려면 밤에 적어도 8시간은 푹 자야 한다.

넷째, 성취감을 느끼게 하라.

아이는 좋은 성취를 할 때와 그렇지 못할 때를 찾아내고, 성취감을 느낀 경험을 늘리기 위해 의식적으로 노력해야 한다. 하루 중에 성취감을 느낀 때를 파악하여 중요한 공부는 가능하면 그 시간에 하도록 한다.

들어오는 자극을 관리하라

초등학교 1~2학년 아이는 옆에 앉은 아이를 귀찮게 하거나, 복도에서 무슨 소리가 나면 정신을 빼앗기기 일쑤다. 초등학교 6학년 정도가 되면 오랫동안 한 가지에 주의를 집중하다가도 새로운 관련 주제로 무리 없이 옮겨갈 수 있다. 하지만 1~2학년 아이는 일정 시간 동안 주의를 집중하기도 어려울뿐더러, 주의를 빨리 다른 곳으로 옮기기도 어렵다. 따라서 아이 주위에는 텔레비전, 컴퓨터, 핸드폰 등이 없는 것이 좋다.

첫째, 요약하는 습관을 들여라.

아이에게 읽을거리를 주고 읽게 한 뒤 약 100개의 낱말로 요약하게 하라. 아이가 요약을 하면 다시 50개 내외의 낱말로 요약하게 하라. 그다음에는 다시 25개 낱말로 요약하게 하라. 이렇게 요약하게 하면 아이는 정보의 덩어리에서 상대적인 중요한 것을 고르는 힘을 기를 수 있다.

🔴 둘째, 정보의 깊이를 잘 조절하라.

아이 중에는 세세한 부분에는 능숙하지만 창의력이 떨어지는 숙고형 아이, 그리고 다방면에서 참신한 생각을 하지만 세세한 부분에는 전혀 신경을 쓰지 않는 충동형 아이가 있다. 특히 충동형 아이는 새로운 정보를 받아들이기 무섭게 머릿속에서 관련된 또 다른 여러 생각들이 떠오른다. 문제는 신나는 상상여행은 수학시간이 아닌 다른 시간에 해야 한다는 것이다. 깊이를 잘 조절하여 적절한 시기에 적절한 정보를 받아들일 수 있도록 훈련이 필요하다.

🔴 셋째, 집중하는 시간을 조절하라.

일정한 시간 동안 집중력이 지속되지 않는 아이를 위해 타이머를 사용하는 것도 좋은 방법이다. 이런 아이에게는 얼마 정도 시간 걸릴지 미리 알려줄 필요가 있으며, 반쯤 지났을 때도 그 사실을 알려주자. 또한 머리를 식혀주면 일정한 시간 동안 집중력을 발휘하는 데 큰 도움이 되므로, 머리를 식힐 시간을 규칙적으로 주어야 한다.

🔴 넷째, 자기가 만족할 만한 일을 하라.

아이는 자기가 만족할 만한 것이 무엇이고, 무엇을 받아들이고 사용하는 것이 필요한지 빠르게 판단한 다음 생각할 것을 정한다. 즐거운 일, 유용한 일, 앞으로 이익이 되는 일에는 집중을 잘한다. 따라서 공부할 때 자기가 좋아하는 과목부터 시작하면 기분이 좋아져 다른 과목도 열심히 하는 경우가 많다.

결과물을 관리하라

집중력의 최종 목적은 결과물을 잘 만들어내는 것이다. 결과물을 만들려면 배경지식이 되는 장기기억도 중요하지만 그 배경지식을 활용하여 문제를 해결하는 작업기억력이 필요하다. 결과물을 잘 관리하면 작업기억력은 저절로 향상된다.

💬 **첫째, 결과를 염두에 두고 행동하라.**

사진이 어떻게 나올지 전혀 감을 잡지 못한 채 무작정 셔터를 눌러대는 아이가 있다. 이런 아이는 자신의 행동이 가져올 결과를 전혀 예측하지 못한 채 곧장 행동으로 옮기기 때문에 어려운 상황에 빠지기 쉽다. 예를 들면 결과를 생각하지 않고 수업 중에 장난을 치거나 숙제를 제출하지 않거나 한다. 아이는 전전두엽에서 끊임없이 미리 예측하여야 한다. 선택 가능한 방법들을 생각해본 다음 최선책을 고르고, 그 방법이 잘못될 경우를 대비하는 보완책으로 두어 가지 대안을 마련하는 습관을 들여야 한다.

💬 **둘째, 마감시간을 지켜라.**

결과물을 만드는 작업은 너무 빨라도 안 되고 너무 느려도 안 된다. ADHD를 겪는 남자아이는 충동적으로 건성건성 일을 해치우지만, 같은 장애를 겪는 여자아이는 혼자 방에서 중얼거리며 돌아다닌다. 부모는 아이가 결과물을 만들어내는 시간을 수시로 확인하여 제때에 일을 처리하는지 항상 관리해야 한다.

💬 **셋째, 잘하고 있는지 확인하라.**

아이는 공부하는 중에 스스로 공부를 잘하고 있는지 확인하고, 공부를 마친 뒤에는 제대로 했는지 평가해야 한다. 이렇게 자신을 규제함으로써 올바로 공부할 수 있다. 일기 고쳐 쓰기, 수학문제 풀고 검산하기, 토론시간에 발표하다가 주제에서 빗나간 것 알아차리기 등이 여기에 해당된다.

💬 **넷째, 잘한 일은 되풀이하라.**

예전에 어떤 방법이 아이에게 잘 맞았다면 그 방법을 계속 되풀이하여 사용해야 하는데, 이를 긍정적 강화라고 한다. 반대로 아이의 행동에 문제가 생기거나 숙제를 해도 야단만 맞는다면 그 방법은 다시 사용하지 않는 것이 상책이다.

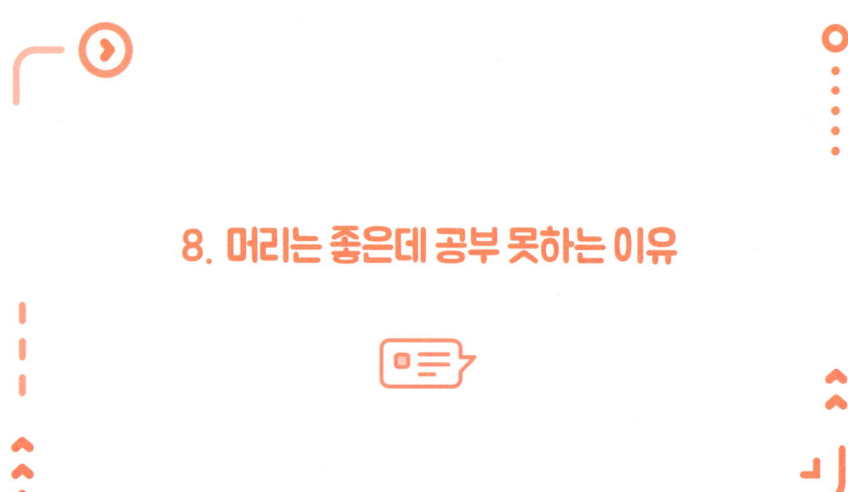

8. 머리는 좋은데 공부 못하는 이유

똑똑하지만 오히려 산만하고 충동적인 아이들이 많아졌다. 똑똑하다는 것은 일반적으로 IQ가 높다는 것을 의미한다. 똑똑하다거나 IQ가 높다는 것은 기본적인 반사신경에서부터 운동, 언어, 기억력, 사고력과 추론력에 이르기까지 뇌가 효율적으로 작동한다는 뜻이다. 그러나 IQ가 높다는 것은 아이의 신경회로가 얼마나 빠르고 효율적으로 작동하는지 보여주는 것이지 집중력이 좋다거나 끈기가 있다는 의미는 아니다. 아이가 가지고 있는 감정조절, 동기, 끈기, 사회성에 대해서도 마찬가지로 말해주는 것이 전혀 없다.

오히려 똑똑한 아이들 중에는 산만하고 충동적인 아이들이 많다. 똑똑할수록 산만하고 충동적인 이유는, IQ가 높은 아이는 학습 혹은 문제해결이 필요한 어떤 과제에 부딪치더라도 신속하게 그 문제를 해결할 수 있기 때문에 미리 대비하거나 과도하게 시간을 쓰지 않아도 된다. 반면에 신속하게 문제를 해결하지 못하는 아이는 IQ가 높은 아이라면 쉽게 처리할 일을 체계적으로 준비하고 성실하게 행동해야만 처리할 수 있다. IQ가 높은 아이가 잘 집중을 하지 않는 것은 그 때문이다.

  심리학자들에 따르면 IQ가 학업성적에 미치는 영향은 15~25% 정도라고 한다. 학업성적은 IQ보다 환경이나 공부습관과 더 관련이 있다는 뜻이다. 학습에 얼마나 많은 시간을 투자하느냐가 아이의 IQ보다 중요하다는 것이다. 집중력이나 끈기가 있는 아이는 학습에 투자하는 시간이 많다. 따라서 학습 성과는 IQ가 높은 아이보다는 집중력이 좋은 아이가 더 낫다.

 1) 멀티태스킹의 신화

  하나의 컴퓨터가 동시에 여러 작업을 수행하는 것을 표현하는 말인 멀티태스킹(multitasking)을 사람에게도 적용해 사용하는데, 사실 멀티태스킹의 원래 뜻은 수행하는 과제의 전환이다. 과제의 전환에는 두 가지 형이 있는데 주의력이 A항목에서 B항목으로, 다시 C항목으로 옮겨가는 순차 과제전환이 있고, 주의력이 A항목과 B항목 사이에서 왔다 갔다 하는 교차 과제전환이 있다. 그런데 뇌가 A항목에 집중하던 주의력을 B항목으로 전환했다가 다시 A항목으로 전환할 때 인지능력은 저하된다.

  예를 들어 영수가 수학숙제를 하고 있다고 하자. 연산 문제를 푸는 데 집중하느라 영수는 10분 정도의 시간을 보냈다. 영수의 뇌에서는 연산을 담당하는 좌뇌 영역이 열심히 작동하고 있었으며, 이 정보 처리에 상당한 양의 작업기억이 사용되고 있었다. 그런데 갑자기 전화벨이 울린다. 영수의 친구 지훈이다. 전화를 받기 위해 영수의 뇌는 연산을 처리하던 일에서 벗어나 전화 받는 절차를 기억하고 통화에 주의를 기울인다. 영수가 지훈이와 이야기하는 6분 동안 영수의 작업기억이 처리하던 연산의 정보가 서서히 사라지고 전화 통화에서 얻는 정보로 대체된다. 영수의 작업기억 용량이 한정되어 있기 때문이다. 통화를 끝내고 다시 숙제를 하려고 할 때쯤이면, 영수는 거의 처음부터 다시 시작해야 할 것이다. 숙제에 열중했기 때문에 영수는 모든 정보가 여전히 작업기억 속에 남아있을 거라고 생각했지만, 이미 많은 정보가 사라져 버렸기 때문이다. 사람들이 간혹 "그런데 내가 뭐하고 있었더라"라고 중얼거리는 이유도 마찬가지이다.

뇌과학자들은 과제나 작업을 할 때 뇌가 활성화되는 정도를 측정한 결과 흥미로운 사실을 발견해냈다. 한 번에 한 가지씩 과제를 수행할 때와 여러 가지의 과제를 동시에 수행할 때의 뇌 활성도를 비교해보니 한 가지씩 할 때의 뇌가 훨씬 효율적으로 작동하고 활성도도 더 높게 나타난 것이다. 결국 과제를 바꾸면 대가를 치러야 한다. 과제를 하는 도중에 방해를 받으면, 과제를 끝마칠 때까지 50%의 시간이 더 걸리고 실수도 50%나 더 늘어난다. 아이들은 집에 있을 때 흔히 텔레비전, 컴퓨터, 스마트폰 사이에서 끊임없이 왔다 갔다 한다. 아이들 주변에는 멀티미디어 기기가 항상 널려있다. 그런 환경에서 성장하는 아이들에게는 30~50분 동안 교사의 말을 듣거나 문제집을 풀거나 자료 조사를 하면서 가만히 앉아 있기를 기대할 수 없다.

 2) 시각적 파악력은 우수하지만 자기통제력은 부족하다

2004년 미국의 소아과학회지 〈Pediatrics〉에는 생후 1년부터 3년 사이에 텔레비전을 장시간 시청한 아이들은 초등학생이 되었을 때 주의력결핍의 문제가 일어날 가능성이 높다는 연구결과가 실렸다. 미국 시애틀아동병원의 드미트리 크리스타키스(Dimitri Christakis) 박사가 12~36개월 아이 2,600명을 추적 조사한 결과, 12~36개월 아이들의 텔레비전 시청시간이 1시간씩 늘어날 때마다 이들이 초등학교에 들어갔을 때 집중력에 문제가 생길 위험이 10%나 높아지는 것으로 나타났다. 반드시 ADHD를 진단 받지는 않더라도 학교 교실에서 얌전히 있지 못하고, 과제에 집중하는 능력이 떨어질 가능성이 있다는 것이다.

텔레비전 프로그램을 연출하는 사람들은 어린아이들의 주의력 지속시간이 짧다는 것을 알고 있다. 따라서 유아를 대상으로 하는 텔레비전 프로그램과 동영상은 보통 장면이 신속히 바뀌도록 편집을 하게 된다. 아이들의 흥미를 유발하기 위한 것이지만, 한편으로는 뇌가 짧고 신속한 정보에 익숙하게 만들어 한 가지 주제에 오랫동안 집중하는 참을성을 기를 수 없게 만든다. 유아를 대상으로 하는 대부분의 프로그램이 그렇듯이 장면이 빨리 바뀌는 프로그램에 익숙해지면 당연히 초등학교 때 오래도록 자리에 앉아 책을 읽는다거나 수학을 배우기가 힘들어지는 것이다.

아이의 뇌는 환경과 접촉하면서 발달되는데, 요즘 아이들은 운동장에서 뛰어놀 시간이 절대적으로 부족해짐에 따라 놀이나 운동을 통해 얻는 자극도 없어지고, 그 결과 뇌도 정상적으로 발달하지 않는다. 운동을 하는 동안 뇌는 새로운 신경들을 연결 지으면서 행동을 조절하고, 긍정적인 기분을 느끼게 하는 세로토닌의 생성을 촉진한다. 그러나 학교와 학원만 오가거나 게임이나 텔레비전 보는 데에만 시간을 쓰는 생활습관은 뇌의 불균형한 성장을 불러오는 등 뇌 발달을 지연시킨다.

집중력이 떨어지는 아이는 주의집중, 언어발달, 집중지속시간, 충동 억제, 논리적 사고, 단계적 추리를 담당하는 전두엽 부분의 뇌 활성이 비정상적으로 낮은 것이 밝혀졌다. 그 반면에 시각과 가장 밀접하게 관련된 영역인 후두엽 부분에서는 활발한 뇌 활동이 이루어지고 있는 것도 발견하였다. 이는 집중력이 부족한 아이가 시각적인 파악은 우수하지만 자기통제력이 부족하다는 것을 반증한다.

3) ADHD를 조기 발견하라

최근에 집중력이 부족하고 산만한 모습을 보이는 ADHD 아이들이 많아졌다. 이것은 분명 시각적 자극에 지나치게 노출되고 있는 환경과 관련이 있다. 따라서 ADHD가 의심되는 아이를 조기에 발견하여 시각적 자극에 너무 노출되지 않도록 관리할 필요가 있다.

취학 전 아이는 제법 한참동안 앉아 한 가지 일에 몰두하게 되는데, 이때 주위에 웬만한 일이 발생해도 금방 자리에서 일어나지 않는다. 그런데 아이들 중에는 한 가지 일에 몰두하지 못하고 돌아다니는 아이가 있다. 아무리 흥미 있어 하는 그림책도 1~2분 이상 들여다보지 못하고 옆방에서 들려오는 소리에 일어나 쫓아간다. 텔레비전을 재미있게 보다가도 문소리에 쫓아나간다. 관심이 있어서 시작한 대부분의 일을 끝내지 못한다. 오히려 사소한 외부의 소리나 자극에 더 민감하다.

이런 아이들은 초등학교에 들어가면서 실제로 행동문제를 보이기 시작한다. 특히 학기 초에 규칙을 따르고 얌전히 앉아있기를 요구하는 경우가 많기 때문에, 이러한 요구에 따르지 못하면 아이에게 ADHD 증상이 있는 것은 아닌지 관심을 가져야 한다. 교사들은 이러한 아이에 대해 "말이 많아요", "끊임없이 움직여요", "학교에서의 규칙을 잘 모르고 있는 것 같아요"라고 이야기할 수 있다. 과잉행동과 충동성을 주로 보이는 아이들의 경우에는 성장하면서 행동과 관련된 증상들은 감소하고 언어표현과 관련된 증상들이 더 심해질 수 있다. 아이는 남이 말하는 중에 자주 끼어들거나, 자기 차례가 아닌데도 불쑥 말을 할 수 있다. 교사나 같은 반 친구들로부터 '떠벌이'라는 말을 듣기도 한다.

이처럼 지나치게 많이 움직이고 소란하여 주의집중을 못해 지속적인 주의력결핍이나 과잉행동으로 학교생활이나 가정생활에 지장을 받는다면 ADHD를 의심해볼 수 있다. ADHD는 과잉행동, 주의산만, 충동성이라는 3가지 특징적인 증상을 보인다.

ADHD 진단표

※ 여러분의 자녀나 학생이 다음 열 가지 행동을 어느 정도로 보이는지 해당 점수를 써넣으세요.

전혀 없음 : 0   약간 있음 : 1   상당히 있음 : 2   아주 심함 : 3

1. 차분하지 못하고 지나치게 활동적이다. (　)
2. 쉽게 흥분하고 충동적이다. (　)
3. 다른 아이들에게 방해가 된다. (　)
4. 한번 시작한 일을 끝내지 못하고, 주의집중 시간이 짧다. (　)
5. 늘 안절부절 못한다. (　)
6. 주의력이 없고 쉽게 주의가 분산된다. (　)
7. 요구하는 것은 금방 들어주어야 한다. (　)
8. 자주 또 쉽게 울어버린다. (　)
9. 금방 기분이 확 변한다. (　)
10. 화를 터뜨리거나 감정이 격하기 쉽고, 행동을 예측하기 어렵다. (　)

위 10문항의 점수를 모두 더해 16점이 넘으면 ADHD일 가능성이 있다.

9. 텔레비전보다 더 나쁜 건 컴퓨터게임

컴퓨터게임으로 집중력을 높일 수 있을까? 최근 두뇌트레이닝 게임이 인기를 끌면서 게임도 뇌 발달이나 집중력 향상에 효과가 있는지 궁금해하는 부모들이 많아졌다. 공부를 하기 전에 쉬운 수학문제를 풀거나 글을 소리 내서 읽는 등의 뇌 체조를 하면 공부가 잘된다는 일본의 뇌과학자 가와시마 류타(川島隆太) 교수의 이론을 바탕으로 만든 게임이다. 그러나 이 게임의 효과에 대해서는 아직 증명된 것이 없다.

프랑스 렌느대학교의 알랭 리우리(Alain Lieury) 박사가 10세 아이를 대상으로 7주일 동안 관찰한 연구에 의하면, 게임기로 실시한 두뇌훈련이 종이와 펜으로 퍼즐을 푸는 것보다 기억력에 효과가 없었을 뿐 아니라 수학테스트에서도 아무것도 하지 않은 집단과 비교하여 큰 차이가 없었다. 게임기로 하는 두뇌훈련 프로그램이 뇌 발달에 도움을 준다는 과학적 근거가 없다는 뜻이다. 컴퓨터게임보다는 독서나 숙제, 일상적인 놀이가 더 뇌 발달에 효과적이다.

뇌과학적으로도 일반적으로 컴퓨터게임을 할 때 나오는 뇌파는 베타파나 그 이상의 빠른 파로, 공부력을 향상시키기보다는 뇌에 피로를 가져오는 것으로 알려져 있다. 컴퓨터게임을 할 때 전두엽의 활성화는 독서를 할 때보다 상당히 미미하다. 컴퓨터게임은 즉각적인 자극과 반응을 필요로 하는 시청각 자극을 주기 때문에 후두엽의 시각 중추와 측두엽의 청각 중추를 강하게 자극하지만, 사고력과 문제해결력을 주도하는 전두엽에는 거의 자극을 주지 않는다. 즉 일차적 감각과 감정에는 영향을 미치지만, 고도의 정신 작용인 사고력과 추론력에는 큰 영향을 미치지 못한다.

컴퓨터게임은 집중력을 떨어뜨린다

아이는 끊임없이 컴퓨터게임의 자극에 노출됨으로써 오히려 집중력이 취약해지고 있다. 뇌과학자들은 끊임없이 피드백을 요구하는 컴퓨터게임이 텔레비전보다 아이의 뇌에 더 나쁜 영향을 미친다고 생각한다.

독일 스포츠대학의 연구에 의하면 12~14세 남자아이들에게 매일 저녁 숙제를 끝낸 뒤 하루는 컴퓨터게임, 다음 날은 텔레비전을 1시간씩 즐기도록 한 결과 컴퓨터게임을 한 아이들에서 수면의 질이 훨씬 떨어지고 단어 암기력도 저하되는 결과를 얻었다. 게임을 하는 경험이 너무 강력해서 뇌의 단어 기억력을 압도한 것이다.

게임을 할 때 작동되는 집중력은 반응성 집중력으로 즉각적인 호기심을 충족시킬 때 발휘되고, 새롭고 신기한 자극이나 강한 자극을 접할 때면 작동된다. 컴퓨터게임은 새로운 시각과 청각자극으로 이루어져 있기 때문에 반응성 집중력이 주가 된다. 따라서 집중력의 수준을 컴퓨터게임에 집중하는 정도로 평가할 수는 없다. 오히려 아이의 의지력과 적극성이 없는 반응성 집중력은 공부할 때 발휘되는 초점성 집중력의 발달을 방해한다.

컴퓨터게임에 대한 부모의 지침

아이들에게 컴퓨터게임을 전면 금지할 필요는 없지만 그렇게 하는 것도 분명 비현실적이다. 혹여 금지령을 성공적으로 시행했다 하더라도 또래들이 좋아하는 의사소통 방법을 차단하게 되면 아이는 사회적으로 매우 불리한 처지에 놓이고, 컴퓨터게임을 다뤄본 경험이 부족하면 나중에 직업적으로도 어려움을 겪을 수 있다. 따라서 아이가 컴퓨터게임을 할 때 특히 신경 써야 할 점은 다음 5가지로 요약할 수 있다.

첫째, 컴퓨터게임의 노출시간을 제한하라.

문제는 컴퓨터게임을 하는 행동이 아니라 컴퓨터게임을 자주 하도록 만드는 환경이다. 컴퓨터게임을 하게 만드는 환경이 되면 아이는 독서, 과학상자 놀이, 스포츠 활동 등을 덜하게 된다. 그러면 컴퓨터게임은 아이에게 지능 발달이나 운동 발달에 좋지 않은 영향을 주게 된다. 따라서 우선 부모는 컴퓨터게임을 많이 하는 환경을 만들지 않도록 주의하고 컴퓨터게임을 하는 시간도 1시간 이내로 제한해야 한다. 아이가 컴퓨터게임을 하겠다고 떼를 쓰는 것은 당연하겠지만 일관성 있게 컴퓨터게임을 하는 시간을 제한하고 대신에 다른 흥미로운 공간을 만들어 열중하게 하는 것이 좋다. 또한 컴퓨터게임에 노출되는 것을 피하기 위해서는 가족 모두가 동원되어 관리하여야 한다.

둘째, 상호작용을 늘려라.

자녀와 함께하는 시간을 늘려라. 일상대화도 좋고 보드게임도 좋다. 또한 부모와 같이 독서를 하거나 교육용 다큐멘터리를 시청하며 그들이 무엇을 좋아하는지 관찰하라. 조사에 따르면 부모가 아이들과 나란히 독서를 하거나 교육용 다큐멘터리를 볼 때 아이들은 더 많은 것을 얻는다. 교육용 다큐멘터리를 보면서 아이가 방송에서 무엇을 흥미롭게 느끼는지 관찰하여 아이의 호기심을 구축시키는 데에 이용하라. 가능하다면 그 주제에 맞는 어린이용 도서관 책들을 대여하라. 이 관심사는 아이가 이야기하기 좋아하는 대화거리의 소재를 만들어줄 수도 있다.

💬 셋째, 능동적인 활동을 늘려라.

아이가 컴퓨터게임에 너무 장시간 몰두하는 것 같으면 바깥에서 함께 산책을 하거나 공놀이를 하라. 아이를 여러 장소에 데려가라. 도서관, 서점, 아이박물관, 동물원 같은 곳에 데려가서 문화체험을 시키고 그동안 보고 배웠던 것을 구체적으로 확인하게 하는 것은 교육적 효과가 크다. 아이들이라면 운동을 하고 일대일 상호작용을 하며 야외에서 시간을 보내야 한다. 아이들은 자주 햇볕을 쬐어야 한다. 리듬 있는 운동과 햇빛은 세로토닌 분비를 높여 행복감을 느끼게 하고 자존감을 높인다.

💬 넷째, 폭력적이거나 잔인한 내용을 피하라.

아이들은 자신이 본 것을 무의식적으로 흉내 낸다. 이것이 그들의 학습방법이다. 하지만 아무도 컴퓨터게임에서 한 것을 아이가 흉내 내기를 원하지 않을 것이다. 특히 컴퓨터게임의 폭력적이고 잔인한 장면이 문제가 된다. 아이는 현실과 환상을 혼동하는 경우가 있다. 이런 게임들은 아이의 뇌를 약화시킬 뿐 아니라 인성을 황폐화할 수 있다. 컴퓨터게임의 타이틀이나 내용에 대해서 부모가 관심을 가져야 한다.

💬 다섯째, 계획을 가지고 컴퓨터게임을 하라.

아이의 컴퓨터게임은 부모가 미리 계획을 세워서 타이틀과 시간을 관리하여야 한다. 타이틀을 고를 때는 신문의 평이나 시민단체의 모니터 평을 참조하는 것도 좋다. 아이가 즐겨하는 장르가 무엇인지, 얼마 동안 집중하는지, 게임 태도는 어떤지 수시로 점검할 필요가 있다. 아이가 게임을 할 때 같이 참여해보자. 게임 내용을 설명해주기도 하고 아이 생각과 다르다면 부모의 의견은 이렇다고 말해주어야 한다. 컴퓨터게임은 중독성이 높기 때문에 매일 하는 것은 바람직하지 않다. 매일 하는 것보다는 하루를 건너 하거나 주말에만 하는 등 스케줄을 관리해야 한다. 컴퓨터게임을 하는 시간도 뇌에 영향을 미칠 수 있다. 컴퓨터게임과 뇌의 상관관계에 대한 실험에서 뇌과학자들이 뇌활성도의 긍정적인 변화를 위해 실험군에 적용한 시간은 하루 30분~1시간 정도이다. 이처럼 아무리 컴퓨터게임에 긍정적인 효과가 있다고 하더라도 아이들은 보통 하루 1시간 이상을 넘지 않는 것이 좋다.

10. 아이의 지속적 집중력, 이렇게 하면 쑥쑥

　지능이 아무리 좋은 아이라도 집중력이 떨어지면 자신의 능력을 제대로 발휘할 수 없다. 재능을 충분히 발휘하게 하려면 일찍부터 아이의 집중력을 키워주어야 한다. 집중력이란 '한 가지 일에 관심을 두고 골몰하는 상태'로서 '여러 자극 중에서 중요하다고 생각되는 것에 대하여 집중적으로 주의를 기울이는 정신적인 힘'을 말한다. 아이가 어떤 놀이나 공부에 매달려 오랫동안 꾸준히 하는 능력이 바로 집중력이다.

　아이는 무슨 일을 하다가도 새로운 흥밋거리가 생기면 금세 다른 곳에 관심을 쏟는 경우가 대부분이다. 집중력에는 시간이 흘러도 특정한 자극에 대해 주의력을 유지하는 지속적 주의력이 있는데, 새로운 지식의 학습, 기억 등에는 이것이 매우 중요하므로 부모는 이 지속적 주의력을 높여주도록 배려해야 한다. 아이의 지속적 집중력을 쑥쑥 키우기 위하여 부모가 집에서 해줄 수 있는 것은 다음과 같다.

집중력을 키우기 위한 지침

💬 **첫째, 한 번에 한 가지 일만 하게 하라.**

집중한다는 것은 눈여겨보고, 귀 기울여 들으며, 촉감과 맛, 냄새를 느끼며, 주의 깊게 생각하는 것을 의미한다. 완전한 집중에 가장 방해가 되는 요소는 의식의 분산이다. 집중하려면 듣거나 경험하는 정보에 완전히 초점을 맞추어야 한다. 아이는 동시에 여러 가지 일을 할 수 있다고 착각한다. 그래서 독서를 하면서 텔레비전을 보고, 음악을 들으면서 학습을 한다. 하지만 실제로 두 가지 일을 동시에 하고 있다 하더라도 두뇌는 그 모두에 완전히 집중할 수 없다. 그러므로 한 번에 한 가지 일에만 전념하게 하라.

💬 **둘째, 아이가 좋아하는 과목을 먼저 하라.**

아이가 좋아하는 과목이 있다면 그것부터 하라. 아이가 자신이 좋아하는 과학을 하면서 집중했다면 아이의 뇌에는 도파민이 증가한다. 이렇게 도파민이 증가된 뇌로 수학을 하면 평소 지루해하던 수학도 술술 잘 풀리고 자신감도 생긴다. 지루한 과목을 하느라 의욕이 떨어지면 자신이 좋아하는 과목이라 하더라도 효율이 생기지 않는다. 자기가 좋아하고 잘하는 과목은 칭찬이나 외적보상(extrinsic reward)이 없더라도 스스로 집중하게 되고 자연스럽게 동기 부여가 이루어진다.

💬 **셋째, 시간을 정해놓고 학습하라.**

학습을 시작할 때 그 학습을 끝낼 시간을 미리 정해두는 것이다. 다만 너무 긴 시간을 배정하는 것은 집중력을 향상시키는 데 별로 도움이 되지 않는다. 자신이 최대로 집중할 수 있는 시간을 정하는 것이 중요하다. 가능하면 자신이 최대로 집중할 수 있는 시간에 수행 가능한 학습량보다 약간 더 많이 수행하게 계획하는 것이 효과적이다.

🗨 넷째, 집중 잘되는 환경을 만들자.

집중력이 높은 사람은 어떤 환경에서든 높은 집중력을 발휘할 수 있다. 하지만 보통은 환경에 따라 집중력이 크게 달라진다. 붉은 계열보다는 차분한 청색 계열 인테리어가 아이 집중력을 키우는 데 도움이 된다. 벽지를 푸른 계통으로 바꾼다면 한결 가라앉는 분위기를 연출할 수 있다. 외부 소음을 줄이기 위해 커튼을 달거나 바닥에 소음방지 바닥재를 깔아주는 것도 도움이 된다.

물건들을 잘 정리하여, 아이가 찾을 때 부모에게 묻거나 이쪽저쪽 뒤적이지 않아도 책이나 물건이 한눈에 들어올 수 있도록 해야 한다. 작은 물건들은 얕은 서랍에, 큰 물건들은 깊은 서랍에 넣는 등 책상 정리도 필요하다. 물건을 넣고 꺼내기가 편하려면, 열고 닫는 데 뻑뻑한 서랍이나 문은 개선해야 한다. 아이에게 정리 정돈이 재미있는 일이 되도록 수납 기능을 단순화할 필요가 있다.

🗨 다섯째, 적절한 과제를 선택하여 성공적인 경험을 하도록 해주어라.

아이가 산만한 원인 중 하나는 집중해서 이뤄낸 경험이 없기 때문일 수 있다. 매일 책을 읽고, 읽고 난 후 그것을 부모에게 발표하거나 그림으로 그려보게 하자. 아이들은 어느새 자리에 앉아 책을 읽는 것에 흥미를 느낄 것이다. 책을 재미있게 읽은 경험을 통해 성취감을 갖게 되는 동시에 점차 다른 일이 주어져도 자연스럽게 집중할 수 있게 된다. 아이가 잘할 수 있는 과제를 잘 선택하여 성공적인 결과에 대해 칭찬해주는 자세가 필요하다. "잘 할 수 있단다"라는 적극적인 격려가 필요함은 물론이다. 이 과정을 통해서 "난 할 수 있어!"라는 자신감이 생기면 집중력도 늘어나고 불필요한 자극을 견뎌낼 수 있게 된다.

💬 **여섯째, 규칙적으로 운동하라.**

운동은 도파민을 분비하는 신경회로를 활성화한다. 시냅스에서 특히 도파민의 양이 잘 조절되지 않는 불안정한 아이나 자제력이 없는 아이에게 운동이 필요하다. 연구에 의하면 규칙적으로 운동한 아이는 반응 시간이 더 빠르고 활력이 넘치며, 창의력이 뛰어나고 시험점수가 더 높은 것으로 밝혀졌다. 운동은 집중력을 높이며 공부할 준비가 된 몸을 만든다. 특히 자세를 잡고 천천히 이루어지는 운동은 많은 소근육 운동의 관여와 균형을 요구하며, 이는 전정기관과 전두엽을 의식적으로 활성화하여 집중력을 향상시킨다. 하루 30분 이상씩 규칙적으로 운동해야 한다.

✏️ 집중력을 높이는 음식

뇌는 우리 몸에서 가장 복잡하고 효율적인 기관이다. 우리가 먹는 음식의 20%는 뇌에서 소비된다. 두뇌식품을 즐겨 먹으면 집중력은 높아지고 스트레스는 줄어들며 기억력은 향상된다.

우리의 뇌는 60%가 지방으로 구성되어 있다. 등푸른 생선은 뉴런의 세포막이나 수초화(myelination)에 필수적인 DHA·EPA 등 오메가-3 지방이 풍부하다. 오메가-3 지방의 섭취가 부족하면 ADHD와 우울증이 생길 수 있다. DHA는 뇌 발달을 돕고 기억력을 높이는 데 효과적이다. 오메가-3는 고등어, 참치, 들기름 등에 많이 함유되어 있다. 들깨는 뇌의 기억력과 학습력을 높여준다.

멸치와 우유는 풍부한 단백질 공급원이기도 하지만 칼슘이 풍부하여 신경을 안정시키는 데도 도움을 준다. 특히 아이들이 좋아하는 설탕은 산성 물질이기 때문에 다량 섭취하면, 산성과 염기의 평형을 맞추려는 생체 시스템이 가동되는데 이때 주로 사용되는 연료가 칼슘이다. 설탕이 온몸을 돌아다니기 시작하면 뼛속 칼슘이 빠져나와 몸이 산성으로 변하는 것을 막는다. 그러므로 설탕을 많이 먹으면 그만큼 칼슘을 많이 사용하게 되어 칼슘 결핍이 일어난다. 칼슘은 산성과 염기성의 균형을 맞추는 역할뿐만 아니라 집중력을 높여주고 안정된 성격으로 만드는 데 결정적인 작용을 한다. 칼슘이 부족하면 집중력이 현저하게 떨어지고, 예민하고 신경질적인 반응을 보이며 난폭해진다. 결국 과다한 설탕 섭취는 칼슘 결핍과 함께 낮은 집중력과 공격성, 폭력성을 유발하는 것이다.

간은 철분이 풍부한 음식이다. 철분은 감정을 안정시키고 행복하게 하는 세로토닌이라는 신경전달물질의 보조효소로 작용한다. 초등학생은 성장도 급속도로 이루어지고 정크푸드를 많이 먹을 경우 철분 섭취가 부족하므로 철결핍성 빈혈의 위험이 있고, 이로 인해 충동성, 산만성 등이 증가한다. 철분이 풍부한 음식 섭취가 필요하다.

Chapter 2
두뇌 유형 파악하기

아이의 두뇌에도 취향과 성격이 있다. 취향을 저격하는 포인트를 찾아 자극하고 훈련시킬 때, 아이의 숨은 재능이 발현될 수 있다. 이는 마치 타자가 야구공의 스위트 스폿(sweet spot, 공을 맞히는 최적의 지점)을 찾는 것과 같다. 아이의 머릿속 스위트 스폿은 다양하기 때문에 한 아이에게는 잘 맞는 교육방법이 다른 아이에게는 적합하지 않다.

"IQ가 똑같아도 정보처리 방식은 다르다"

11. 내 아이에 맞는 학습양식 유형은?

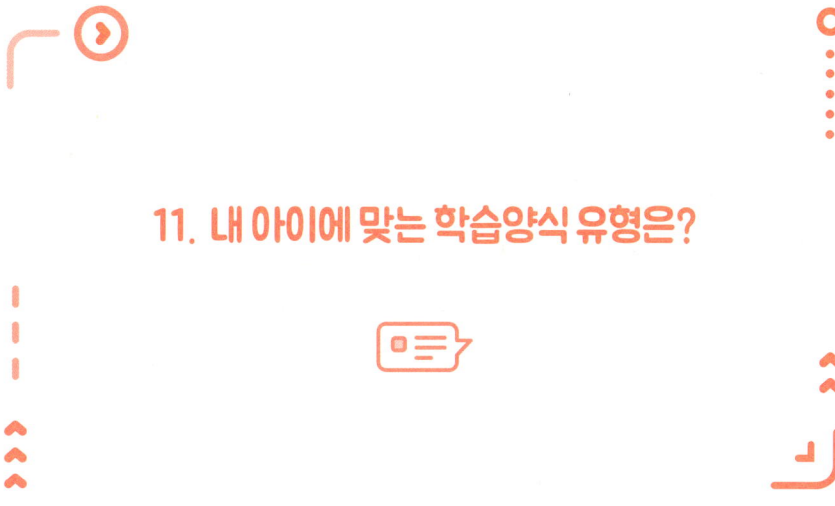

형제들 중에 한 명은 공부를 잘하고 한 명은 못하는 경우가 있다. 특히 첫째는 잘하는데 둘째가 못하는 경우 부모가 자녀 교육에 자신감이 어느 정도는 있기 때문에 그에 따른 실망감도 크기 마련이다. 이렇게 두 아이를 모두 성공적으로 교육하지 못하는 이유는 아이의 개별적 특성이나 사고방식 등이 다른데 부모가 이를 파악하지 못하기 때문이다.

정보처리 과정은 세 단계로 진행된다. 수용단계는 환경으로부터 얻은 감각정보가 아이의 뇌로 들어오는 과정이고, 처리단계는 아이의 뇌가 감각정보를 조직하고 기억하는 과정이며, 표현단계는 아이의 뇌가 근육에 메시지를 보내어 아이를 움직이게 하는 과정이다. 말하자면 아이는 학교수업이나 독서로부터 정보를 받아들이고, 그 정보를 자신이 이미 알고 있는 것과 연결지어 뇌 속에서 조직화하며, 시험문제를 풀거나 수업시간에 발표를 하면서 새로운 정보를 사용한다.

이 중 처리단계가 가장 중요하며 이 단계가 잘 진행되면 기억도 잘 하게 된다. 따라서 장기기억이 필요한 내용을 단순히 반복적으로 연습장에 쓰기만하는 것은 효과적인 기억법이 아니다. 그보다는 도표나 연표 등을 이용해 체계적으로 기억을 조직화하여 처리단계를 강화하면 장기기억으로 가는 데 효과적이다. 그렇다면 중얼거리는 방법은 어떨까? 기억해야 할 내용을 반복하여 중얼거리는 것은 연습장에 쓰기만 하는 것과 비슷하다. 하지만 도표나 연표 대신에, 내용의 흐름이나 연상을 넣어 말을 만들어서 중얼거린다면 효과적이다. 처리단계가 강화되면서 기억이 조직화되고 체계화된다. 아이가 기억을 할 때 어떤 처리방법을 선택하는가는 공부하는 아이의 뇌가 어떤 학습양식을 가지고 있는가에 따라야 한다. 아이의 학습양식은 집에서도 쉽게 파악할 수 있다.

IQ가 똑같아도 정보처리 방식은 다르다

IQ가 같더라도 각자 선호하는 정보처리 방식에는 차이가 있다. 예를 들어, 시각학습자는 그림 그리기, 과학상자 만들기, 틀린 그림찾기, 색칠하기, 사진찍기 등을 좋아할 가능성이 높다. 무관심하던 아이도 자신이 좋아하는 스타일로 공부하게 되면 적극적으로 변할 것이다. 학습방법에는 여러 가지가 있으므로 언제나 다양한 방법으로 아이가 배우고, 융통성 있는 아이가 될 수 있도록 다양한 유형에 노출시켜야 하며 아이가 원하는 방식으로 학습할 수 있도록 배려해야 한다. 이를 테면 동일한 내용으로 강의나 토론을 하는 경우라도 이해를 잘하는 아이가 있는가 하면 도표나 그림 등으로 바꾸었을 때 이해를 잘하는 아이가 있다. 강의를 선호하는 아이는 '청각학습자'라 하고, 그림 등을 선호하는 아이는 '시각학습자'라고 한다. 학습양식은 IQ와 관계가 없기 때문에 IQ가 동일하다고 하더라도 각자의 학습양식에 적합한 정보가 더 잘 처리되고 더 잘 학습되는 경향이 있다. 따라서 아이의 학습양식을 아는 것이 필요하다. 각자에 맞는 학습양식의 장점은 극대화하고 단점은 보완하는 것이 효과적이고 효율적인 학습에 도움이 된다.

- 청각학습은 정보를 귀로 들을 때 일어난다. 청각정보의 출처는 강의, 영화, 세미나, 모둠활동, 토론 등이다. 그밖에 개인이 주의를 기울여 정보를 들을 때는 언제든 청각 학습이 이뤄진다. 교실에서 일어나는 대부분의 상황이 청각 학습과 관련된다.
- 시각학습은 정보를 읽거나 볼 때 일어난다. 정보를 읽을 때 시각적 정보의 출처는 책, 유인물, 칠판에 적힌 정보, 파워포인트를 이용한 프레젠테이션 등이다. 정보를 눈으로 볼 때 시각적 정보의 출처는 도표, 표, 그래프, 그림, 시연, 영화 등이다. 아이는 단어나 글을 읽을 때, 혹은 그림이나 그래프 형식으로 제시된 정보를 볼 때에 시각학습이 이루어진다.
- 운동감각학습은 정보를 직접 다룰 때 일어난다. 운동감각학습의 출처는 실험실습, 노트 필기, 연기, 노래, 문제 풀이, 모형 제작, 조사 등이다. 이밖에 우리가 자료를 가공하는 일을 할 때에 운동감각학습이 이루어진다.

🖉 청각학습자를 위한 공부

방금 교사가 한 말을 되풀이하지 못하는 아이가 있다면, 그 아이가 집중하지 않아서가 아니라 청각 정보를 기억하기 어렵기 때문일 수 있다는 사실을 명심하자. 청각학습자는 훌륭한 강의와 토론을 좋아하므로 그 강의에 고무되어 몇 시간이라도 교사의 말을 경청할 수 있다. 특히 정보처리를 하는 데 청각에 강점이 있어 말을 듣는 것을 즐기고, 말과 글로 표현하는 것에 능숙하다. 따라서 의사소통 면에서 효과적이다.

- 청각학습자는 너무나 많은 시각적, 청각적 소음에는 주의가 산만해지기

쉽다. 따라서 정렬된 책상과 조용한 환경을 조성하고, 한 번에 한 가지 일에만 몰두하게 하자.

- 청각학습자는 많은 과제가 한꺼번에 주어지면 못하겠다고 하는 경우가 많은데 한두 과제가 주어지면 꼼꼼하게 잘 처리한다. 따라서 아이가 감당할 만큼의 과제를 주는 것이 좋다.
- 수학이나 과학 교과 내용을 큰 소리로 읽어주는 것이 무슨 의미가 있을까 싶지만, 아이들에게 듣기 훈련을 시키면 청각 기능 발달에 도움이 된다.
- 동물에 관한 그림책을 읽어주고 아이들에게 그 동물을 그리게 하자. 비언어적 기술을 활용하면 정보를 습득하는 다양한 수단이 개발된다.
- 아이들이 능숙하게 노트 필기를 할 수 있도록 필기 요령을 가르치자. 청각학습자도 귀로 들은 정보를 글로 기록하는 방법을 알아야 한다.
- 아이들에게 지시한 내용을 요약하여 적게 해보자. 그러면 누가 청각 자체에 미묘한 문제가 있는지, 청각 정보 처리에 문제가 있는지 파악하는 데 도움이 될 것이다. 또 한 말을 그대로 적지 않고 핵심 사항을 파악해 정리하는 능력도 키울 수 있다.

시각학습자를 위한 공부

시각학습자는 아무리 흥미로운 설명이라도 언어적 설명을 통해 정보를 수용하는 데에는 어려움을 겪는다. 아이는 시각에 강점이 있으므로 공부할 때 시각적 보조 자료를 적절히 제공하는 것이 도움이 된다. 부모가 공부를 시킬 때는 말뿐만 아니라 유인물, 칠판, 시각적 자료를 적절히 추가해야 한다. 부모는 주요 개념을 시각적으로 관련시키기 위해서 개념도를 그려줄 수 있다. 설명할 때 동영상, 파워포인트, 컴퓨터 소프트웨어 등을 포함하면 효과적이다.

- 시각학습자들은 보는 것을 학습하기 때문에 조직도, 그래프, 도표 등의 모양을 쉽게 기억할 수 있다. 정보를 말로 소개하면서 이들 자료를 제공하자.
- 아이들이 중요한 것을 강조하기 위해 컬러 마커펜이나 형광펜을 사용할 수 있게 하라. 아이는 색깔을 잘 파악하므로 기억하는 데에 도움이 된다.
- 아이들에게 지시사항을 전달한 뒤 그 내용을 어딘가에 붙여놓거나 적어주는 것이 좋다.
- 부모가 아이에게 알기 쉽게 설명하는 편이라 하더라도 글이나 그림으로 된 지침이나 설명서를 반드시 함께 제공하자. 시각학습자는 정보를 제대로 습득하기 위해 시각적 자료가 필요하기 때문이다.
- 기호의 의미를 잘 기억하지 못하는 아이는 각 기호가 나타내는 의미를 도표나 목록으로 만들게 하자. 아이가 직접 만들어야 기호가 나타내는 의미를 기억하는 데 도움이 된다.
- 아이들이 연산을 하거나 스토리텔링 수학을 할 때도 블록이나 그림책 같은 도구를 이용하는 것이 효과적이다.

운동감각학습자를 위한 공부

운동감각학습자는 가만히 앉아 듣는 활동을 가장 힘들어한다. 보통 몸을 많이 사용하므로 대화할 때 손을 쓰거나 축하할 때 말보다 악수로 축하를 표시하는 경향이 있다. 심부름을 시키면 마다하지 않고 받아들이며 자리에서 일어나 움직이게 해준 것에 오히려 고마워한다. 노트 필기에도 매우 열심이다. 또 몸을 사용하여 학습하는데, 실제 공부 시간에 다리를 흔들거나 머리를 만지는 등 몸을 계속 움직이는 것을 볼 수 있다.

- 운동감각학습자는 노트 필기와 같은 활동을 통하여 학습 내용에 대한 이해

력을 증진시켜주고, 또 필요에 따라 신체를 이완시킬 기회를 주어야 한다.
- 운동감각학습자는 운동, 춤, 응원, 단체 활동, 연극 등에 소질을 가지고 있으므로, 교실에서 역할극이나 그 밖의 움직이는 활동을 통하여 익히게 하자. 공부에 움직임의 요소만 있으면 어떤 것이든지 아이가 학습하는 데 도움을 준다.
- 어떤 내용을 암기할 때는 친구들에게 가르쳐주듯이 연기하면서 외우는 방법이 더 효과적이다. 아이가 부모나 인형에게 자기가 외운 내용을 가르치는 것이다. 방에 칠판을 마련해주는 것도 이런 성향을 활용하는 좋은 방법이다.
- 구구단은 보드게임이나 교구를 활용하여 익히도록 유도하는 것이 좋다.
- 운동감각학습자에게는 체험이 중요하다. 아이에게 역사적 인물의 삶을 체험시키는 것은 정보를 자기 것으로 기억하게 만드는 좋은 방법이다. 이순신이 되어 전쟁을 결정하는 독백 대사를 혼자 중얼거려 보면, 아이는 역사적 내용을 확실하게 장기기억으로 전환시킬 수 있게 된다.
- 아이에게 자기가 좋아하는 책 속에 나오는 인물의 역할을 연기해보도록 하는 것은 아이가 읽었던 책 내용에 대해 자신감을 갖도록 해준다.

초등학생용 학습양식 검사

※ 다음 물음에서 자신에게 해당되는 사항을 골라 체크해보세요.

1. 여러분은 새로운 것을 학습할 때 어떤 방법으로 하기를 좋아합니까?
    (a) 선생님의 설명을 잘 귀담아 들음으로써
    (b) 선생님이 하시는 것을 봄으로써
    (c) 나 스스로 먼저 해 봄으로써

2. 여러분은 여가 시간에 집에서 무엇을 가장 하고 싶습니까?
    (a) 재미있는 책, 만화책 또는 잡지 읽기
    (b) 페인트칠하기, 색칠하기, 그리기 혹은 스케치하기
    (c) 레고나 블록 쌓기 혹은 춤추기

3. 여러분은 주말에 어떤 일을 가장 하고 싶습니까?
    (a) 친구들과 전화로 수다 떨기 혹은 컴퓨터로 정보 주고받기
    (b) 악기 연주하기, 미술품 만들기 또는 음악 감상하기
    (c) 운동하기

4. 여러분이 전화번호를 기억하기 위해 잘 사용하는 방법은 무엇입니까?
    (a) 전화를 걸 때마다 큰 소리로 전화번호를 말해본다.
    (b) 전화번호를 머릿속에 그려본다.
    (c) 전화번호를 공중에 써본다.

5. 여러분이 영화를 볼 때 가장 좋아하는 부분은 무엇입니까?

   (a) 주요 등장인물이 서로 주고받는 대화

   (b) 주요 등장인물들의 의상, 경치, 특별한 광경

   (c) 영화를 보면서 내가 느끼는 감정

6. 여러분은 이야기를 읽을 때 어떻게 합니까?

   (a) 단어들의 의미에 대해 생각해본다.

   (b) 내가 읽은 것들에 대해 마음속에 그려본다.

   (c) 등장인물들이 느끼는 감정을 느껴본다.

7. 여러분은 '신기한 동물'을 다른 사람에게 설명할 때 어떤 방법을 선호합니까?

   (a) 그 동물에 대해 말로 설명한다.

   (b) 그 동물의 모습을 그린다.

   (c) 그 동물의 몸짓으로 흉내 낸다.

8. 나는 _____ 후에 가장 잘 이해한다.

   (a) 그것에 대해 생각을 한

   (b) 그것을 직접 눈으로 본

   (c) 그것을 몸소 시도해 본

9. 나는 _____ 을 하며 시간 보내기를 좋아한다.

   (a) 음악 감상

   (b) 컴퓨터 비디오 게임

   (c) 쇼핑

10. 나는 새로운 사람을 만날 때 주로 _____ 을 기억한다.
　　ⓐ 그 사람이 했던 말
　　ⓑ 그 사람이 입었던 의상
　　ⓒ 그 사람의 행동방식 또는 내가 느꼈던 감정

　　결과: ⓐ____개, ⓑ____개, ⓒ____개

　　해당 개수에 따라 세 가지 유형으로 구분한다.
　　ⓐ가 많으면 청각학습자
　　ⓑ가 많으면 시각학습자
　　ⓒ가 많으면 운동감각학습자

12. 강점지능으로 창의적인 업적을 이루려면

심리학자 하워드 가드너는 뇌의 특정 부위와 관련된 여덟 종류의 지능을 확인하고, 아이는 모두 이런 다양한 지능들 사이에서 강점과 약점이 따로 있다고 주장한다. 부모가 아이의 강점을 이해하고 매일 일정한 시간 동안 강점과 연결시켜 가르칠 때, 아이는 보다 많은 것을 공부할 수 있다. 초등학교 1~2학년 때에는 다중지능검사를 실시하여 아이의 강점지능과 약점지능을 파악할 필요가 있다. 아이의 잠재력이 파악되면 아이가 좋아하는 분야에 5,000시간 혹은 1만 시간 이상을 투여할 수 있게 여건을 마련해주는 것이 부모의 할 일이다. 이때 필요한 것이 미하이 칙센트미하이(Mihaly Csikszentmihalyi)가 제안한 강점지능 성장 모델이다. 아이가 자신의 강점지능으로 창의적인 업적을 이룰 수 있으려면 개인(I: Individual), 분야(D: Domain), 필드(F: Field)가 있어야 한다.

1) 개인(I)

I는 정확히 표현하자면 그 사람만이 가지고 있는 강점지능을 말한다. 이는 사

람마다 다른 강점지능을 가지고 태어나며, 그러한 강점지능을 활용하여 성취한 결과도 다르다는 것을 뜻한다. 또한 사람마다 다른 관심과 흥미, 기술, 능력을 보인다는 것을 의미한다. 그렇다고 창의적인 업적을 남기기 위해 신동이 될 필요는 없지만, 자신의 주변에 대한 범상치 않은 호기심은 필수적이다. 실제로 어떤 영역에서 새로운 공적을 남긴 사람들은 모두 생의 신비에 대해 느꼈던 경외심과 그것을 풀기 위해 노력했던 기억을 갖고 있다.

2) 분야(D)

D는 사람마다 다르게 타고난 강점지능을 발현할 수 있는 분야를 의미한다. 강점지능을 가지고 있지만 그 강점지능이 발현될 수 있는 분야가 있느냐 없느냐와 관련이 있다. 강점지능이 발현될 분야가 이미 형성되어 있다면 이를 향상시킬 교육과 훈련을 받을 기회를 쉽게 얻을 수 있다. 재능도 중요하지만 경쟁에서 앞서는 분야가 있어야 한다. 평범한 음악적 재능을 가진 아이라도 주변에 자기보다 더 잘하는 사람이 없는 분야라면, 음악에 강한 관심을 가질지 모른다. 한편 숫자에 재능이 있는 아이가 이미 수학적 재능으로 칭찬을 받고 있는 형제가 하고 있는 분야라면, 그 그늘에 가려 수학에 흥미를 잃을 수 있다.

3) 필드(F)

F는 강점지능과 관련된 사람들과의 연결망을 말하는데, 강점지능을 발견하고 독려해주는 부모를 비롯해 스승, 라이벌 등 자신의 강점 지능을 발달시키는 데 필요한 사람들을 말한다. 아무리 좋은 강점지능을 지니고 태어나고 가능성이 많은 분야라 하더라도 함께하는 사람들이 없다면 강점지능을 유지하기 어렵다. 대부분의 경우 부모가 아이의 흥미를 자극하고 지도하는 역할을 한다. 때로는 아이를 동등한 성인으로 대접해주는 것만으로도 지적 발달에 도움을 줄 수 있다.

언어지능

언어지능은 언어의 의미와 기능에 대한 개념을 파악할 수 있는 능력이다. 단어의 소리, 리듬, 의미에 대한 감수성이나 언어의 다른 기능에 대한 민감성 등이 포함된다.

언어지능은 좌뇌가 담당한다. 유아기에는 좌뇌 측두엽이 주로 관여하고 이후에는 전두엽에서 관장하는데 말을 이해하는 역할을 하는 베르니케 영역(Wernicke's area)과 말을 만드는 역할을 하는 브로카 영역(Broca's area)이 담당한다. 음운론은 브로카 영역의 영향 아래에 있고, 언어의 기능적인 측면은 우뇌와 연관이 있다. 브로카 영역이 손상되면, 비록 그 아이의 단어나 문장 인식의 능력은 그대로 남아있다 할지라도 자신을 표현하는 데 있어서 문법적으로 정확한 문장을 만드는 데 어려움을 겪는다.

언어지능이 높은 아이는 토론학습을 하면 두각을 나타내며, 유머나 말 잇기 게임, 낱말 맞추기 등을 잘한다. 다양한 단어를 잘 활용하여 말을 잘하는 달변가가 많으며, 똑같은 글을 써도 심금을 울리기도 하고 웃음을 자아내게도 한다.

이런 아이는 직업으로 연설가, 소설가, 정치가, 시인, 극작가, 편집자, 기자, 아나운서 등이 적당하다.

음악지능

음악지능은 음조와 리듬에 맞게 음을 만들고 조작하는 능력이다. 음악지능이 뛰어난 아이는 소리, 리듬, 진동과 같은 음의 세계에 민감하고, 사람의 목소리와 같은 언어적인 형태의 소리뿐만 아니라 비언어적 소리에도 예민하다.

음악지능은 우뇌 측두엽에서 관장하고 브로카 영역도 관여한다.

음악지능이 높은 아이는 발자국 소리만으로도 누가 오고 있는지를 알아낸다. 또한 음악의 형태를 잘 감지하고, 음악적 유형을 잘 구별할 뿐만 아니라 다른 음악 형태로 변형시키기도 한다. 이런 아이는 악기 연주를 좋아하고 작곡하는 것을 좋아한다. 음악지능이 높은 아이는 소리 패턴에 민감하고 자주 노래를 흥얼거릴 뿐 아니라 리듬에 따라 박자를 맞추거나 몸을 흔든다. 또한 소리들을 쉽게 구별하고 음에 대한 감각이 좋다. 박자 변화에 따라 운동 패턴을 조절할 수 있어서 리듬에 맞추어 움직이는 데 능하다. 음조와 소리 패턴을 잘 기억할 뿐 아니라 음악적 경험을 추구하고 즐긴다.

이런 아이에게 적당한 직업은 가수, 지휘자, 음악 비평가, 작곡가, 연주가 등이다.

논리수학지능

논리수학지능은 추상적인 방법을 통해 수리적인 개념을 조직하는 능력이다. 논리적 문제나 방정식을 풀어가는 정신적 과정에 관한 능력으로 때에 따라서는 언어 사용이 꼭 필요한 것은 아니다.

논리수학지능은 수학적 계산은 우뇌 두정엽에서 담당하고 논리적 영역은 전두엽과 측두엽의 언어영역에서 담당한다.

논리수학지능이 높은 아이는 논리적 과정에 대한 문제들을 다른 아이보다 훨씬 빠른 속도로 해결한다. 추론을 잘 이끌어내며, 문제를 파악하는 데 주먹구구식이 아닌 체계적이고 과학적인 방법을 동원한다. 숫자에 강하고, 차량번호나 전화번호 등도 남들에 비해 잘 기억하는 경우가 많다.

이런 아이에게는 수학자, 회계사, 통계학자, 과학자, 논리학자, 컴퓨터 프로그래머 등의 직업이 적당하다.

공간지능

공간지능은 이미지와 연관된 능력으로 시각적 또는 공간적 이미지를 창출하는 능력이다. 공간지능은 시공간적 세계를 정확하게 인지하고 건축가, 미술가, 발명가 등 3차원의 세계를 잘 변형시키는 능력이다. 공간지능은 색깔, 선, 모양, 형태, 공간 그리고 이런 요소들 사이의 관계에 대한 민감성과 관련 있다.

공간지능은 우뇌 대뇌피질의 뒤쪽에서 관장한다. 그러나 좌뇌 대뇌피질이 손상될 때 공간인식능력이 떨어지는 것을 보면 좌뇌도 일부 관여한다.

공간지능은 시각과 관계가 깊은 것으로 알려져 있다. 공간지능이 높은 아이는 밤하늘의 별을 보고 방향을 잘 찾아내며, 처음 방문한 곳도 다시 찾아가는 데 별 어려움을 느끼지 않는다. 또 시공간적 아이디어들을 도표, 지도, 그림 등으로 잘 나타내고, 시각적으로 표현하는 디자인, 그림 그리기, 만들기 등을 좋아한다.

적당한 직업으로는 안내자, 조경사, 사냥꾼, 건축가, 실내 장식가, 발명가, 조각가 등이 있다.

신체운동지능

운동감각이 뛰어나 신체 움직임을 자유롭게 할 수 있는 능력이다. 아이마다 자신의 운동, 균형, 민첩성, 태도 등을 조절할 수 있는 능력이 있는데 이것을 신체운동지능이라고 한다.

신체운동지능은 소뇌의 기저핵과 반대쪽 뇌의 운동피질(motor cortex)이 담당한다.

박지성 선수는 신체운동지능이 높고 그 지능은 선수가 되기 이전부터 이미

나타났다고 볼 수 있다. 박지성 선수는 어떻게 몸을 움직여야 하고 어떻게 반사적인 행동을 해야 하는지에 대한 타고난 감각을 가졌다. 신체운동지능이 높은 아이는 생각이나 느낌을 글이나 그림보다는 몸동작으로 표현하는 능력이 뛰어나다. 가수가 노래하면서 하는 율동을 쉽게 따라하거나 레크리에이션 등에서 하는 무용, 연극 등을 잘한다. 또 손으로 다루는 능력이 뛰어나 손재주가 있다는 말을 많이 듣는다. 스케이트나 자전거를 다른 아이보다 쉽게 배운다든지 나무를 잘 타고 오른다. 즉 몸의 균형 감각과 촉각이 다른 아이에 비해 발달되어 있다.

직업으로는 배우, 무언극배우, 운동선수, 무용가, 공예가, 조각가, 기계공, 외과의사 등이 적당하다.

인간친화지능

인간친화지능은 타인에 대한 이해도가 뛰어나고, 사회적인 부분을 파악할 수 있는 능력이다. 인간친화지능이 높은 아이는 다른 아이의 얼굴이나 목소리, 몸짓 등을 보고 그의 감정이나 동기를 읽을 수 있는 공감능력이 있고 이에 효과적으로 반응하며, 사회적 관계를 잘 맺고, 다른 아이를 이해하고 배려하는 능력이 있다.

인간친화지능은 전두엽에서 대인관계에 관련된 역할을 관장하고 공감능력은 우뇌 측두엽과 변연계에서 담당한다.

인간친화지능이 뛰어난 아이는 친구가 많고 다른 아이에 대한 감정 이입이 뛰어나며, 또래들 사이에서 인기가 높다. 또한 리더십이 있어서 나이에 관계없이 잘 사귄다. 다른 아이와 협동하여 과제를 성취하는 것도 잘하고 다른 아이의 느낌에 민감하다.

직업으로는 상담사, 교사, 심리치료사, 정치가, 종교 지도자, 사업가 등이 적당하다.

자기성찰지능

자신의 감정을 파악하고 표출하는 데 뛰어난 능력이다. 자기성찰지능이 높은 아이는 자신을 이해하고 자신의 욕구, 두려움, 재능 등을 잘 다루어 자신을 효과적으로 관리할 수 있다.

자기성찰지능은 전두엽이 목표를 설정하고 수행하는 것을 관장하며, 두정엽이 전체적인 파악을 하고, 변연계가 감정조절에 관여한다.

자기성찰지능은 자신의 강점과 능력을 잘 인식하고 활용하여 성공한 사람으로 자라게 하며, 꾸준히 자신을 성찰하며 내면세계에 관심이 있는 아이에게 높게 나타난다. 자기성찰지능이 높은 아이는 자기 존중감, 자기 향상, 자기에 대한 문제해결력이 높다.

하지만 자폐증처럼 자기성찰지능이 낮은 아이는 자기를 주변 환경으로부터 독립된 존재로 인식하는 데 어려움을 겪는다. 자기성찰지능이 높은 아이는 사안에 대한 좋고 싫음이 분명하며 그것을 잘 표현한다. 감정 전달에 뛰어나고, 스스로의 강점과 약점을 명확히 인식하여 자신감이 있다. 과제를 맡기면 적절한 목표를 설정할 뿐 아니라 욕심을 가지고 수행한다.

직업으로는 철학가, 소설가, 심리학자, 예술가, 현명한 지도자 등이 적당하다.

자연친화지능

자연친화지능은 자연 현상에 대한 유형을 규정하고 분류하는 능력을 말한다. 자연친화지능이 높은 아이는 식물이나 동물, 자신이 살아가고 있는 환경에 관심을 갖고, 그에 해당하는 전문지식을 습득하고 발휘한다.

자연친화지능을 담당하는 뇌는 좌우뇌의 감각피질이다.

원시 사회에서는 어떤 식물이나 동물이 먹을 수 있는지를 자연친화지능에 의존하여 알아냈다. 현대 사회에서는 기후 형태의 변화에 대한 감수성과 같은 것을 자연친화지능으로 잘 나타내주고 있다. 자연친화지능이 높은 아이는 자연 친화적이고, 동물이나 식물 채집을 좋아하며, 이를 구별하고 분류하는 능력이 높다. 산에 가더라도 나뭇잎의 모양이나 크기, 지형 등에 관심이 많고, 이들을 종류대로 잘 분류하기도 한다.

직업으로는 식물학자, 동물학자, 과학자, 조경사, 수의사, 해양학자, 지질학자 등이 적당하다.

초등학생 강점지능 체크리스트

※ 각 해당 사항에 체크해보세요.

1. 언어지능
   - ☐ 나는 책, 잡지, 만화책 읽기를 좋아한다.
   - ☐ 나는 어휘력이 풍부하고 새로운 단어를 배우기 좋아한다.
   - ☐ 나는 친구들에게 이메일 쓰기를 좋아한다.
   - ☐ 나는 글쓰기를 좋아한다.
   - ☐ 나는 단어 게임, 십자말풀이, 글자 수수께끼 놀이를 좋아한다.
   - ☐ 나는 생각과 아이디어를 기록하는 일기를 쓰는 것이 좋다.
   - ☐ 나는 전화로 친구와 이야기하기를 좋아한다.

2. 음악지능
   - ☐ 나는 라디오나 CD로 노래 듣기를 좋아한다.
   - ☐ 나는 텔레비전으로 뮤직비디오 보기를 좋아한다.
   - ☐ 나는 콘서트에 가기를 좋아하고 라이브 음악 듣기를 좋아한다.
   - ☐ 나는 노래의 장단이나 멜로디, 랩을 잘 기억한다.
   - ☐ 나는 음악과목, 성악과목, 혹은 악기연주 과목을 선택한다.
   - ☐ 나는 새 노래를 쉽게 배울 수 있다.
   - ☐ 나는 노래하기를 좋아한다.

3. 논리수학지능

☐ 나는 과학 실험하기와 과학박물관 가기를 좋아한다.
☐ 나는 산수나 수학문제를 푸는 것이 재미있다.
☐ 나는 추리 문제를 푸는 것이 재미있다.
☐ 나는 숫자가 정말 재미있다.
☐ 나는 생각을 많이 할 수 있는 바둑이나 컴퓨터게임을 좋아한다.
☐ 나는 수학이나 과학과 관련된 텔레비전 프로그램을 좋아한다.
☐ 나는 머릿속으로 수학 문제를 풀 수 있고 잘 추정할 수 있다.

4. 공간지능

☐ 나는 미술 수업을 좋아한다.
☐ 나는 그리기, 페인트칠하기, 점토로 무언가를 만들기 좋아한다.
☐ 나는 여러 명과 함께 퍼즐 놀이 하는 것을 좋아한다.
☐ 나는 블록, 레고, 모형을 사용하여 만들기를 좋아한다.
☐ 나는 비디오 게임 놀이가 좋다.
☐ 나는 어떤 것을 잘 생각하기 위해서 마음속에 그림을 그릴 수 있다.
☐ 나는 의상, 자동차, 머리와 같은 여러 스타일의 차이점을 잘 알아차린다.

5. 신체운동지능

☐ 나는 춤추기를 좋아한다.
☐ 나는 야구, 축구, 하키, 미식축구 같은 운동을 하기 좋아한다.
☐ 나는 모형조립하기, 구슬 세공, 바느질 매듭 짓기, 목공품 만들기를 좋아한다.
☐ 나는 연극, 촌극, 몸짓극에서 연기하기를 좋아한다.

☐ 나는 무엇에 관해 생각할 때 움직이기를 좋아한다.
☐ 나는 무술, 테니스, 달리기, 조깅, 스케이트보드와 같은 활동을 좋아한다.
☐ 나는 종종 정답을 감지할 수 있다.

6. 인간친화지능
☐ 나는 가끔 친구와 함께하기를 좋아한다.
☐ 나는 도움이 필요한 사람을 돕는 것을 좋아한다.
☐ 나는 사람들과 그들의 삶에 관한 영화를 보거나 책 읽는 것을 좋아한다.
☐ 나는 항상 다른 사람이 어떻게 느끼고 있는지를 말할 수 있다.
☐ 나는 집이나 학교에서 활동을 조직하는 것이 즐겁다.
☐ 나는 혼자 시간을 보내는 것보다 다른 사람과 함께 시간을 보내는 게 좋다.
☐ 나는 학급 토의 시간에 말하는 것을 좋아한다.

7. 자기성찰지능
☐ 나는 몸소 어떤 일을 하기를 좋아한다.
☐ 나는 다른 사람과 함께하는 것보다는 혼자 일하는 것이 좋다.
☐ 나는 나에게 관련된 문제에 대해서 사고하거나 글쓰기를 하면서 시간을 보내는 것을 좋아한다.
☐ 나의 컴퓨터게임 하기를 좋아한다.
☐ 나는 언제나 나의 감정이 어떤 것인지 안다.
☐ 나는 일기에 나의 생각과 감정 쓰기를 좋아한다.
☐ 나는 내가 무엇을 잘하고 못하는지를 안다.

8. 자연친화지능

☐ 나는 동물들과 놀고 그것들을 돌보기를 좋아한다.

☐ 나는 동물원, 공원, 수족관 가기를 좋아한다.

☐ 나는 밖에 나가 있는 것이 좋다.

☐ 나는 하이킹, 걷기, 밖에서 뛰기를 좋아한다.

☐ 나는 천둥, 눈, 비, 햇빛과 같은 자연의 변화를 관찰하는 것을 좋아한다.

☐ 나는 환경을 보호하고 재활용하려고 노력한다.

☐ 나는 나무, 암석, 꽃, 새, 곤충, 다람쥐와 같은 내 주위의 것들에 대해 세심한 주의를 기울인다.

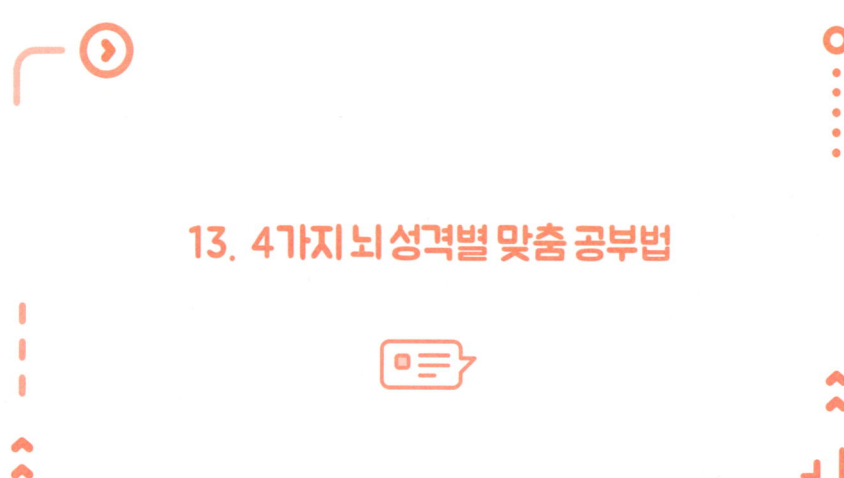

13. 4가지 뇌 성격별 맞춤 공부법

✏️ 아이의 머릿속 스위트 스폿

아이의 두뇌에도 취향과 성격이 있다. 취향을 저격하는 포인트를 찾아 자극하고 훈련시킬 때, 아이의 숨은 재능이 발현될 수 있다. 이는 마치 타자가 야구공의 스위트 스폿(sweet spot, 공을 맞히는 최적의 지점)을 찾는 것과 같다. 아이의 머릿속 스위트 스폿은 다양하기 때문에 한 아이에게는 잘 맞는 교육방법이 다른 아이에게는 적합하지 않다. 첫째 아이에게 시켰던 공부법이 둘째 아이에게는 효과적이지 못하다. 따라서 아이의 머릿속 스위트 스폿에 맞는 교육방법을 찾아가는 것이 아이의 잠재력을 살리고 성격강점을 키우는 데 중요하다. 아이의 머릿속 스위트 스폿이 다른 것은 두뇌의 차이에서 비롯되며 아이의 학습에 영향을 주는 두뇌를 잘 파악하여 아이의 두뇌성격에 맞는 교육을 하여야 한다. 부모가 성실하지만 고지식한 아이를 키울 때 체계적, 조직적, 세부적 규칙과 지침이 있어야 한다. 만약 부모가 아이의 강점을 활용하지 못하고 약점만을 타박한다면 아이는 자기가 정한 규칙 이외에는 용납하지 않고, 지나치게 강박적이며, 융통성이 없어질 것이다. 반대로, 부모가 아이의 머릿속 스위트 스폿을 강화시키고 약점을 보완한다면, 아이는 융통성을 보이면서도 성실함과 섬세함을 강점으로 자신의 재능을 발휘하고 그것을 꽃피울 수 있는 것이다.

 1) 좌뇌형과 우뇌형

초등학교 1~2학년 아이는 크게 좌뇌형과 우뇌형으로 나뉜다. 좌뇌형은 충분히 생각해서 반응하고, 우뇌형은 자신이 제대로 하고 있는지 별로 생각하지 않고 반응해버린다. 블록놀이를 하는 경우 좌뇌형 아이는 놀이 시작 시간은 늦지만 일단 시작하게 되면 많은 시간을 들여 여러 개의 블록으로 다양하고 완성도 높은 작품을 만드는 반면, 우뇌형 아이는 바로 놀이를 시작하지만 몇 개의 블록만으로 빠른 시간 내에 단순한 내용의 작품을 만든다. 좌뇌형 아이는 좌뇌형 아이대로 우뇌형 아이는 우뇌형 아이대로 장점이 있기 때문에 아이의 개성을 살려주는 것이 중요하다.

좌뇌와 우뇌의 각 기능과 특징은 다음과 같다.

좌뇌	우뇌
언어적 해석 선호	시각적 해석 선호
언어를 이용한 기억	이미지를 활용한 기억
단계적인 정보 처리	종합적인 정보 처리
논리적 사고	직관적 사고
한 번에 한 가지 처리 능력	멀티플레이어(multiplayer) 능력
분석활동 선호	조직활동 선호

이론적인 체계적 방식	즉흥적인 방식
조직적인 경험 선호	개방적인 경험 선호
사실, 상세 정보 선호	전체적인 흐름 선호
진지한 접근	유쾌한 접근

 2) 이성형과 감성형

　아이는 부모로부터 자기주장이 허용되고 인정되면, 정서가 안정되면서 나중에는 자기의 감정이나 행동을 스스로 억제하는 자기통제력이 길러진다. 우리는 아이의 특성을 이야기할 때 흔히 "저 아이는 너무 이성적이야" 혹은 "그 아이 참 감성적이더군"이라는 말을 많이 한다. 이성적인 아이는 이성의 뇌인 대뇌피질의 활성도가 높은 아이이고, 감성적인 아이는 감성의 뇌에 속하는 변연계의 활성도가 높은 아이이다.

　각각 아이의 특징을 살펴보면 이성적인 아이는 이성적으로 결정한다. 의사결정을 하기 전에 장단점을 파악하고 객관적으로 판단하며 침착하다. 다른 아이들에 대한 개인적인 감정을 나누는 데 서툴고 친밀감을 느끼는 경우도 적다. 흥분하거나 감정에 휘둘리는 일이 거의 없다. 다른 아이를 기쁘게 하는 데 관심이 적고, 주로 개인적인 이득을 얻기 위해서 일한다. 이에 비해 감성적인 아이는 마음으로 결정한다. 다른 사람의 감정을 고려하고 주관적으로 판단한다. 항상 친구들과 가깝고 친밀하게 지내고 싶어 하고, 감정적인 분위기에 잘 휩싸이며 쉽게 눈물을 흘린다. 누군가 중요한 사람이 자신을 거절하면 민감하게 반응하며, 사소한 무시 같은 것에도 대체로 예민하게 반응하는 편이다. 사회적인 압력에 동조하며, 다른 사람들이 자기를 좋아해주기를 원한다. 아이는 판단을 할 때 느낌으로 결정하는 경우가 많다.

　아이의 두뇌성격을 알면 아이에 맞는 교육법을 제시할 수 있다. 아이의 스위트 스폿을 파악하는 과정에서 아이에 대하여 좀 더 많이 이해할 수 있고 그 이해를 바탕으로 더 바람직한 양육지침을 마련할 수 있다. 아이는 자기의 스위트 스폿을 최대한 활용하여 문제를 해결해나갈 때 좋은 머리를 가질 수 있다.

두뇌성격별 스위트 스폿 찾기

이성좌뇌형 아이는 관찰력과 정확성이 요구되는 직업에서 능력을 발휘하기 때문에, 어떤 계통이든 자기의 생각이나 이론을 펼칠 수 있는 교수직이나 연구직에서 재능을 발휘한다. 이성숙고형 아이는 인간적인 면을 지니고 있으면서도 관습과 규범을 중시하기 때문에, 남을 가르치거나 다른 사람에게 봉사하는 직업을 잘할 수 있다. 또한 아이는 가르치고, 설교하고, 계산하고, 사물을 보고, 안전을 확보하고, 관리하는 일에 매력을 느낀다. 이성좌뇌형 아이에게 적합한 직업으로는 교사를 비롯한 대학교수, 회계사, 세무사, 법무사, 사무직, 비서, 참모 등이 있다. 또 과학의 사실적인 측면을 다루는 의사, 약사, 지리학자, 역사가 등도 좋다.

감성좌뇌형 아이는 자기의 장래를 생각하고 목표를 가지며, 어려서부터 리더의 덕목을 실천하면 아이는 정말로 리더의 지식과 덕을 갖춰갈 수 있다. 감성좌뇌형 아이는 스케일이 크고 추진력도 있어 크게 성공할 가능성이 있지만, 그만큼 실패할 가능성도 높다. 직업으로는 행정 관료, 외교관, 검찰이나 경찰 계통의 군인, 기업체나 큰 조직의 관리직이 적성에 맞으며 의사, 과학자, 연구원, 발명가, 엔지니어, 건축가 등도 좋다.

이성우뇌형 아이는 새로운 모델을 개발하고 아이디어를 창출하고 시스템을 구축하는 것을 즐기며, 과학적인 원칙을 개발하고 응용하거나 논리적으로 분석하고 따져볼 수 있는 학문을 선호한다. 또한 돌멩이, 우표, 동전, 나비 등 다양한 종류의 물건을 수집하거나 분류를 하는 것에 흥미를 느끼기 때문에 과학이나 공학, 철학, 수학, 논리학, 디자인, 엔지니어링, 역사, 의학, 범죄학, 재무분석 등의 분야에 관심이 많다. 영업 분야나 아이디어 산업에 적합하며, 방송이나 엔터테인먼트 분야에 종사해도 자신의 능력과 기질을 최대한 발휘할 수 있다. 특히 벤처기업처럼 빠른 의사결정과 활기찬 조직분위기가 요구되는 환경에 유리하다.

감성우뇌형 아이는 인간관계를 중시하고 남을 보살펴주기를 좋아하기 때문에 인간관계를 중시하는 일에서 능력을 발휘할 수 있다. 그중에서도 예술, 역사, 철학, 상담 및 임상 심리 분야가 더 바람직한데, 실제로 감성우뇌형 아이는 상호작용이 활발하게 이루어지는 사회복지, 심리학, 교육학, 연극영화학, 관광 관련 학문에 관심이 많다. 직업으로는 운동선수, 영화배우, 사진작가, 모델, PD, 관광 종사자, 영업직, 사회복지사, 상담가, 언론인, 종교인, 작가 등 다양한 분야에 적성을 보일 수 있다.

이성좌뇌형 아이, 빌 게이츠(Bill Gates)처럼 키워라

매사에 객관적이고 합리적이고 절제에 강하지만, 지나친 압박감과 책임감에 경직된 두뇌성격을 가지기가 쉽다. 계획표대로 실천하고, 비록 공부의 목적을 몰라도 학생이라는 이유만으로 공부를 한다. 아이는 새로운 것에 대해서는 조금씩 단계적으로 하려고 하며 반복 학습을 좋아한다. 이성좌뇌형 아이는 생각이 깊고 주관이 뚜렷하지만 이것을 겉으로 잘 표현하지 않는다. 이런 아이에게는 자기표현을 잘 할 수 있는 자신감과 풍부한 감성을 길러주어야 한다.

💬 첫째, 목표나 과제를 설정하라.

이성좌뇌형 아이는 일단 목표나 과제가 주어지면 거의 틀림없이 해낸다. 목표를 알고 자기의 능력을 파악하여, 부모가 말하지 않아도 스스로 학습이 가능하다. 따라서 부모는 아이에게 무엇을 하라고 지시하기보다는 아이가 원하는 것을 파악하여 지원해주거나 필요한 정보를 제공하라. 아이는 목표 의식이 뚜렷하므로 목표가 있을 때 열심히 공부하고, 목표가 자기의 수준보다 다소 높을 때 열정을 보인다. 따라서 아이로 하여금 도달할 수 있는 목표를 가지도록 하되 반드시 1등을 해야 한다며 몰아붙일 필요는 없다. 1등을 하지 못하더라도 반드시 자기가 원하는 목표에 도달하도록 격려하라.

💬 둘째, 계획과 규칙을 미리 정하자.

생활할 때 계획과 규칙은 아이와 미리 정해 놓자. 이성좌뇌형 아이는 모든 일을 미리 계획하고 준비한다. 생활계획표를 스스로 짜도록 하고, 몇 가지 규칙도 미리 약속해 놓자. 약속한 일을 나중에 하지 못한 경우라도 잔소리를 하거나 처벌하기보다는 미리 약속했던 사실을 상기시켜주는 것으로 충분하다. 비교적 공부 시간을 잘 지키고 부모의 말도 잘 듣기 때문에 한 번에 할 수 있는 공부 시간을 약간 길게 잡아도 된다. 특히 공부 내용을 일일이 가르쳐주기보다는 시간관리법이나 과목별 공부방법, 노트정리법 등을 같이 검토하면서 부족한 부분을 보완하라. 아이는 2, 3년간의 계획만이라도 분명히 해주면 마음이 안정되어 공부에 전념한다.

💬 셋째, 공부에 부담을 느끼지 않을 정도의 과제를 제시하라.

이성좌뇌형 아이는 자기 수준에 맞는 과제가 제시되면 효과적으로 공부한다. 아이는 부모가 과제를 주면 그것이 쉽든 어렵든 간에 고지식하게 그대로 따르는 편이다. 따라서 과제가 어려워 해결하지 못하더라도 자기의 능력이 부족하여 해결하지 못한다고 생각하기 때문에 마음의 상처를 쉽게 받는다. 이성좌뇌형 아이는 매사를 꼼꼼하게 정성을 들여서 하므로 여러 가지 과제를 주면 혼란스러워하므로 한두 가지 과제라도 최선을 다할 수 있도록 도와주자.

💬 넷째, 혼자서 공부하라.

이성좌뇌형 아이는 자기의 사생활을 중요하게 생각하기 때문에 간섭받지 않고 혼자 있는 것을 좋아한다. 따라서 여러 개 학원을 돌리기보다는 혼자 공부할 시간과 공간을 마련하자. 이성좌뇌형 아이에게 중요한 것은 자기주도로 공부할 수 있느냐 여부이다. 아이는 자기가 해야 할 공부도 체계적으로 해나가기 때문에 부모가 특별히 잔소리하고 야단칠 일이 별로 없다. 또한 자기주장과 생각이 뚜렷하기 때문에 무조건 외우는 것보다는 앞뒤의 인과관계를 이해하여 공부하기를 좋아한다.

💬 다섯째, 조용하고 안정된 환경을 제공하라.

이성좌뇌형 아이를 위한 학습환경은 조용하고 안정감 있는 것이 좋다. 아이가 소음에 민감하므로 가능한 한 주변 환경은 조용하게 하고 방을 꾸밀 때도 지나치게 강렬한 색상이나 다양한 색상을 쓰기보다는 파스텔톤 색상이나 베이지 계열의 색상을 쓰는 것이 무난하다. 이성좌뇌형 아이는 이사나 전학을 가서 생활환경이 바뀌면, 변화를 두려워하기 때문에 환경에 적응하는 데 시간이 많이 걸린다. 생활환경이 바뀔 때는 적응할 시간을 주자.

💬 여섯째, 아이의 모델이 되어라.

이성좌뇌형 아이에게는 누군가가 모델이 되어주는 것이 특히 중요하다. 아이는 부모가 공부하는 모습을 보거나 혹은 자기가 관심 있는 분야에서 성공한 사람들을 직접 만나서 이야기를 들어보는 것을 매우 좋아한다. 아이가 아나운서가 꿈이라면 방송국 아나운서를 직접 만나게 해주면 학습의욕을 더욱 불태우기도 한다.

🔴 일곱째, 강의식 수업도 잘 따른다.

이성좌뇌형 아이는 사고가 논리적이고 체계적이기 때문에 정보가 체계적으로 전개되는 강의식 수업이 좋으며 꼼꼼하기 때문에 노트 정리도 잘한다. 특히 충분한 시간을 주고 주제를 연구 조사한 다음 이를 깊게 토론하게 하는 방식을 가장 좋아한다. 이성좌뇌형 아이는 가능하면 언제 어떻게 공부할 것인가를 미리 정해놓고 가르치는 것이 좋다. 따라서 아이는 학원수업도 잘 듣는다.

🔴 여덟째, 예습보다는 복습을 하자.

이성좌뇌형 아이는 수업이 끝날 때마다 반드시 요약정리를 해주면서 복습을 하게 해야 한다. 아이는 새로운 것을 알려고 하기보다는 알고 있는 것을 반복하기를 더 좋아한다. 그러므로 아직 배우지 않은 부분을 예습하기보다는 복습을 많이 시키자. 학습지도 아이가 학교에서 수업을 한 뒤 복습에 이용하도록 이끌어주자.

🔴 아홉째, 칭찬은 논리적으로 하자.

이성좌뇌형 아이는 자기에 대한 논리적인 평가를 잘 받아들인다. 실수를 했을 때도 전체적으로 평가하기보다는 각 부분을 구체적으로 평가해주고, 아이가 의견을 말하면 응답해주자. 조그만 실수에도 야단을 치거나 잘못할 때마다 지적을 하면, 성격이 한층 더 위축되고 기가 죽는다. 자기의 실수를 대범하게 받아들이지 못하고 오랫동안 마음속에 담아 두기 때문이다. 이성좌뇌형 아이는 실패하느니 하지 않는 것이 낫다고 생각하여 새로운 일은 시도하지 않으려 한다. 걱정하기보다는 일단 시도해보고 실수해도 괜찮다고 격려해주자.

이성좌뇌형 아이 체크리스트

1. 혼자 노는 것을 좋아하는가? ( )
2. 관심 분야에 몰두하면 인내심이 많은가? ( )
3. 친구와 오래도록 지속적인 관계를 잘 유지하는가? ( )
4. 사실적이고 구체적인 것을 좋아하는가? ( )
5. 말수가 적고 조용하지만 자기 의견을 또렷하게 말하는가? ( )
6. 여럿이 모인 자리에선 주로 듣기만 하면서 방관자처럼 관찰하는가? ( )
7. 무표정해서 속으로 무슨 생각을 하는지 알 수 없을 때가 많은가? ( )
8. 사람들에게 주목받는 것을 싫어하는가? ( )
9. 단체 행동을 싫어하는가? ( )
10. 물건들을 잘 모으는가? ( )
11. 자기 방이나 책상을 스스로 정리하며, 깔끔한 편인가? ( )
12. 책임감이 강하고, 어떤 역할이 주어지면 정확히 해내는가? ( )
13. 농담이나 우스갯소리를 싫어하며 진지한 것을 좋아하는가? ( )
14. 일별, 주별, 월별로 계획 세우는 것을 좋아하는가? ( )
15. 다른 사람들에게 비난을 받지 않으려고 신경을 많이 쓰는가? ( )
16. 화가 나는데도 삭이느라 긴장할 때가 자주 있는가? ( )
17. 부모에게 순종하며 충실하고 헌신하는가? ( )
18. 모범생으로 교사나 친구들에게 신뢰를 받는 편인가? ( )
19. 위험이 따르는 일을 좋아하지 않는가? ( )
20. 마감일자를 잘 지키는가? ( )

'예'라고 대답한 개수는? 총   개

감성좌뇌형 아이, 잭 웰치(John Frances Welch Jr)처럼 키워라

감성좌뇌형 아이는 자기 할 일을 알아서 척척 하고, 공부도 열심히 하고, 친구들과 사이좋게 지낸다. 독립심과 리더십이 강한 만큼 남에게 인정받고 싶어 하는 욕구도 강하다. 따라서 남에게 존중과 신뢰를 받고 있다고 느끼면, 그 아이는 자존감이 넘쳐 정서적으로 안정이 된다. 반대로 존중 받지 못한다는 생각이 들면 자존감이 낮아져 점점 말이 없어지고 소극적이 되어버린다. 이런 두뇌성격은 부모의 칭찬과 사랑과 격려가 절대적으로 필요하다.

첫째, 목표를 분명하게 알게 하라.

감성좌뇌형 아이에게는 장기목표와 단기목표를 구분하고 계획에 따르게 하라. 장기목표는 가능하면 크고 높게 잡아보자. 그러나 단기목표와 과제는 분명하고 구체적이어야 한다. '국어 교과서 10쪽 읽기', '수학 문제집 15쪽에서 20쪽까지 풀기'와 같이 구체적으로 정하되 아이가 어느 정도 노력하면 달성할 수 있는 양이어야 한다. 또 목표를 달성한 경우에는 구체적으로 무엇을 어떻게 하여 목표를 달성했는지 정확하게 피드백하자. 아이가 처음의 계획대로 하고 있는지 확인하고 그 계획을 정확하게 지킬 수 있게 하자.

둘째, 기대하고 격려하자.

부모가 아이에게 무엇을 기대하는지 이야기하자. 가능하다면 아이가 목표로 하는 분야의 사람들을 다양하게 만나보게 하라. 성공한 사람들이 어떻게 목표를 달성해갔는지를 알게 되면, 꿈도 구체적으로 가질 뿐 아니라 더 열심히 공부하겠다는 내적 동기도 생긴다. 그리고 아이가 계획대로 했는데도 불구하고 스스로 기대했던 만큼 결과가 나오지 않더라도, 나중에 따라갈 수 있다는 자신감을 갖게 하고 아이가 실망하지 않도록 격려해주자.

💬 셋째, 스스로 결정하고 책임지게 하라.

감성좌뇌형 아이가 결정을 내릴 때 아이를 참여시켜라. 아이는 활동적이면서도 원칙과 규칙을 중시하고, 체계적이고 계획적인 것을 좋아하기 때문에 가족과 합의한 규칙을 지키기 위해 노력할 것이다. 이 과정에서 아이는 가족 내에서 자기의 역할을 해내기 위해 희생하는 것도 배우고 공부도 책임감을 갖고 스스로 하게 된다. 우선 공부시간표는 아이와 함께 자유롭게 짜되, 아이 스스로 지킬 수 있을 정도로 계획하고 자기주도적으로 공부하도록 하자.

💬 넷째, 리더십을 경험하게 하라.

감성좌뇌형 아이는 남에게 지기 싫어하고 남의 밑에서 일할 때보다는 리더의 역할을 맡을 때 신이 나서 잘한다. 따라서 학생 때 반장이나 회장 등을 맡으며 리더십을 기를 수 있도록 기회를 주는 것이 좋다. 반에서 공부로 1~2등을 하지는 않지만 공부도 잘하고 남들도 잘 이끌어간다. 소집단으로 나누어 한 주제를 연구하고 조사한 후 그 결과를 발표하거나 토론하는 연구 과제식 수업을 좋아한다. 이런 수업에서 아이는 주도성을 발휘한다.

💬 다섯째, 약속은 반드시 지키고 타협하지 말자.

감성좌뇌형 아이가 정해진 시간에 공부를 하겠다고 약속했다면 제대로 지키는지 점검하자. 공부시간 동안은 공부 이외의 다른 것을 해서는 안 된다. 자기가 해야 할 공부만 끝내면 다른 것을 해도 된다는 생각에 공부를 서둘러서 끝낼 수가 있기 때문이다. 해야 할 공부가 끝났는데도 아직 시간이 남았다면, 이제까지 공부한 것을 다시 복습하게 하자. 교과서 또는 수업시간에 쓴 노트를 다시 읽어보게 하거나 이제까지 공부한 주제와 관련된 다른 책을 보게 해도 좋고, 아이가 평소에 관심을 갖고 있는 분야의 책을 읽어보게 해도 좋다.

🔴 여섯째, 경쟁적인 상황에서 자신감을 갖게 하라.

감성좌뇌형 아이는 종합적인 판단과 통찰력이 요구되는 공부를 잘 하고 경쟁적인 상황도 잘 견딘다. 따라서 아이 수준에 맞는 과제를 제시하는 것이 중요한데, 쉬운 문제보다는 도전 의욕을 자극할 수 있게 한 단계 어려운 문제를 내는 것이 좋다. 물론 너무 어려워서 제대로 해결하지 못할 때는 좌절감을 느낄 수 있고 자신감이 떨어질 수도 있으므로 미리 질리게 해서는 안 된다.

🔴 일곱째, 과정에 대한 점검이 필요하다.

감성좌뇌형 아이는 경쟁에 민감하여 성적이 떨어지면 분해서 울거나, 게임에서 지면 다시 하자고 떼를 쓰기도 한다. 어떤 경쟁에서든 꼭 이겨야 한다고 생각하기 때문에 과정은 무시하고 결과만 중시하는 경향이 있다. 따라서 결과를 있는 그대로 받아들이고 다음번에는 반드시 회복하겠다고 다짐하는 것이 좋다. 그 후 과정에는 문제가 없었는지 객관적으로 점검하자. 성적이 떨어진 이유가 정확히 무엇인지 돌이켜보는 것이다. 오답을 체크하고 답이 맞지 않은 이유를 분석해 방향을 잡자.

🔴 여덟째, 구체적인 지침을 주자.

감성좌뇌형 아이에게 필요한 것은 효과적으로 공부하는 방법이다. 아이가 나름대로 공부하는 방법을 알고 있겠지만 더 효과적인 공부기술이 있다면 아이에게 가르쳐 주어야 한다. 특히 시간 관리, 노트 필기법, 과목별 전략, 독서 방법 등 아이에게 가장 알맞은 방법을 찾아주되 지속적으로 유지해 습관으로 이어지도록 피드백하여야 한다.

🔴 아홉째, 복습 위주로 공부하라.

감성좌뇌형 아이는 한번 배운 것을 잘 잊어먹지 않는다. 따라서 그날 배운 것

감성좌뇌형 아이 체크리스트

1. 학교 활동에 주도적이고 적극적으로 참여하는 편인가? (예, 아니요)
2. 자신감이 있고 활기가 있는가? (예, 아니요)
3. 지배적인 성향이 강한가? (예, 아니요)
4. 성취지향적인가? (예, 아니요)
5. 경쟁심이 강하며, 무엇이든 최고가 되려고 하는가? (예, 아니요)
6. 자기 자신에게 엄격한 편인가? (예, 아니요)
7. 남 앞에 나서기를 좋아하는가? (예, 아니요)
8. 남들에게 꾸며서라도 좋게 보이려고 애쓰는가? (예, 아니요)
9. 목표를 세우기 좋아하고, 목표를 이루려고 끈기 있게 노력하는가? (예, 아니요)
10. 종종 자기 생각에 몰두해서 다른 사람의 말을 놓치는가? (예, 아니요)
11. 다른 사람의 비난을 잘 참지 못하는 편인가? (예, 아니요)
12. 친구를 주위에 모으는 편인가? (예, 아니요)
13. 다른 아이들을 이끄는 편인가? (예, 아니요)
14. 남에게 복종하기를 싫어하는가? (예, 아니요)
15. 비이성적인 때가 있는가? (예, 아니요)
16. 부모나 교사에게도 고집을 부려 힘들게 하는가? (예, 아니요)
17. 종종 흥분하고 쉽게 화가 나는가? (예, 아니요)
18. 역사책이나 논픽션 책을 좋아하는가? (예, 아니요)
19. 말이나 행동이 굼뜬 친구를 보면 답답해서 참지 못하는가? (예, 아니요)
20. 솔직하고 직선적인가? (예, 아니요)

'예'라고 체크한 개수는? 총   개

은 그날 복습하게 하라. 쉬는 시간을 이용하는 것도 좋은데 전 시간에 배운 내용을 반복하여 익혀 자기 것으로 만들 수 있다. 집에서는 수업시간에 배운 내용을 요약 정리해서 공부하면 효과적이다. 이후에 시간이 허락하면 다음날 수업과목의 교과서를 훑어보고 무엇을 배울지 파악하자.

이성우뇌형 아이, 스티브 잡스(Steve Jobs)처럼 키워라

이성우뇌형 아이의 눈에는 보이는 것, 들리는 것 모두가 궁금한 것투성이이다. 궁금한 것이 온종일 머릿속을 떠나지 않기 때문에 끊임없이 질문을 해댄다. 부모는 아이가 질문하는 것을 최대한 허용해주어야 한다. 이성우뇌형 아이는 에너지가 많아 활동적이고 산만하기 때문에 학교 수업에도 좀처럼 흥미를 보이지 않는다. 공부에 집중을 하더라도 10분이나 15분이 고작이다. 인정과 보상에 민감하기 때문에 어떤 경우에도 부모가 자기편이라는 믿음을 주어야 한다.

첫째, 능력에 맞게 목표를 설정하게 하자.

이성우뇌형 아이는 자기가 관심 있는 분야만 열심히 하면 된다는 생각을 가지기 쉽다. 그래서 가령 요리사가 되고 싶다는 꿈이 있다면, 대학을 가지 않더라도 요리만 잘하면 된다는 생각을 하곤 한다. 물론 요리만 잘해도 살아가는 데 큰 어려움은 없을지 모른다. 그러나 실력이 비슷한 경우라면 대학을 나왔는지 여부는 큰 영향을 줄 수 있다. 따라서 적어도 주요 과목만큼은 공부를 열심히 하고, 자기가 하고 싶은 활동에 대해서는 어느 정도 자유를 주는 것이 좋다.

둘째, 목표 달성에 대한 보상을 확실하게 하자.

이성우뇌형 아이는 보상에 민감하다. 따라서 보상을 잘 이용하는 것이 좋지만, 그렇다고 돈이나 물질적인 보상만 주면, 보상이 없으면 아무 것도 하지 않으려는 일이 벌어질 수 있다. 아이뿐만 아니라 가족이 참여할 수 있는 보상을 찾아야 한다. 가족들과 함께 간단한 외식을 하거나 영화를 보러 가는 것도 좋고, 가족여행을 보상으로 하여도 좋다. 물질적 보상을 하더라도 용돈을 조금 올려준다거나 아이가 갖고 싶어 하는 물건을 사주는 정도여야 한다.

💬 셋째, 도전의식을 자극하자.

이성우뇌형 아이는 부모에게 인정받기를 원하며, 자기의 능력을 알면 자신감도 커진다. 그래서 시험지를 풀 때에도 까다로운 문제가 나오면 눈을 반짝이며 생각하지만, 너무 쉽거나 이미 아는 문제가 나오면 흥미를 잃어버린다. 수업시간에도 이미 배웠거나 아는 내용이 나오면 지루해하다가도, 자기가 알지 못하거나 배우지 않은 새로운 내용이 나오면 관심을 보이고 집중한다. 따라서 아이에게는 약간 어려운 문제를 제시하여 의욕을 불태우게 하자.

💬 넷째, 칭찬을 하자.

이성우뇌형 아이가 산만하고 충동적이면 야단부터 치기보다는 차분한 행동을 하면 칭찬을 하여 긍정심을 갖게 하자. 작은 일도 칭찬하고 보상해주면 충동적인 행동도 억제된다. 학습동기를 올리기 위해서는 칭찬을 하더라도 아이의 행동에 대해 정확하고도 객관적으로 분석할 필요가 있다. 창의력이 뛰어난 아이들이기 때문에 아이의 독창적인 면을 칭찬해주면 좋아한다.

💬 다섯째, 공부의 가치를 가르쳐주어라.

이성우뇌형 아이는 자기 판단에 가치가 있다고 생각하는 숙제는 아주 훌륭하게 해내며, 교사가 일일이 가르쳐주지 않아도 창의력을 발휘한다. 그러나 만약 숙제가 별로 자기에게 가치가 없다고 생각되면 대충 해치우거나 아예 숙제를 하지 않기도 한다. 따라서 아이가 공부나 숙제를 할 때 그 의미와 가치를 인식하게 하여야 한다. 이성우뇌형 아이는 호기심도 강하고 창의적이며 감수성이 풍부하여 새롭고 관심 있는 분야에 대해서는 철저하게 파고들어 최고의 전문가가 될 수 있다. 아이가 어떤 과목의 공부를 소홀히 할 때는 그 과목이 아이의 미래나 사회생활에 어떻게 관련되는지 분명하게 인식시켜주자.

여섯째, 숙제나 과제물은 미리 챙기자.

스스로 챙기는 것이 부족하므로 숙제나 과제물은 미리 준비하자. 학교에서 돌아오면 숙제부터 챙기자. 아이는 준비성이 부족하므로, 등교할 때 준비물이나 과제물은 전날 저녁에 미리 챙기게 하고, 예상되는 문제행동에서는 미리 생각하고 준비하라. 경험을 바탕으로 닥쳐올 문제 상황을 미리 예상하고, 그 상황이나 사건을 피하거나 최소화하도록 하라. 곤혹스러운 상황의 가능성을 예상하고, 주어진 상황에서 최선의 행동을 연습시켜라.

일곱째, 즐겁고 신나게 공부하게 하자.

이성우뇌형 아이는 공부를 할 때도 즐거워야 한다. 그래서 체험 학습이나 현장 학습을 좋아하며, 친구들 앞에서 인정받거나 자기에게 우호적인 분위기에서 즐겁게 진행되는 수업을 특히 좋아한다. 게임식으로 공부를 하는 것도 좋다. 부모나 친구가 아이와 함께 앉아 정해진 분량만큼 공부한 다음 서로 문제를 내서 누가 많이 맞히나 게임을 하는 것이다. 이 아이에게는 공부도 즐거운 생활 속의 일부분일 뿐이다.

여덟째, 짧은 시간에 집중하게 하자.

이성우뇌형 아이는 순간적인 집중력이 매우 뛰어나기 때문에 10분을 하고도 다른 사람들이 30분이나 1시간 공부한 효과를 발휘한다. 따라서 짧은 시간이라도 공부에 재미를 붙이고 점진적으로 시간을 늘려 가면 제법 오랫동안 공부에 집중한다. 이성우뇌형 아이에게는 선행학습은 시키지 않는 것이 좋다. 선행학습 때문에 학교 수업을 더 지루해하기 때문이다. 한번 결심했다고 하여 그것을 지속적으로 지키는 일은 별로 없으므로 자주 결심할 기회를 주는 것이 좋다. 가벼운 긴장감과 더불어 새롭게 결심할 만한 과제를 끊임없이 제공하여 자주 결심하게 하자.

💬 아홉째, 친구와 함께 공부하자.

이성우뇌형 아이는 혼자 오래 공부하기보다는 친구와 함께 즐기면서 공부하는 것이 더 효과적이다. 친한 친구와 함께 모둠을 만들어 서로 토의하면서 공부하는 기회를 만들자. 영어 공부를 할 때도 회화 중심으로 하고, 친구들과 모둠을 만들어 공부하면 산만한 아이라도 끝까지 물고 늘어지는 집중력을 보인다. 공부 잘하는 아이와 함께 공부하게 하자.

이성우뇌형 아이는 경쟁심이 강하기 때문에 자기보다 잘하는 아이와 만나면 자기도 잘하고 싶은 욕구가 생긴다. 게다가 직관적이고 통찰력이 있으며 입체적으로 생각하기 때문에 공부 잘하는 아이를 단기간에 따라잡기도 한다.

이성우뇌형 아이 체크리스트

1. 친구들과 잘 어울리는가? (예, 아니요)
2. 명랑하고 낙천적인가? (예, 아니요)
3. 장난을 잘 치고 산만한가? (예, 아니요)
4. 풍부한 상상의 세계를 갖고 있는가? (예, 아니요)
5. 한 군데 가만히 앉아 있거나 지루한 것은 참지 못하는가? (예, 아니요)
6. 이상주의자이지만 완벽주의자는 아닌가? (예, 아니요)
7. 마음에 드는 물건이 있으면 갖지 않고는 못 배기는가? (예, 아니요)
8. 친구 관계를 위해서는 용돈 쓰는 것을 아까워하지 않는가? (예, 아니요)
9. 쉽게 좋아하고 쉽게 미워하는 편인가? (예, 아니요)
10. 스타의식이 있고, 자기도취적인 면이 있는가? (예, 아니요)
11. 호기심이 많고 끼가 많은가? (예, 아니요)
12. 우스갯소리를 잘 하고, 재미있는 일로 친구의 관심을 받는가? (예, 아니요)
13. 어른들에게 애교를 잘 부리는가? (예, 아니요)
14. 자신감이 넘치며, 일을 빨리 처리하는가? (예, 아니요)
15. 야단을 맞아도 조금만 지나면 빨리 잊어버리는가? (예, 아니요)
16. 새로운 물건을 사주면 금방 싫증내는가? (예, 아니요)
17. 한 가지 일을 끝까지 해내는 인내심이 부족한가? (예, 아니요)
18. 충동적이고 잘 어지르며 부주의하게 행동하는가? (예, 아니요)
19. 쉽게 변할 수 있다고 생각해 한 가지 방식만 고집하지 않는가? (예, 아니요)
20. 독립적인 듯하지만 곧 의존적이 되어 도와달라고 하는가? (예, 아니요)

'예'라고 대답한 개수는? 총   개

감성우뇌형 아이, 마더 테레사(Teresa)처럼 키워라

평소 상냥하고 싹싹한 감성우뇌형 아이의 단점은 감정의 기복이 심하다는 것이다. 이는 아이의 감정이 풍부하고 사람의 마음을 잘 읽으며, 직감이 좋아 주위 사람의 기분을 파악하고 대처하는 데 뛰어나기 때문이다. 남달리 감정이 예민하므로 부모는 무조건적인 사랑을 베풀어야 한다. 또한 직관력이 뛰어나고 이해력이 높기 때문에 관심 있는 일에는 집중력을 발휘해 놀라운 성과를 내기도 한다.

💬 첫째, 목표는 크고 높게 잡아라.

장기목표를 세울 때 가급적 크고 높게 잡도록 하자. 감성우뇌형 아이는 친구와 지내기를 좋아하고 하고 싶은 것도 많아서 잠재력이 많음에도 불구하고 자기가 정확하게 어떤 능력을 갖고 있는지 잘 몰라 자기계발에 소홀한 경우가 많다. 감성우뇌형 아이는 남의 밑에서 일하기보다는 관리자나 경영자로서 일하기를 좋아하므로, 그런 사람이 되기 위해서는 장기목표를 크게 세우도록 하라. 장기목표를 세운 다음에 단기목표는 작은 단위로 세분화시켜주자. 아이는 가까운 시일 내에 가시적인 성과를 눈으로 확인할 수 있을 때, 작은 일이라도 자기가 만족하면 열심히 하기 때문이다.

💬 둘째, 인정하고 수용해주자.

감성우뇌형 아이는 자기를 인정하고 수용해주는 교사를 좋아하고 존경하므로 아이의 학습태도가 교사에 의하여 많이 달라진다. 교사로부터 무시당하거나 비난받으면 강하게 교사를 미워하기도 한다. 친구가 자기를 좋아하지 않거나 비난하면 매우 힘들어 한다. 감성우뇌형 아이는 다른 사람의 반응에 매우 민감하기 때문에 공부를 못하거나 실수를 했다는 이유로 부모나 교사로부터 꾸중을 들으면 평소에 잘 알고 있던 문제도 풀지 못하는 경우가 생긴다. 평소에 성적이 나오지 않던 과목도 교사가 마음에 들면 성적이 오른다. 인정하고 수용해주면 아이는 자신감이 생기는데 그렇지 않으면 행동도 느리고 의욕도 없으며 나약해진다.

셋째, 기분과 분위기를 맞춰주자.

감성우뇌형 아이는 교실에서도 분위기를 한껏 띄워주어야 공부한다. 아이가 원하는 것은 공부하면서 느끼는 감동이다. 아이는 수업 중에 대화하는 것을 좋아하기 때문에 가능한 한 소규모 조별토론이나 발표식 수업을 하도록 하여야 한다. 수업에서는 풍부한 자료가 제시되고 활발한 참여와 공감의 기회를 제공해야 한다. 아이가 숙제를 잘 했거나 상을 받았을 때에는 칭찬과 격려를 하자. 아이는 칭찬을 들으면 그 분야에 대해 관심을 더 갖고 열심히 하려는 욕구가 생기고, 자세도 적극적으로 변하게 된다.

넷째, 주기적으로 피드백하라.

과정도 중요하지만 결과를 잘 확인하고 피드백하여야 한다. 아이가 달성해야 할 목표나 과제를 작은 단위로 나누어주되 제대로 하고 있는지 항상 확인해야 한다. 아이가 숙제를 어떻게 하고 있는지에 대해서도 꼼꼼하게 관찰하면서 관리하자.

그리고 아이가 목표를 달성했다면, 잘못하거나 부정한 방법이 아닌 한 아이의 방법을 존중해주라. 부모가 아이의 입장을 존중해주면 아이의 자율성과 자발성이 늘어나고 자신감을 가지고 행동하며 성적도 좋아진다. 목표를 달성했을 때는 반드시 보상을 해주자. 물질적인 것보다는 칭찬, 가족나들이, 간단한 외식, 친구와의 놀이 등 기쁨을 함께 나눌 수 있는 기회를 주는 것이 좋다. 아이가 좋아하는 물건이나 돈도 괜찮지만, 이렇게 아이 혼자 쓰게 하는 것보다는 가족이나 친구들과 함께 즐기는 데 사용하도록 하자.

💬 **다섯째, 방해물을 제거하라.**

목표를 달성하는 데 방해하는 요인이 있는지 확인하자. 감성우뇌형 아이는 친구들이 많아 공부에 대한 집중력이 떨어질 수 있고, 하고 싶은 일도 많아서 정작 공부에 대한 흥미나 관심은 부족한 편이다. 또한 고집이 매우 세고 자기 주관대로 밀고나가는 경향이 있으며, 일을 할 때 차근차근 체계적으로 하지 않으므로 이를 고려하여 방해가 될 수 있는 환경적 요인을 사전에 제거해야 한다.

💬 **여섯째, 기죽이지 마라.**

감성우뇌형 아이는 기가 죽으면 재능을 발휘하지 못한다. 그래서 너무 어려운 문제가 나오면 흥미를 잃어버릴 뿐 아니라 자기에 대한 실망으로 자신감을 잃어버리기도 한다. 따라서 공부를 시킬 때는 쉬운 문제와 어려운 문제를 비슷한 비율로 섞어서 하도록 하여야 한다. 아이가 규칙을 지키면서 공부도 잘하게 하려면 늘 칭찬해주자. 규칙이나 약속을 조금 어길 때는 짐짓 모른 체하고, 약속을 지켰을 때는 오히려 많은 칭찬을 해주다보면 아이는 자발적으로 규칙을 지키는 사람이 된다.

💬 **일곱째, 공부한 후에는 휴식시간이 필요하다.**

휴식시간은 아이의 연령이나 두뇌성격에 따라 다소 차이가 있겠지만, 일반적으로 초등학생은 20~30분 정도가 좋다. 아이는 넘치는 에너지를 충분히 발산시켜줄 때 오히려 공부에 더 잘 집중할 수 있다. 에너지를 제대로 발산하지 못하면 공부를 하면서도 끊임없이 꼼지락거리거나 멍하니 엉뚱한 상상에 빠지는 등 집중력이 떨어진다. 따라서 공부를 마친 후에는 마음껏 뛰어놀게 하자. 감성우뇌형 아이는 자기가 하고 싶은 것을 충분히 할 수 있게 해주면서 공부도 하게 해야 비로소 자기가 존중받는다는 생각을 하며 부모의 말도 더 잘 따른다.

💬 여덟째, 약속은 반드시 지키게 하자.

감성우뇌형 아이는 자기가 한 행동의 결과를 외부 탓으로 돌리는 일이 많다. 약속을 해놓고도 상황이 바뀌면 이내 취소하거나 변경하는 등 약속을 대수롭지 않게 여기기도 한다. 또 방금 전에 한 약속이 아니면 쉽게 잊어버리거나 소홀히 생각하는 바람에 약속을 지키지 않는 경우도 많다. 약속은 반드시 지킨다는 생각을 갖게 하고 습관화하여 성실성과 규칙성을 키우자.

💬 아홉째, 빈둥거리지 않게 적절한 자극을 주자.

집안에서 너무 빈둥거리지 않도록 하고 적절한 개입을 하자. 감성우뇌형 아이는 에너지가 많은 편이지만, 바깥에서의 예상치 못한 변화를 겁내기 때문에 집안에서 빈둥거리기도 한다. 아이가 집안에서 텔레비전이나 컴퓨터에만 매달려 지낸다면 그 시간을 제한하고 다른 활동으로 유도하면서 적절한 자극을 주자.

감성우뇌형 아이 체크리스트

1. 어려움에 처한 사람을 보면 걱정하며 돌봐주고 싶어하는가? (예, 아니요)
2. 친구가 달라고 하지 않았는데도 장난감이나 과자를 잘 주는가? (예, 아니요)
3. 즉흥적인 편인가? (예, 아니요)
4. 다른 사람을 기쁘게 하려고 일부러 명랑하게 행동하는가? (예, 아니요)
5. 공부보다 친구들과 함께 잘 어울리는 일을 중요하게 여기는가? (예, 아니요)
6. 융통성이 많은가? (예, 아니요)
7. 부모나 교사에게서 칭찬을 받으려고 애쓰는가? (예, 아니요)
8. 사람들 앞에서 보여주는 것을 즐기는가? (예, 아니요)
9. 완벽해지려고 하지 않는 편인가? (예, 아니요)
10. 이야기나 영화, 음악, 미술 등을 즐기는 것을 좋아하는가? (예, 아니요)
11. 물건을 고르는 데 까다롭고, 아름다운 것을 수집하려고 하는가? (예, 아니요)
12. 여리고 섬세하며 감수성이 풍부한가? (예, 아니요)
13. 상상력이 풍부하며 새로운 것 만들기를 좋아하는가? (예, 아니요)
14. 하고 싶은 것을 하고, 하고 싶을 때 하는가? (예, 아니요)
15. 아이답지 않게 죽음이나 비극적인 일에 대한 관심이 많은가? (예, 아니요)
16. 과제를 체계적으로 하지 못하는가? (예, 아니요)
17. 부모에게 안기는 것과 같은 신체적 접촉을 좋아하는가? (예, 아니요)
18. 텔레비전이나 컴퓨터에 매달려 지내거나 집안에서 빈둥거리는가? (예, 아니요)
19. 계획이나 일정에 얽매이지 않는가? (예, 아니요)
20. 무언가 선택할 때는 친구나 어른들의 결정에 맡겨버리는 편인가? (예, 아니요)

'예'라고 대답한 개수는? 총   개

14. 남자아이의 뇌 vs 여자아이의 뇌

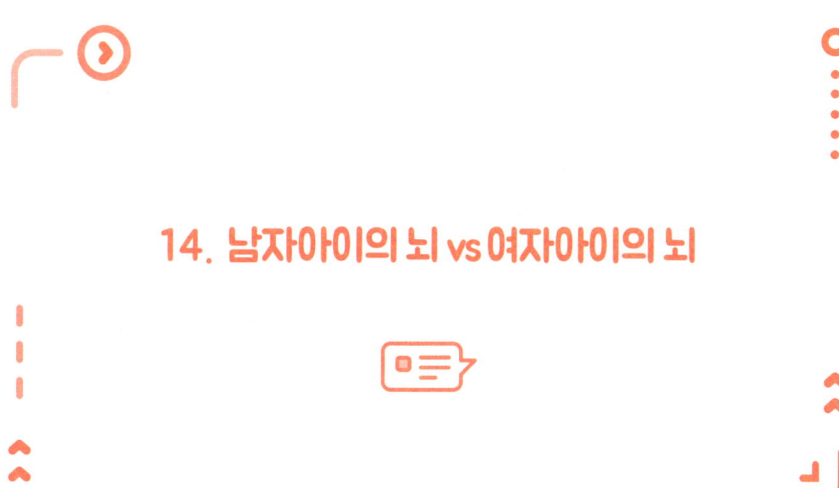

　　여자아이와 남자아이가 보이는 학습방식의 차이 중의 일부는 성별에 따른 인지적 차이에서 비롯된다. 물론 여자아이와 남자아이가 특정한 방식으로 가르침을 받았기 때문에 그렇게 학습하는 경우도 있지만, 아이들이 선택하는 학습방식은 성별에 따른 인지적 차이로 인한 영향력이 상당하다. 따라서 부모는 아이들을 지도할 때 성별차이를 반영해야 하며, 본인에게 효과적인 방식이 아이에게는 맞지 않을 수 있다는 사실을 유념해야 한다.

　　뇌를 촬영해보면, 뉴런의 신경세포체 부분은 회색을 띠고, 뉴런에서 뻗어 나온 축색돌기를 감싼 지방질로 된 수초는 흰색으로 보인다. 회백질은 남자아이보다 여자아이가 1, 2년 정도 먼저 양적으로 최고치에 달한다. 남자아이들이 여자아이들보다 철없고 어려보인다고 생각되는 이유가 바로 여기에 있다. 회백질은 뇌의 가장 바깥에 있는 약 0.63cm 두께의 부위로 뉴런과 거기서 뻗어 나온 수상돌기가 집중적으로 분포하는 영역이다. 회백질이 두꺼워지는 이유는 뉴런과 수상돌기가 급속하게 뻗어나가 무성해지기 때문이다.

아이들의 뇌는 대뇌피질 중에서도 논리와 공간지각에 관여하는 두정엽과 언어와 관련이 있는 측두엽이 두드러지게 두꺼워진다. 특히 사전에 계획을 세우고 충동을 억제하는 전두엽에서 복잡하면서도 지속적으로 회백질이 두꺼워져 여자아이의 경우 11세, 남아의 경우 12세 내외인 사춘기 때 정점을 이룬다. 아이들이 성인처럼 충동을 통제하지 못하는 것은 전전두엽 피질이 지속적으로 두꺼워지는 중이기 때문이다. 특히 배외측전전두엽피질이 두꺼워지는 과정이어서 아이들은 충동을 억제하지 못하고 작업기억도 잘 작동하지 않는다.

우뇌가 먼저 발달하는 남자아이는 어릴 때부터 사람보다 사물에 관심을 더 보이며, 무엇을 만들거나 쌓아올리는 놀이에 관심을 보이고, 직접 만져보고 체험하는 것을 좋아한다. 우뇌가 발달한 남자아이의 뇌는 구기 종목을 잘하는 능력과도 관련되어 있다. 구기 종목은 야구, 축구처럼 여러 명이 공을 다루는 운동인데 무엇보다 손, 발과 눈의 협응능력이 필요하다. 즉 눈으로 보면서 몸을 움직이고, 움직이면서 머릿속으로는 계획해서 공간과 공을 상상하고, 변화시키고, 입체적으로 사고하는 능력이다. 이러한 능력은 구기 종목뿐 아니라 운전을 하거나 지도를 보며 길을 찾는 행동 등과도 관련되어 있다.

평균적으로 볼 때 여자아이는 언어중추에 해당하는 좌측 측두엽의 브로카 영역과 베르니케영역의 대뇌피질 부피가 남자보다 20%나 크다. 브로카 영역은 언어를 만들어 내는 영역이고, 베르니케 영역은 언어의 의미를 이해하는 영역이다. 여자아이는 선천적으로 이 두 영역이 모두 발달했기 때문에 남자아이보다 말을 잘 이해하고 많이 말할 수 있는 것이다.

남자아이와 여자아이 사이에 차이 나는 뇌 영역 중의 하나가 소뇌이다. 남자아이의 소뇌가 여자보다 약 14% 정도 더 크며 그 차이는 성인이 되어서도 계속 유지된다. 남자아이와 여자아이의 소뇌 크기 차이는 진화의 소산으로 보인다. 여자가 집에서 불씨를 지키는 동안 남자는 밖으로 돌아다니며 사냥을 했다. 과거에 남자들이 주로 맡던 역할을 소뇌가 관장했기 때문에 그들의 소뇌가 더 발달하게 된 것이다.

사이먼 르베이(Simon LeVay) 박사의 연구에 따르면, 뇌가 남성적인지 여성적인지는 손가락 길이로 알 수 있다고 한다. 네 번째 손가락이 임신 중에 엄마에게서 분비된 테스토스테론(testosterone)의 영향이 어느 정도인지를 알려주는 지표 역할을 하기 때문이다. 호르몬이 어느 정도 분비되었고 어떤 호르몬이 분비되었는지는 육안으로 확인할 수 없다. 다만 네 번째 손가락은 테스토스테론의 분비량에 반응하여 분비량이 많으면 많을수록 길어진다. 그래서 두 번째 손가락과, 네 번째 손가락을 비교해보았을 때, 두 번째 손가락보다 네 번째 손가락이 길다면 엄마의 뱃속에서 많은 양의 테스토스테론에 노출되었다고 유추할 수 있다. 이런 경우 비록 여성의 몸을 가졌다 해도 뇌는 남성적 특성을 갖게 될 가능성이 높다.

남자아이 vs 여자아이

미국의 심리학자 다니앤 맥기네스(Diane McGuinness)는 남자아이들에게 읽기를 가르칠 때 시각을 활용해야 한다고 주장한다. 남자아이들은 청각보다는 시각기능이 빠르게 발달하기 때문에 단지 청각적 자극만으로는 읽기를 배우기 어려울 수 있다는 것이다. 여자아이는 대부분 읽은 내용은 잘 기억하지만, 본 것에 대한 기억이 읽은 것만큼 명확하지 않다. 남자아이가 전체적으로 시각 기억과 시각 학습이 더 뛰어난 것은 사실이지만, 여자아이의 시각 기억이 남자아이보다 더 일찍 성숙한다. 그래서 글자나 숫자, 그림과 같은 모양의 패턴을 비교할 때 어린 여자아이는 어린 남자아이보다 인식 속도가 확실히 더 빠른 것이다.

여자아이는 찾으려는 디자인과 비슷한 디자인을 고를 때 시각 기억을 활용한다. 이러한 능력은 유사한 두 그림 사이의 차이를 발견하거나 글을 교정할 때도 사용한다. 실제로 여자아이들은 상징이나 디자인 하나하나에 이름을 부여함으로써 시각 기억 과제를 언어과제로 전환한다. 여자아이는 들은 내용을 기억해야 할 경우 반드시 글로 적어야 한다. 따라서 여자아이들은 언어 기억이 좋으므로 정보를 말로 제시하는 것이 좋은 방법이다. 그렇지만 모든 여자아이들이 청각기억까지 좋은 것은 아니므로 그 점은 고려하여야 한다. 이렇게 여자아이가 언어에서 유리한 이유는 남자아이보다 좌뇌가 일찍 발달했기 때문일 가능성이 있다. 따라서 여자아이가 남자아이보다 확실히 더 일찍 글을 익히고 더 자신 있게 읽는다. 여자아이는 대부분 읽은 내용을 잘 기억하지만, 본 것에 대한 기억은 읽은 것만큼 명확하지 않다.

훈육에 있어서 남녀의 차이

훈육에 있어서 남녀의 반응차이가 있는데 공격적인 행동을 유발하는 편도체는 여자아이보다 남자아이가 크기 때문이다. 남자아이의 편도체는 전전두엽으로 통제되기가 쉽지 않다. 반면 여자아이는 전두엽의 안와전두피질(orbitofrontal cortex)이 안정과 고요를 활성화시켜 편도체의 충동을 조절할 수 있다.

이런 이유로 남자아이는 여자아이에 비해 충동적으로 공격성을 보이는 일이 잦다. 남자아이는 또한 변연계의 활동이 불균형한데 무엇보다 부정적인 감정을 담당하는 우뇌가 우세한 경향이 있다. 그렇지만 훈육에 있어서 과도한 성역할 차이를 강조하는 것은 바람직하지 않다. 과도하게 성역할 차이를 강조하면 남자아들은 감정적 민감성을 억누를 수 있고, 여자아이들은 주장성, 자신감 그리고 충동성을 억누를 수 있다.

그럼에도 불구하고 아이들이 지켜야 할 규칙을 어겼을 때 남녀에 따라 훈육 방법이 달라질 수 있다. 여자아이의 잘못된 행동을 훈육하는 데는 귀납적 질문이 가장 효과적이다. 여기서 귀납적 질문이란, 부모가 잘못을 저지른 아이에게 누군가가 너 때문에 상처를 입었다고 지적하며 "다른 사람이 너에게 똑같이 행동하면 어떤 기분이 드니?"라고 물어보는 방식이다. 그런데 귀납적 질문에서는 초점을 누구에게 맞추느냐가 중요하다. 예를 들어 아이의 잘못이 부모나 교사 등 어른에게 미치는 영향을 따진다면 "나는 네 행동에 무척 실망했다"라고 말할 수 있고, 피해자에게 미치는 영향을 따진다면 "네 행동 때문에 수지가 어떤 기분일지 생각해 봤니?"라고 말할 수 있다. 여자아이는 부모와 관련된 귀납적 질문이 피해자와 관련된 귀납적 질문보다 더 공정하다고 생각한다.

결국 여자아이가 공정하게 훈육 받는다고 생각하게 하려면 귀납적 질문을 던지는 데서 그치지 말고, 피해자보다는 부모나 다른 어른에게 어떠한 영향을 미치는지 따져야 한다. 여자아이에게 이런 상황은 노력에 따라 성과가 달라지는 또 다른 예이기 때문이다. 결국 여자아이에게 공정성이란, 모든 측면에 귀를 기울인 뒤 어떤 측면에 있어서도 불공정하지 않는 결정을 내리는 것을 의미한다.

반면에 남자아이는 과정의 공정성보다는 결과를 더 중요시한다. 남자아이들은 여자아이에 비해서 공감력이 떨어지기 때문에 경험에 의한 질문보다는 원칙에 의한 질문이 효과적이다. 아이의 행동이 다른 사람의 기분이나 영향을 고려하기보다는, 원칙이나 규정에 맞느냐를 따져서 훈육하는 것을 공정하다고 생각하기 때문이다. 따라서 만약에 아이가 숙제를 해야 하는데 하지 않아서 훈육해야 할 경우 "엄마랑 숙제 먼저 하고 텔레비전 보기로 했지? 그런데 너는 약속을 안 지켰어. 앞으로는 해야 할 일을 먼저 해야 해"라는 식으로 원칙을 다시 한 번 상기시켜주는 것이 효과적이다.

✏️ 성별에 따른 지침

💬 **첫째, 아이들은 각자의 필기스타일이 있다.**

여자아이들은 대개 평범하게 필기하는 것을 선호하지만, 남자아이들은 시각 정보에 민감해서 도표나 마인드맵으로 정리하는 것을 더 좋아한다.

💬 **둘째, 여자아이에게는 시각자료를 언어정보로 연상하게 하자.**

부모가 정보를 그래프로 제시하거나 몸소 시연할 때에는 중계방송을 하듯이 실황 해설을 하자. 그래야 여자아이는 그림이나 시각적으로 제시되는 자료를 언어 정보로 연상하기 쉽다.

💬 **셋째, 여자아이는 용어를 줄여 말하거나 단축기호를 사용하면 어려움을 겪을 수 있다.**

아이들이 부모가 무슨 말을 하는지 알아들을 때까지는 용어를 줄여 말하거나 단축기호를 사용하지 않는 것이 좋다. 여자아이의 경우 화학 반응식의 좌우 균형을 설명하는 수업에서 화살표가 무슨 뜻인지도 몰라 어리둥절할 수 있다.

💬 **넷째, 읽기가 부족한 여자아이의 경우 예습이 필요하다.**

여자아이가 모두 읽기를 잘하는 것은 아니다. 아이들을 가르칠 경우 여자아이니까 모두 술술 읽어낼 거라고 가정하지 말자. 읽기를 잘 못하는 여자아이는 자신의 결점이 남들 앞에서 드러나면 매우 위축될 것이다. 따라서 미리 읽게 하는 등 도움을 받을 수 있도록 조치하자.

💬 **다섯째, 남자아이는 분노폭발 뒤 이후 어떤 결과가 초래될지 예측하는 연습을 하자.**

지금 당장의 문제에 집중하는 경향이 있는 남자아이는 앞으로의 일이나 닥쳐올 비극에 대한 예측능력이 부족하다. 지금 하는 행동이 어떤 결과를 몰고 올지 설명해주고, 무슨 말인지 이해한다는 표정을 짓더라도 반복적으로 이야기해주는 것이 감정을 통제하고 조절하는 능력을 키우는 데 도움이 된다.

PART 3

초등학교 3~4학년

Chapter 1
기억력의 뇌 만들기

기억할 정보의 첫 번째 처리기관은 편도체이다. 편도체는 수많은 정보 중에서 무엇을 기억할지를 걸러내는 역할을 한다. 그래서 더 중요하게 여겨지는 정보에 감정적으로 자꾸 마음이 쓰이는 것이다. 두 번째로 기억할 정보를 처리하는 기관은 해마이다. 해마는 편도체에서 걸러진 여러 가지 정보를 뇌의 어떤 기관으로 보낼 것인지를 결정하는 역할을 한다

"운동은 집중력과 기억력을 향상시킨다"

15. 기억력의 3대 적

"수영이는 사회가 너무 어렵다고 했다. 학교와 학원에서 배웠는데도 잘 이해가 되지 않고, 외울 것이 너무 많은데 뒤돌아서면 잊어버리니 공부하기가 너무 힘들다고 하소연을 했다. 생각해보면 학교와 학원에서 배웠다면 똑같은 내용을 2번 정도 반복하는 것이다. 그런데 그것을 이해하지 못하고 무조건 어렵다고만 하는 것은 어찌 보면 납득이 되지 않는 일이다."

초등학생에게는 광범위하고 강도 높은 기억력이 필요하다. 아이들은 서로 관련도 없는 여러 분야나 주제로부터 나오는 산더미 같은 사실들이나 개념들을 뇌에 저장하기도 하고 빼내기도 해야 한다. 문제풀이, 철자, 역사적인 날짜, 영어 단어 등을 아이는 머리에 모두 집어넣어야 한다. 초등교육은 이런 암기거리를 만들어내면서 기억력을 담당하는 뇌에 점점 더 많은 부담을 준다. 학교에서 요구하는 기억력 수준이 계속 높아지는 것이다.

초등학교 1~2학년 때는 어떤 말소리에 어떤 글자가 맞는지 익혀야 한다. 그 다음은 책에 나온 낱말을 보고 곧바로 어떤 낱말인지 인식해야 한다. 이때부터는 기억의 뇌에 수많은 글자며 수학적 사실들을 채워 넣어야 한다. 초등학교 3~4학년 때에는 새로 기억해야 할 내용들이 머릿속으로 밀려들어온다. 어떤 아이는 뛰어난 기억용량을 자랑하며 대부분의 내용을 소화해내기도 하지만, 그렇지 못한 아이들은 자신의 기억력과 학교에서 요구하는 강도 높은 과제 사이의 불균형을 힘겹게 겪어야 한다.

 기억력의 뇌

기억할 정보의 첫 번째 처리기관은 편도체이다. 편도체는 수많은 정보 중에서 무엇을 기억할지를 걸러내는 역할을 한다. 그래서 더 중요하게 여겨지는 정보에 감정적으로 자꾸 마음이 쓰이는 것이다. 두 번째로 기억할 정보를 처리하는 기관은 해마이다. 해마는 편도체에서 걸러진 여러 가지 정보를 뇌의 어떤 기관으로 보낼 것인지를 결정하는 역할을 한다. 즉 중요하고 오래 기억해야 하는 장기기억의 내용을 잘 처리할 수 있는 뇌의 각 영역과 기관으로 보내는 것이다. 신체적인 정보, 즉 자전거 타기, 야구, 축구 등을 할 때 몸의 움직임에 대한 기억이나 공기놀이, 실뜨기 등을 할 때 손의 움직임에 대한 정보 등은 두정엽으로 보내고 수업시간에 배운 개념은 전두엽과 좌측 측두엽으로 보낸다. 기억은 이렇게 편도체와 해마의 작용으로 만들어진다.

기억력이 중요한 초등학교 3~4학년 시기에 기억력의 3대 적이 있다.

 1) 암기에 의존하는 아이

암기과목으로 여겨지는 사회는 교과서를 읽을 때 그 내용을 모두 외워야 한다는 압박감 때문에 처음부터 이해하면서 읽지 않고 무조건 외우려고만 한다. 이해를 하면 더 잘 외워질 텐데 그것을 모르고 어리석게 공부하는 것이다. 뇌 발달에 가장 나쁜 것은 늘 같은 상황을 반복해서 경험하는 것이다. 동일한 뜻과 방법이 요구되는 무조건 외우기가 대표적인 예이다. 이는 뇌가 가장 싫어하는 것이다.

아이가 암기 위주의 공부를 한다면 숱한 후유증에 시달려야 한다. 성적이 제자리걸음할 것이며 잦은 슬럼프에 빠지고 문제 유형과 난이도에 따라 성적이 들쑥날쑥해진다. 뇌가 새로운 정보를 접했을 때 이에 부합하거나 이전에 활성화된 신경회로를 발견할 수 없다면, 뇌는 새로운 정보에 주의를 기울이지 않는다. 만일 뇌 속에 관련 정보가 부족하거나 기존 정보와 자연스럽게 연결되지 않는 정보를 접한다면, 일단 뇌는 그런 정보를 이해하는 데 도움이 될 만한 내용을 찾아 신경회로를 검색한다. 그러나 아무것도 발견하지 못하면, 뇌는 새로운 정보를 무의미한 것으로 취급해버린다.

뇌는 새로운 정보가 자신의 경험과 연관될 때 쉽게 이해하며 이해한 뒤에야 그것을 의미 있는 정보로 받아들인다. 그래서 배경지식이 중요한 것이다. 아이는 이해가 되지 않으면 암기한다. 암기는 아직 만들어지지 않은 별개의 회로를 만들어내는 매우 피곤한 작업이다. 또 어느 순간 암기되었다 하더라도 전체 흐름 속에서 이해되지 않으면 뇌는 그 정보를 쉽게 잊는다. 단순한 기호를 암기하는 것이 의미를 가진 내용을 암기하는 것보다 훨씬 어렵다는 것은 모두 알고 있는 사실이다. 무의미한 글자 배열이나 글자로만 구성된 정보는 정확하게 재생될 확률이 35% 정도에 불과하지만, 의미 있는 단어나 문장은 65~70%의 재생률을 보인다.

 2) 밤새는 아이

외부 정보를 받아들인 뇌는 뇌 속 뉴런을 동원해 새로운 지식의 신경회로를 구성한다. 이는 뉴런을 서로 연결해주는 시냅스가 형성되는 과정이라고 할 수 있다. 일단 시냅스가 만들어지면 최소 몇 분 동안은 비슷한 신경 자극이 없어야 시냅스가 강해진다. 뉴런 사이의 연결이 튼튼해질 여유가 주어졌을 때 시냅스는 강해진다.

뇌는 자기가 받아들인 정보를 정리하지 못하면 기억하지 않는다. 이는 정보가 새로운 신경회로를 구성해 튼튼하게 자리 잡기까지 뇌에게 정리할 시간이 필요하기 때문이다. 새로운 신경회로가 튼튼해지기도 전에 또 다른 정보가 들어오면 뇌는 정리할 시간이 없기 때문에 정보를 버리는 것이다.

그럼 뇌에게 줄 마무리 시간은 어느 정도가 적당할까? 서투른 학습자가 새롭고 부담스러운 내용을 공부할 때에는 10~15분마다 2~5분, 능숙한 학습자가 이미 알고 있는 내용을 복습할 때에는 20분마다 1분 정도가 필요하다. 대뇌 뉴런은 일정 시간 이상 계속 자극을 받으면 반응하지 않는 불응기가 된다. 이 불응기는 지친 대뇌 뉴런을 쉬게 해주는 시간이다. 따라서 수면은 뇌가 계속 자극을 받아서 피로해지는 것을 막아주는 역할을 하기 때문에 수면이 부족하면 공부가 잘 안 된다. 또한 수면은 뉴런에 휴식을 줄 뿐 아니라 해마를 통한 단기기억을 장기기억으로 견고하게 하는 시간이다. 따라서 충분히 자는 것이 기억을 견고하게 오랫동안 유지할 수 있는 방법이다.

매번 공부하고 자는 것이 기억에는 가장 좋으나 이것은 현실적으로 불가능하기 때문에 하루 한 번 푹 자는 것이 학습효과를 극대화하는 데 효과적이다. 또 머릿속에 너무 많은 것을 한꺼번에 입력하면 기억으로 저장되기도 하지만, 상호 경쟁이 되어 입력되지 않고 견고하게 저장되지도 않는다. 따라서 강한 자극이 들어오면 견고하게 저장되지 못한 정보는 쉽게 빠져나가 곧 잊힌다.

독일 뤼베크 대학교(University of Lübeck)는 건강한 아이들에게 피아노 교습을 실시했다. 어느 날 밤에 한 그룹은 8시간 동안 수면을 취하게 하고 다른 그룹은 잠을 못 자게 했다. 그리고 다음날 피아노 교습 결과를 측정했다. 잠을 잔 그룹은 수면을 취하지 못한 그룹보다 속도가 35% 빨랐고 정확도가 30%가 높았다. 다음 날은 두 그룹 모두 충분히 잠을 자게 한 다음 다시 테스트를 했는데 결과는 이전과 동일하게 나타났다. 잠을 자지 못한 집단이 성적이 나빴던 이유는 피곤하고 졸렸기 때문이 아니라 학습한 정보를 잠자는 동안 제대로 장기기억으로 저장하지 못했기 때문이다. 수면효과를 더욱 높이기 위해서는 잠자리 들기 전에 그날 공부한 내용 중 핵심만을 다시 한 번 살펴보자. 그리고 그 자료를 머리맡에 두고 잠들어라. 잠에서 깨어나면 전날 밤에 본 자료를 다시 한 번 살펴보라.

 3) 아침밥을 먹지 않는 아이

아침밥을 굶게 되면 에너지가 부족해 활동하기 위한 신체의 준비가 불충분해진다. 특히 기억을 담당하는 뇌는 포도당만을 필요로 하는데 포도당이 부족하면 기억력이 둔화된다. 아이는 수면 중에 체온이 1℃ 정도 내려가는데, 체온이 떨어지면 뇌 활성도가 떨어진다. 따라서 오전에 뇌 활성도가 최고로 높아지기 위해서는 수면 중에 떨어진 체온을 올려줘야 한다. 이렇게 신체준비를 해주는 것이 아침밥이다.

미국 매사추세츠(Massachusetts) 병원의 마이클 머피(Michael George Murphy) 박사는 학교 무료조식 프로그램에 참가한 초등학교 아이 133명을 대상으로 실시한 조사 결과 전반적으로 성적이 좋아진 것으로 나타났다고 보고하였다. 특히 수학 점수가 좋아졌다. 패스트푸드나 인스턴트식품에도 포도당이 있기는 하지만 분해속도가 빨라서 뇌에 일정한 농도의 포도당을 제공해주지는 못한다. 그러면 아이의 뇌는 마치 롤러코스터를 탄 것처럼 에너지가 넘치다가 일시에 빠져나가 버리는 현상을 겪는다. 이렇게 되면 뇌가 상당히 예민해진다. 당연히 아이는 짜증을 내고 부산스러워지며 나아가 학습효율까지 떨어지게 된다. 주의력이 부족한 아이는 더욱 산만해진다.

부모가 가장 먼저 신경 써야 할 것이 아이에게 아침밥을 충분히 먹는 습관을 들이는 것이다. 잘 알려진 대로 좋은 지방을 많이, 나쁜 지방은 적게 섭취해야 하는데, 오메가3 지방산은 이롭다. 과일, 잎채소, 생선, 생선기름, 올리브기름도 좋다. 황산화 식품인 딸기, 블루베리, 브로콜리, 시금치, 토마토 주스, 건포도 등도 섭취하자. 비타민 C와 E, 비타민 B12, 엽산, 티아민(thiamin)을 복용하는 것도 도움이 된다.

카페인은 단기적으로 각성과 주의력 증가에 효과를 보이지만 장기적으로는 불안, 우울, 집중력 저하를 가져오므로 아이들에게 간식을 줄 때 카페인이 많이 들어간 음료수는 피해야 한다.

기억력을 높이는 음식

뇌에 아세틸콜린이 많으면 해마가 활성화되어 기억력이 좋아진다. 따라서 아세틸콜린은 기억, 학습, 각성 등의 기능을 높인다. 아세틸콜린의 성분인 콜린이 들어있는 음식으로는 콩, 두유, 두부, 달걀 등이 있다. 달걀노른자에 든 콜린은 기억력 발달을 돕는다. 콜린은 기억력을 높이고 집중력을 높이는 아세틸콜린이란 신경전달물질의 원료가 되며, 세포막을 구성하는 레시틴의 재료도 된다. 달걀노른자에 함유된 레시틴은 기억력을 높인다.

콩은 뇌 발달에 필수적인 콜린과 레시틴을 식물성 식품 중에서 가장 많이 함유하고 있다. 콩은 뇌의 에너지 공급원이라고 할 수 있는 식물성 단백질과 복합 탄수화물이 풍부하며 오메가3도 들어 있다. 콩을 발효시키면 뇌 발달에 필요한 글루탐산(glutamic acid)이 생성된다. 콩을 발효시킨 된장, 고추장, 청국장, 간장은 모두 두뇌식품이다. 물도 뉴런의 신호를 옮기는 데 일조한다. 물은 건강한 뇌 활동에 꼭 필요하다. 물의 농도가 낮으면 뉴런의 신호를 옮기는 속도가 느려져 효율성이 떨어진다. 게다가 물은 폐에 수분을 적당히 유지시켜 산소를 혈류로 효과적으로 전송한다. 하루 적정 권장량은 체중 11kg당 물 한 컵이다.

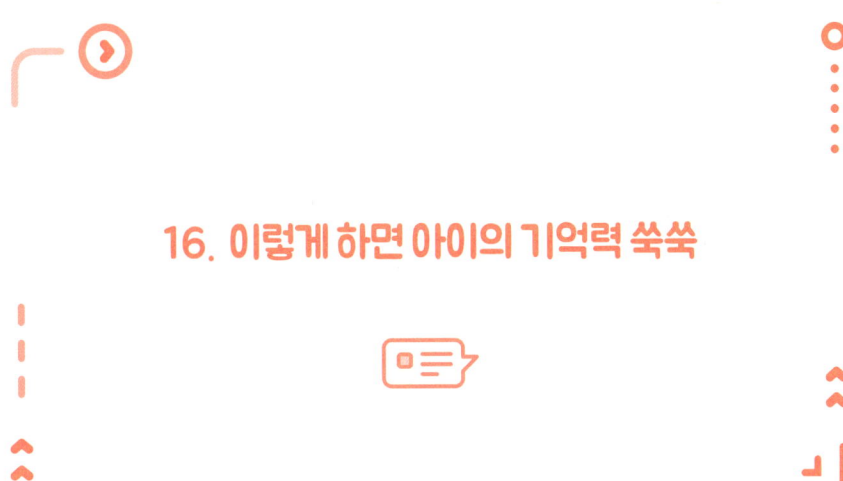

16. 이렇게 하면 아이의 기억력 쑥쑥

아이는 36개월 이전의 일을 거의 기억하지 못한다. 그 이유는 어린아이의 기억력과 성인의 기억력에 차이가 있기 때문이다. 즉 성인의 기억은 체계적이고 논리적인 데 비해 어린아이의 기억은 감각적이고 비논리적이다. 경험조차 체계적이고 언어적으로 이해되어야만 오래 기억되는데, 36개월 이전의 기억은 날아가 버린 것이 아니라 불안정한 저장 방법으로 인하여 의식되지 않은 채 뇌 속에 남아 있는 것이다.

그러나 어느 순간 의식하지 못했던 어릴 적 경험이 떠오르기도 한다. 성인도 처음 가본 곳인데 언젠가 한 번 와보았던 장소처럼 느껴질 때가 있을 것이다. 의식하지 않고 이루어지는 기억은 우리가 막연히 친숙하다고 느낄 때 주로 나타난다. 이렇듯 아이는 낯익은 것을 이유 없이 선호하게 되는데 여기에 의식하지 않은 기억이 작동을 한다.

 의식하지 않은 기억

기억에는 이렇게 의식하지 않은 채, 즉 무의식적으로 기억되는 것이 있다. 대표적인 것이 일화기억과 절차기억이다. 일화기억이란 언제 어디서 무엇을 어떻게 했다는 내용에 대한 기억이고, 절차기억은 예를 들어 자전거 타기와 같이 말로 설명하기는 어렵지만 뇌가 어떻게 하는지를 기억하는 것을 말한다.

"지난 어린이날에 뭐 했어?", "네 생일날 있었던 일 알지?"라고 물어보면 누구나 일화기억을 이용하여 쉽게 대답할 수 있다. 일화기억은 생활에서 경험한 내용을 기억하는 것이기 때문에 의식적으로 노력하지 않아도 쉽게 기억한다. 심지어는 자질구레한 내용까지 다 기억한다. 일화기억은 이름이나 숫자, 날짜, 사실에 대한 의미기억과는 다른 뇌 영역에서 처리된다. 이렇듯 아이 스스로가 학습하고 있다는 사실을 의식하지 못하기도 하고, 때로는 학습하고 있다고 의식하기도 한다.

의식하지 못하고 학습하는 것으로는 운동기술과 움직임에 대한 기억인 절차기억이라는 것도 있다. 절차기억은 뇌의 깊숙한 곳에 존재하는데 출생 시에는 미숙하지만 생후 3개월만 되도 기능을 한다. 어린아이는 의식하지 않고도 장난감을 어떻게 잡아야 마음대로 움직일 수 있는지 알게 되며 기기, 서기 그리고 걷기도 이 절차기억을 통해 학습하게 된다. 이외에도 로봇 조립하기, 컴퓨터 자판으로 글쓰기, 자전거 타는 법 등도 마찬가지이다.

초등학생에게도 절차기억은 중요한데 수학, 음악, 미술, 과학 등 모든 과목에서 매우 중요하다. 절차기억은 복잡한 과정을 거치므로 이런 운동 기술을 배우는 데 사용되는 뇌의 영역이 상당히 넓다. 아이는 어떤 규칙에 의해 만들어진 체계적인 움직임에 노출되면, 의식적으로 학습한 규칙을 떠올리지 않아도 복잡한 규칙을 학습할 수 있다.

의식하지 않는 기억을 이용하여 학습하기

그렇다면 의식하지 않는 기억을 이용하여 학습하려면 어떻게 해야 할까?

💬 **첫째, 오감을 이용하라.**

아이는 감각 자극을 더 잘 기억한다. 특히 두 가지 이상의 감각 자극이 동시에 주어질 때 아이는 더 정확하게 기억한다. 예를 들어 춤을 추면서 노래를 부르면 노래만 부르는 것보다 더 자세하고 오랜 기간 기억할 수 있다.

💬 **둘째, 실험과 체험을 통하여 공부하라.**

이것에도 역시 일화기억이 작용한다. 특히 수업 중에는 질문을 하는 것이 좋은데 질문했다는 경험, 즉 일화기억이 기능을 하기 때문이다. 친구에서 설명하는 것도 경험이고 인형에게 가르치는 것도 경험이다.

💬 **셋째, 추억을 되살려주어라.**

아이가 더 어렸을 때의 사진이나 동영상이 있을 것이다. 추억이 되는 기록들을 자주 보여주고 내용을 설명하고 대화를 하다보면 의식하지 않고 저장되었던 기억이 떠올라 기억을 더욱 완전하게 해준다.

💬 **넷째, 일상적인 경험을 규칙적으로 하여 예측하게 하라.**

일상적인 경험도 규칙적으로 하면 기억력이 향상된다. '매일 아침 7시에 일어나서 양치질을 하고 오전 9시에는 학교를 가고, 오후 4시에는 산책을 나가고 오후 9시에는 책을 읽는다.' 이런 식의 일상 순서는 아이가 다음에 어떤 일이 일어날지를 예상할 수 있게 한다. 심부름도 정기적으로 시켜서 몇 번 반복하면 의식하지 않고 기억하게 된다.

💬 다섯째, 주변 환경을 새롭게 바꾸어라.

아이는 주변의 환경과 일상생활에 대한 기억을 갖고 있기 때문에 주변 환경을 새롭게 바꾸어주면 그에 따른 새로운 기억을 갖게 된다. 다만 너무 급작스러운 변화는 아이에게 스트레스를 줄 수 있으므로 책, 사물, 공부방 등 단순한 것부터 조금씩 바꾸어보자. 또 매일 다니던 길이나 장소를 바꾸어도 기억력 향상에 도움이 된다.

💬 여섯째, 교사의 설명을 들은 후 공부하라.

혼자 공부하는 것도 좋지만, 교사의 설명을 들으면 기억에 도움이 된다. 교사의 설명을 들은 것이 체험이 되기 때문에 일화기억을 작동시켜 의미기억에 힘을 보태기 때문이다.

💬 일곱째, 충분히 연습하라.

아이는 자랄수록 학교나 가정에서 장기기억에 저장된 정보에 더욱 빠르고 쉽게 접근할 수 있어야 한다. 아이가 장기기억에서 꺼내야 하는 많은 정보는 필요할 때 바로 꺼낼 수 있어야 하며, 시간과 힘이 들어서는 안 된다. 가령 기본적인 수학적 규칙을 기억해내기 위해 한참을 생각해야 한다면 수학문제 풀기가 어려울 것이다. 자동화가 되어 있어야 한다. 수학공식이든, 철자법이든, 자판 두드리기든 매일 규칙적으로 연습을 해야 한다.

17. 작업기억을 키우면 IQ가 쑥쑥

초등학교 4학년인 민지는 엄마를 하녀처럼 부린다. 평소 자기 물건을 어디에 두었는지 기억하지 못해 잃어버리는 일이 많고, 깜빡 잊고 학교에 준비물을 챙겨가지 않는 일도 허다하다. 그러다 보니 민지 엄마는 민지가 무엇을 할 때마다 잔소리를 하게 되고, 책가방이며 신발주머니를 챙겨준다. 그뿐인가, 자기가 한 과제물도 안 가져가기 일쑤여서 엄마가 학교까지 찾아가 과제물을 전해주는 일이 흔하다. 책 읽는 진도도 나가지 않고, 많은 시간을 들여 공부해도 학교성적은 바닥이다. 이러다 보니 엄마도 아이에게 큰 기대를 하지 않고 아이 스스로도 자존감이 부족하다. 민지에게 인지기능 검사를 시행해봤더니 언어능력, 시공간 파악 능력, 집중력 등에는 문제가 없는데 기억력과 집행력이 떨어져 있었다. 또한 기억력 검사를 따로 시행하였는데 특히 기억을 유지하는 능력이 떨어졌다. 결국 민지는 작업기억(working memory)이라는 시스템의 용량이 작았다.

작업기억은 아이가 일시적으로 기억하여 그 행동이 끝나면 사라진다. 이 작업기억 시스템은 전두엽에 위치하는데 아주 짧은 시간에 의식적으로 정보를 기억할 수 있는 시스템이다. 작업기억은 장기기억의 기초체력 역할을 한다. 작업기억은 상위 전두엽인 브로드만(Brodmann) 46번 영역에 보관되고, 그 기억은 다시 무의식적인 운동이나 긴장을 담당하는 브로드만 8번 영역에 저장된다. 다행스럽게도 이 영역의 뇌는 사용하여 단련할수록 발달하게 된다. 예를 들어 생후 6개월에 부모가 해주는 까꿍놀이나 잼잼, 곤지곤지, 빠이빠이 놀이 등이 모두 작업기억을 높이기 위한 부모들의 지혜이다. 초등학교 3~4학년에도 독서를 통하여 작업기억을 높일 수 있다.

작업기억을 발달시키면 이해력, 관찰력, 사고력, 집중력 등이 함께 발달한다. 아이가 기억하기 위해서는 대상을 파악하고 이해하는 인지기능이 필요하다. 작업기억이 뛰어난 아이들은 호기심이 강하고 이해력이 좋으며 집중력도 높다. 작업기억은 한 번 들은 이야기를 머릿속에 띄워놓고 그것을 한 번 더 조작하여 어떤 문제를 해결할 수 있게 한다. 말하자면 작업기억은 기억을 일시적으로 불러낼 때 사용하는 시스템으로 컴퓨터의 램(RAM)과 같은 역할을 수행한다. 작업기억이 뛰어난 아이는 부모가 무엇을 물어볼 때 대답하는 속도가 빠르고 효율성이 높다.

우리가 무언가 일을 할 때 필요한 작업기억은 대부분 전두엽에서 통제하기 때문에, 전두엽은 집중력을 유지하는 곳이기도 하다. 해마는 작업기억에 있는 정보를 각기 저장소로 보내 학습을 강화하는 데 중요한 역할을 한다. 이러한 기억과정은 수일에서 수개월이 걸리기도 한다. 해마는 작업기억에 새로 전달되는 정보와 기존에 저장된 경험을 서로 비교하는데, 이는 의미 생성에 필수적인 과정이다.

생각하기와 작업기억력

사실상 '생각하는 활동'은 교과서 내용의 절반가량을 차지할 정도로 분량이 많다. 수학과목 자체는 사고의 학문이다. 국어 교과서는 학습목표와 작품이해 문제에서, 사회 교과서에서는 읽기 자료로, 과학 교과서에서는 실험과 탐구활동 형태로 생각하는 활동을 제시한다.

사실 성적이 낮은 아이일수록 문제집과 친하고 성적인 높은 아이일수록 교과서와 친하다. 교과서를 통해 개념과 생각하는 활동의 두 마리 토끼를 잡아야 한다.

생각하는 활동 표현은 '~해봅시다' 형태로 되어 있다. '생각해봅시다. 조사해 봅시다, 설명하여 봅시다. 이야기하여 봅시다. 탐구하여 봅시다.' 등 많다. 보통 탐구활동이라고 한다. 생각하는 활동에는 정답이 주어지지 않는다. 왜냐하면 아이들이 스스로 해결하라는 뜻으로 교과서에서 내준 숙제이기 때문이다. 아이들의 생각하는 힘을 높여주기 위해서 전략적으로 만들어 놓은 것이다. 교과서의 절반을 차지하는 상당한 양이고 서술형 문제의 근간이 되는 동시에, 사고력을 높여주는 아주 중요한 내용들이다.

 ## 작업기억은 훈련으로 계발된다

작업기억은 훈련을 하면 계발될 수 있다.

영국의 트레이시 앨러웨이(Tracy Alloway) 박사팀은 작업기억이 약할 것으로 보이는 11~14세 아이들에게 작업기억을 향상시키는 프로그램을 적용했는데 해당 반에서 최하위의 아이가 최상위까지 오르는 성과를 얻었다. 8주간의 프로그램이었는데 작업기억의 개선 때문에 IQ까지 평균 10점이나 올랐다. 그만큼 작업기억은 IQ에도 많은 영향을 미치는 것이다.

여기서 연구팀이 주목한 점은 지나치게 짧고 간결한 정보는 작업기억을 감소시킬 수 있다는 것이다. 아이에게 주는 정보가 너무 단순하고 간결할 경우 뇌는 그러한 정보를 처리할 필요가 없기 때문에 정보에 주의를 기울이는 시간이 점차 짧아지고 뇌를 활용하기 어려워지게 되는데 이로써 작업기억까지 감소한다는 것이다. 학습에 플래시카드나 비디오보다는 책이 더 효과적인 것도 그런 이유에서이다. 독서는 작업기억을 확장시킨다.

날이 갈수록 아이들은 생각하거나 다른 사람에게 자기의 사고를 전달하는 능력이 줄어들고 있다. 이는 즉흥적인 감각이나 감정을 부추기는 요즈음의 학습방법과 무관하지가 않다. 작업기억은 가장 효과적인 방법으로 문제를 해결하고, 논리적으로 생각하고, 새로운 상황에 적응하는 데도 도움이 된다. 무엇보다도 창의력을 발휘하는 데는 작업기억의 멀티태스킹 기능이 필수적이다. 더구나 작업기억이 좋은 아이는 성인이 되어서도 IQ가 좋은 것으로 알려져 있다.

그러나 작업기억력은 단순한 암기력과는 구분되어야 한다. 단순한 암기력은 주로 글이나 숫자 등을 시각적으로 기억하는 것으로 감각이나 감정 등의 공감각적인 요소가 빠져 있다. 예를 들어 영화 〈레인맨〉에 나오는 주인공은 암기력이 뛰어난데 그것이 사고력이나 문제해결력으로 이어지지 않는 것과 같은 경우이다. 작업기억은 적극적인 기억력으로 머릿속에 입력된 정보를 지속적으로 기억하면서 필요할 때 원하는 정보만을 떠올려 적절히 조합하고 조작해 문제를 해결하는 데 사용되어야 한다.

 일상생활에서 작업기억 높이기

일상생활에서 작업기억을 높이는 방법은 무엇일까?

- **끝말잇기**

언어능력과 기억력이 발달하는 3~4학년 아이들은 끝말잇기를 자주 하면 좋다. 끝말잇기의 규칙을 부모와 아이가 새롭게 만들어서 하면 창의력에 도움이 될 뿐만 아니라 더 많은 즐거움을 느낄 수 있다. 예를 들어 반드시 끝음절로 시작되는 말을 잇기보다는 세 글자 중 가운데 음절로 시작되는 말로 게임을 이어 갈 수 있고, 속도를 조절하면서 끝말잇기를 진행할 수도 있다.

- **단어 거꾸로 말하기**

부모가 불러주는 단어를 거꾸로 말하면 된다. 예를 들어 부모가 '사랑해'라고 말하면 아이는 '해랑사'라고 답하는 것이다. 점점 글자 수를 늘려가면서 반복하는 것이 중요하다. 4자, 5자, 6자, 7자, 8자까지 늘려보자. 부모가 아이들과 게임식으로 하면 즐겁고 재미있는 놀이가 된다.

- **암산하기**

부모가 덧셈과 뺄셈 등 연산과 함께 불러주는 숫자를 암산해 아이가 대답하게 한다. 처음에는 두 개의 수로 시작하다가 수를 늘려보자. 덧셈과 뺄셈을 번갈아 해주면 좋고 머릿속에서 작업기억을 사용할 수 있게 기다려준다. "5 더하기 4, 빼기 7은?" 식으로 해본다.

- **카드놀이**

3~4학년 아이들은 도구를 사용한 놀이에 관심을 보인다. 카드놀이가 대표적 예로, 상징을 이해하는 데 도움이 되고 판단력과 기억력을 향상시켜준다. 무작위로 섞인 카드에서 7장의 카드를 선택한 다음에 숫자를 외우게 한다. 30초가 지나면 카드의 뒷면이 보이도록 일제히 뒤집은 다음, 외웠던 순서와 반대 방향으로 소리 내어 숫자를 말하면서 확인한다. 숫자와 그림을 짝지어 외우기, 높은 수부터 혹은 낮은 수부터 외우기, 홀수와 짝수로 나누기 등으로 놀이를 확장할 수 있다.

부모와 함께 하루 10~20분 정도 이런 놀이를 즐긴다면 작업기억은 급격히 증진한다. 특히 이런 놀이로 5분 동안 뇌체조를 하고 나서 공부하면 효율적으로 공부할 수 있다. 작업기억이 향상되면 인지기능에서도 정교화, 조직화 전략을 사용하는 능력이 함께 좋아지므로 학습성취도를 높일 수 있다. 작업기억은 운동선수의 기초체력과 같다.

18. 기억력 좋게 하는 비법

　초등학교 3~4학년이 되면 학습 난이도가 갑자기 높아지고 좀처럼 풀리지 않는 문제가 생겨나 아이가 어렵다는 말을 하기 시작한다. 어려워 풀지 못하는 문제가 점점 많아져 부모조차 도와주기 힘들어지면 아이는 결국 사교육에 의존해야 하는 상황에 놓이게 된다.

　어렸을 적부터 어려운 문제가 있을 때 스스로 해결하는 훈련을 해온 아이라면 똑같은 문제를 만나더라도 문제와 씨름하는 체험이 없었던 아이보다는 노력과 시간이 덜 들게 된다. 문제를 스스로 해결해온 아이는 자연스럽게 공부에 대한 자신감이 붙지만 그렇지 못한 아이는 이때부터 좌절감을 겪게 된다. 왜 이런 문제가 생길까? 그것은 학년이 올라갈수록 학습수준이 높아진 탓도 있지만 학습량이 늘어나기 때문이다. 즉 장기기억이 문제가 되기 시작하는 것이다.

　기억력은 아이의 인지기능 중에서 가장 하위 단계에 속한다. 기억력의 위 단계는 이해력이고, 그 위가 분석 및 평가 능력이며, 창의력이 가장 고차원적 단계이다. 기억력이 가장 하위에 속한다는 것은 아이가 공부하는 데 기억력이 가장 기본적인 능력이기도 하지만, 기억력만으로는 수준 높은 공부가 어렵다는 뜻이기도 하다. 그렇다고 기억력이 부족하면 이해하고 분석, 평가하여 창의력까지 발휘하기가 결코 쉽지 않다.

아이가 기억을 한다는 것은 정보에 대한 신경회로가 강하게 연결되어 있다는 것을 의미한다. 우리가 '독도' 하면 떠오르는 여러 정보들은 독도의 사진이나 독도라는 단어, 또는 일본이 호시탐탐 노리는 우리나라의 섬이라는 실마리에 의해 뇌가 관련된 신경회로를 활성화하면서 기억을 하는 것이다. 만약 이 회로가 강하게 형성되어 있으면 빨리 기억이 나고, 다른 신경회로와 잘 연결되어 있으면 많은 것들을 연상할 것이다. 기억력이 좋다는 것은 결국 더 빨리 그리고 더 많이 정보들을 생각할 수 있도록 뇌의 신경회로가 단단하게 만들어지고 많은 연결이 이루어져 있다는 걸 말한다.

장기기억을 하는 학습

아이가 장기기억을 하는 학습에는 두 가지 종류가 있다. 기계적인 암기학습과 의미학습이다.

기계적인 암기학습은 연령에 따라 달라지는데 나이가 들수록 기계적인 암기학습이 더 힘들어진다. 그러나 나이 든 사람이라도 어릴 때 배운 시, 노래, 자장가 등은 연습하지 않았음에도 불구하고 암송할 수 있다. 어릴 때 익힌 기계적 암기학습은 한번 기억되면 오랫동안 남는 것이다.

기계적인 암기학습, 특히 단어 암송은 좌뇌의 전운동피질에서 관여하는데 단어에 의미를 부여하여 학습할 때에는 좌뇌의 하전두피질을 추가로 활용하기 때문에 암기가 쉽다. 정보에 의미를 덧붙이면 학습이 훨씬 쉬워지는 것이다.

기계적인 암기학습은 즉각적으로 반복해야 저장되는 반면, 의미 있는 정보는 자동으로 저장될 뿐 아니라 훨씬 더 오래 기억될 수 있다. 따라서 기억을 잘하는 아이는 심지어 무의미한 숫자조차도 의미 있는 것으로 만들어서 매우 긴 숫자도 순서대로 회상할 수 있다. 이것이 바로 의미학습이다.

그렇다고 기계적 암기학습이 전혀 쓸모없는 것은 아니다. 기계적 암기학습은 영어단어, 화학기호, 방송대본, 시 등을 외울 때 매우 효과적이다. 따라서 아이에게 읽기를 가르칠 때 단어의 발음에 너무 많은 신경을 쓰는 것은 좋지 않다. 아이가 책을 읽으면서 단어의 의미를 놓치고 발음하는 데만 집중을 하기 때문이다. 단어 의미에 주의를 기울일 때와 소리에 주의를 기울일 때의 관여하는 뇌 영역이 전혀 다르다.

아이는 부모가 책을 읽어줄 때 소리보다는 의미에 집중하게 된다. 그러나 아이가 스스로 읽기 시작하면 의미보다는 소리에 집중하게 되기 때문에 부모가 읽어줄 때보다 책 내용을 이해하지 못하는 경우가 많다. 따라서 아이가 책 읽기를 시작했다고 하여 부모가 책 읽기를 그만두는 것은 잘못된 것이다. 학자들에 따르면 초등학교 6학년까지는 부모가 정기적으로 책을 읽어주는 것이 좋다고 한다. 부모는 배경지식이 아이보다 풍부할 뿐 아니라 아이가 책을 읽으면서 문법이나 소리에 주의를 기울이다보면 의미를 파악하는 것이 안 되기 때문에 부모가 읽어주는 것이 아이 스스로 읽는 것보다 5배 이상 효과가 있다. 아이가 어려워하는 책이나 수준 높은 책은 부모가 읽어주자.

개념과 기억력

의미학습은 수학을 공부하는 데도 효과적이다. 아이가 수학을 풀 때 알아야 하는 것이 개념이다. 개념이란 어떠한 것의 정의라고 할 수 있다. 개념을 익힌다는 말은 '낱말'의 본래 뜻을 이해하는 것이다. 곧 어휘력과 직결된다고 할 수 있다. 어휘력이 부족하면, 낱말의 본래 뜻을 알아야 이해하고 문제를 풀 수 있는데, 그럴 수가 없다. 따라서 사고력 수학은 언어력이 부족하면 공부하기 어렵다.

개념에는 개념을 정의하는 중심 낱말들이 반드시 들어가 있는데, 이 중심낱말들을 잘 이해하고 기억해두면 특히 사고력 수학문제를 풀 때 도움이 된다. 실제로 서술형 문제에서 어떤 개념의 중심낱말을 빠트리고 쓰면 감점이 된다.

예를 들면 수학에서 삼각형의 개념을 설명할 때 변, 꼭짓점, 각 등의 중요 용어들이 등장한다. 국어에서 소설의 개념을 설명할 때 인물, 사건, 갈등, 배경 등 등의 중심용어들이 등장한다. 과학에서 혼합물의 개념을 설명할 때 물질이라는 중심용어가 꼭 들어가야 한다. 사회에서 민주주의 개념을 설명할 때 선거와 정당이라는 중심용어가 등장한다. 이들 중심용어를 기억하는 의미학습을 하지 않으면 공부에 어려움을 겪게 되는 것이다.

기억력을 좋게 하려면

따라서 아이의 기억력을 좋게 하려면 다음과 같은 노력이 필요하다.

첫째, 중요한 정보와 가벼운 지식을 구분하라.

가벼운 지식은 대부분 사실로 만들어지고, 단순히 반복해서 기계적인 암기를 함으로써 학습하게 된다. 조선시대 왕의 이름, 한국의 팔도, 각 나라의 수도 등이 그 예인데 이전의 지식과 연관되지 않기 때문에 쉽게 잊어먹어 정기적으로 반복하여야 한다.

반면에 심층적 이해가 필요한 정보는 아이가 중요하다고 생각될 때 습득된다. 지구의 환경오염처럼 아이가 대단히 중요하다고 생각할 때 심층적 이해가 이루어진다. 부모가 이전의 지식과 관련지어 이해시키고 중요성을 부여함으로써 더욱 단단한 신경회로를 만들어줄 수 있다.

🗨 둘째, 정서를 동반하라.

아이는 인지와 정서를 모두 자극하는 정보라야 강한 동기가 생긴다. 아이의 뇌는 하나의 정보와 그와 연결된 다양한 느낌이나 판단력을 한꺼번에 처리한다. 뇌가 정보의 중요성을 결정할 때 정보에 대한 개인적 판단이나 느낌까지 고려한다는 뜻이다. 그래서 쓸데없는 것을 공부한다고 생각하거나, 시험 때까지 기억하면 그만이라고 생각하는 정보는 쉽게 소멸된다.

반대로 정서적으로 중요하다고 느낀 정보는 뇌를 강하게 자극해 오래 기억된다. 무관심과 따분함이 기억력을 떨어뜨리는 반면, 호기심은 기억력을 높여준다. 아이의 뇌는 새로운 변화에 가벼운 불안이나 공포를 느끼기도 하지만, 동시에 새로운 것에 대한 호기심도 강력하다. 아이의 정서 상태에 따라서 뇌가 강하게 혹은 약하게 반응하는 것이다.

아이의 기억력이 정서에 영향을 많이 받는 이유는 기억중추인 해마의 옆에 편도체가 있기 때문이다. 어떤 정보를 보고 아이가 느끼면 편도체가 움직이는데 이것은 편도체가 해마에게 이 정보는 꼭 기억하라고 명령하기 때문이다. 그러나 나와는 상관없는 정보나 지겹고 따분한 정보는 편도체가 움직이지 않기 때문에 잘 기억되지 않는다.

🗨 셋째, 심상을 이용하라.

만약 아이에게 거실에 있는 액자가 모두 몇 개냐고 물어본다면 아이는 눈을 감고 머릿속으로 거실을 떠올린 후 액자의 수를 셀 것이다. 그리고 정확하게 액자의 수를 맞출 것이다. 이렇듯 시각적인 심상은 강력한 것이다.

예를 들면 기억력이 나쁜 아이에게 우유, 소시지 두 개, 오징어포를 사도록 심부름을 보낼 때 아이로 하여금 우유 곽이 두 개의 소시지로 오징어포 위에서 노를 젓는 모습을 상상하게 한다면 아이는 잊어먹지 않고 심부름을 잘 할 수 있을 것이다. 기억력이 뛰어난 아이라고 해서 다른 아이들보다 지능이 더 높은 것도 아니고 뇌의 차이가 있는 것도 아니다. 다만 그런 아이는 심상을 이용하는 능력이 대체로 뛰어나다. 정보를 저장하고 인출하기 위해 심상을 사용하는 것이다.

실제로 하버드대학교 스티브 코슬린(Steve Kosslyn) 교수의 연구 결과를 보면, 어떤 사물의 상을 머릿속에 그릴 때 활성화하는 뇌 영역은 실제 그 사물을 볼 때 활성화하는 뇌 영역과 적어도 3분의 2 정도가 겹친다고 한다. 그러니까 어떤 사물과 사건에 대한 심상을 만들게 되면, 실제로 시각적인 경험을 하는 것과 거의 동일한 과정이 뇌에서 이루어지는 것이다.

💬 넷째, 개념을 알아내는 구체적인 활동을 하라.

개념을 알기 위해서는 각 교과에 등장하는 용어의 뜻과 용어 간의 공통점, 차이점을 잘 이해해야 한다. 특히 독서를 할 때 주제에 포함된 핵심어, 즉 개념을 파악하는 습관을 들여야 한다. 상위개념이나 하위개념, 동등한 위치에 있는 개념들을 파악하기 쉽게 개념도로 그려보는 것도 좋다. 또한 개념을 정리할 때 번호를 매겨 한 문장씩 정리해가면 도움이 된다.

💬 다섯째, 이미지를 이용하여 기억하라.

우선 교과서에 등장하는 이미지는 다섯 가지를 말한다. 사진, 그림, 도표, 그래프, 지도이다. 특히 사회, 과학과목은 이미지가 중요한 과목이다. 사회, 과학 시험문제의 40%가 이미지 시험이기 때문이다. 영어 단어와 문장만 해석하는 것이 아니라 이미지도 해석해야 한다는 것을 강조하자. 다른 과목도 마찬가지이다. 글자는 이미지로 상상할 줄 알아야 하고 이미지는 글자로 해석해 놓을 줄 알아야 한다.

💬 **여섯째, 정보의 패턴을 파악하라.**

　뇌는 새로운 정보에 담긴 유형을 파악하여 그 정보를 저장한다. 새로운 자료가 들어오면 뇌는 그 지식을 이해하는 데 필요한 배경정보를 얻기 위해 기존의 신경망을 뒤진다. 새로운 정보가 가진 감각정보(냄새 등)나 유형, 관계 중 익숙한 것이 있으면 그것은 새 정보와 이미 저장된 정보 사이의 연결 고리로 작용한다. 만약 아무런 연결고리도 찾지 못하면 뇌는 새로운 정보를 버린다. 따라서 정보의 유형을 파악해 유형화하는 것은 기억을 하는 데 도움이 된다.

그림7 에빙하우스의 망각곡선

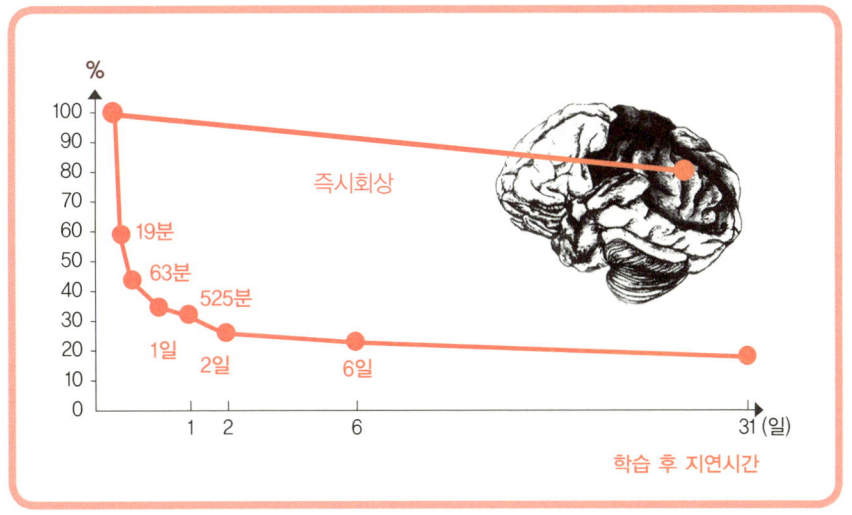

19. 시간 관리를 몸에 익히기 위한 여섯 가지 전략

초등학교 3학년 영민이는 평소에 학교 수업도 잘 따라가고 친구들이랑 관계도 좋다. 영어수업도 선생님이 알아듣기 쉽게 설명해주어 만족하는 편이다. 문제는 영민이의 학습 속도가 느린 편은 아닌데 수업 중에 선생님이 시킨 것을 곧바로 하지 않고 다른 걸 한 뒤에 한다는 것이다. 또한 어려운 과제가 나오면 못하는 것도 아니면서 화와 짜증부터 낸다.

사실 초등학교 3~4학년 아이는 과제 개시를 잘 할 수 있어야 한다. 과제 개시란 너무 오래 미루지 않고 프로젝트나 활동들을 적절한 시기에 효과적인 방법으로 시작하는 능력을 말한다. 아이에겐 해내야 할 일들이 너무나 많기 때문에 대체로 과제 시작에는 능숙함이 필요하다. 하지만 이러한 과제 개시 능력이 그리 쉽게 길러지는 것은 아니다.

아이는 가장 하기 싫은 일을 마지막까지 미루는 경향이 있다. 이는 아이가 숙제를 미루고 컴퓨터게임을 하거나, 가장 하기 싫은 숙제는 밤늦게까지 미루는 행동들을 통해서도 알 수 있다. 실행기능적 측면에서 과제 개시란 우리가 하고 싶어 하는 일에만 적용되는 것은 아니다. 그다지 내키지 않고, 하기 싫고, 지루한 일이지만 꼭 해야 하는 일에도 해당된다.

아이가 과제 개시를 잘 하려면 자기가 할 일이 무엇인지를 기억하고, 시간을 예상하고 순서를 정하는 일까지 해야 한다. 작업기억력이 필요할 뿐 아니라 조직적인 사고력도 필요하다. 특히 시간 관리가 필요한데 시간 관리가 습관화되지 않으면 자기주도학습은 물 건너갔다고 볼 수 있다.

시간 관리를 잘하기 위해서는 시간을 계획하고 기록하는 일이 필요하다. 사실 초등학생들은 시간 개념이 없다. 스스로 시간을 사용할 수 있다는 생각을 못 한다. 그래서 시간의 중요성과 계획의 중요성을 차근차근 반복하여 알려주어야 한다. 일주일 동안의 시간 계산을 해보면 의외로 공부하는 시간이 전체 시간에 비해 적다는 것을 알게 된다. 그 사실을 알고 나면 더욱 시간 관리를 하게 된다. 시간 관리는 시간을 지배하는 것이다. 이것이 자기주도학습의 중요한 출발점이 된다. 아이가 시간이 부족한 것은 체계적으로 시간을 관리하지 않기 때문이다.

🔴 첫째, 학습계획표를 만들어라.

학습계획표를 만들 때는 대충해서는 안 되며 꼼꼼하게 만들어야 한다. 누구에게나 공평하게 하루 24시간이 주어진다. 그러나 같은 시간이라 하더라도 아이에 따라 그 질이 다르다. 특히 방학 중에는 아이 스스로 시간을 관리해야 하기 때문에 시간의 질이 천차만별이다. 학습계획표를 만들다보면 학교수업이나 식사시간 외에도 스스로 쓸 수 있는 자유시간이 보일 것이다. 몇 시에 무엇을 해야 할지 기록해 놓으면 아이는 긴장하게 되고 계획대로 실천하기 위해 노력한다. 게다가 아이 스스로 계획표를 짜 학습 관리를 하게 하면 공부에도 재미를 붙일 수 있다.

1주일의 계획을 세울 때는 '우선순위'를 염두에 둬야 한다. 시급하게 보충해야 할 과목이나 단원 공부에 먼저 시간을 배정하고 요일별로 배치한다. 분이나 시간단위의 시간 관리도 중요하지만 하루, 일주일, 1개월, 1년 단위의 시간 관리도 중요하다. 작은 시간 관리와 큰 시간 관리가 동시에 이루어지면, 작은 시간을 소홀히 하여 생기는 낭비를 줄이고, 큰 시간을 보지 못해 공부의 방향을 잃어버리는 일도 없게 된다.

💭 둘째, 계획표대로 실천하는지 점검하자.

학습계획표를 작성했다고 하여 시간 관리가 되는 것은 아니다. 계획표대로 실천하지 않으면 보람 있게 시간을 보내기가 어렵다. 제시간에 해야 할 행동을 미룬다면 계획표는 의미가 없다.

아이가 일을 미루는 주요 원인은 자신감이 부족하기 때문이다. 일을 미루면 제대로 성과가 나지 않았을 때 자신의 능력 부족이기보다는 시간이 부족해서라고 핑계를 댈 수 있다. 대충 해놓고도 계획을 가지고 한 가지를 집중적으로 한 아이보다 여러 가지 일을 더 많이 했다고 합리화하기도 한다. 특히 부모가 너무 관용적이거나 반대로 너무 완고한 경우에 아이는 더 많이 미적거린다. 아이가 계획표를 잘 못 지키고 자꾸 미루는 행동을 한다면 야단부터 치기보다는 아이가 자신감이 있는지 확인해 자신감부터 높여주어야 한다.

💭 셋째, 계획평가서를 만들자.

계획평가서를 만들어 계획표대로 실천하고 있는지 기록하게 하라. 계획평가서를 만들면 공부하는 데도 계획을 세울 수 있고, 시간을 배분하는 과정에서 공부에 관심을 가질 뿐만 아니라 자신에 대한 파악도 가능하다. 아이 스스로 실천했던 내용을 기록하고 눈으로 확인하면 하루 24시간에 대한 통제권을 획득할 수 있다. 시간은 얼마를 쓰느냐보다 어떻게 쓰느냐가 더 중요하다. 따라서 하루 24시간 중 아이가 쓸 수 있는 자투리 시간을 찾아내어 보람 있게 쓰도록 해야 한다.

계획평가서를 작성하면 수면시간과 식사시간, 학교 수업이나 학원공부처럼 고정된 일과와 자유롭게 쓸 수 있는 시간을 파악할 수 있다. 실천하지 못한 부분에 대해서는 계획평가서에 그 이유를 메모해두어야 다음번에 같은 잘못을 반복하지 않는다. 또 새로운 주간 계획을 짜기에 앞서 지난주에 대한 평가를 하고 개선할 점과 대안을 아이 스스로 만들 필요가 있는데 계획평가서를 통해 공부에 대한 피드백이 가능하다.

넷째, 독서노트나 독서메모로 독서시간을 관리하자.

공부에 필요한 능력 중에서 아이에게 키워주어야 할 것은 집중력과 기억력이 기본이지만 사고력과 논리력, 창의력 등 생각하는 능력도 키워주어야 한다. 생각하는 능력을 키워주는 가장 효과적인 방법은 독서인데 독서도 시간관리가 필요하다. 무조건적인 독서는 학습에 도움이 되지 않는다. 제대로 독서하고 있는지 시간을 얼마나 배분해야 할지 관리가 필요하다.

독서노트는 책을 읽은 후에 간단한 느낌이나 주제를 기록할 수 있고 내용도 요약할 수 있어 독서시간 관리에 도움이 된다. 그러나 독서노트는 사후적 성격이 강하고 이 독서노트의 부담 때문에 책 읽는 것이 싫어지기도 한다.

따라서 아이에게 부담도 적고 아이들의 머릿속에서 이루어지는 생각을 바로 기록을 할 수 있는 독서메모가 더 효과적일 때도 있다. 책을 읽을 때 메모하면서 읽으면 생각하는 독서를 할 수 있고 시간관리도 가능해진다. 책을 읽다 갑자기 떠오르는 생각이나 자신이 이해한 내용을 간단히 기록하는 것도 좋고, 새로운 단어나 이해되지 않는 단어를 메모하면 어휘력을 늘리는 데도 좋다.

다섯째, 짧은 예습은 공부에 흥미를 더하고 공부시간을 효율적으로 사용하게 한다.

예습은 무리하지 않게 효과적으로 짧은 시간에 끝내도록 한다. 보통 과목당 15분에서 20분이 적당하다. 이 시간이면 교과서 4~5페이지는 충분히 읽을 수 있다. 따라서 두 과목 예습은 30~40분 안에 끝내는 것이 효율적이다. 습관이 되면 15분에 맞추면 된다. 예습은 완벽하게 하지 않도록 한다. 이것은 두뇌가 원하는 방법도 아니다. 완벽하게 예습하게 되면 오히려 그게 수업시간에 독이 된다. 적당히 모르는 내용이 있어야 수업시간에 집중한다. 앞으로 수업도 있고 복습도 있다. 예습, 수업, 반복학습을 통해 기억하는 것이 올바른 학습법이다.

한 번에 이해하고 기억하려는 것은 옳지 않다. 예습할 때도 되도록 교과서만 가지고 해야 한다. 자습서를 보거나 문제까지 풀지 말자. 시간이 많이 걸린다. 예습할 부분의 교과서를 읽어가면서 핵심어를 표시하고, 주요 개념이 설명된 내용에 밑줄을 치거나 이해가 가지 않는 내용에 표시해두는 정도로 보게 하라.

🗨 여섯째, 수업의 마무리는 복습으로 하라.

계획한 공부를 마친 후에도 바로 일어서지 말라고 하라. 한 번 더 확인하는 것이다. '무엇이 중요한 내용이었지?' 스스로에게 질문해야 한다. 처음과 끝이 항상 같아야 한다. 이것은 아주 바람직한 직후 복습이다.

예를 들면 2교시 수학 시간이 어려웠다면 쉬는 시간에 잠시라도 앉아서 배운 내용을 빠르게 복습하는 것이다. 자투리 시간을 활용하는 습관도 동시에 길러준다. 3교시 과학 시간에 공부한 양이 많았거나 힘들었다면 쉬는 시간이나 점심 시간에 5분에서 10분 정도 교과서와 노트를 보면서 복습하는 것이다. 무리하지 말고 학교에 있을 때 5분에서 10분만 시간을 내어 수업 시간에 배운 내용을 복습한다. 한 번만 하면 된다.

20. 공부두뇌를 만드는 운동의 힘

🖉 운동을 하면 머리가 좋아진다

학교에서 하게 되는 다양한 활동 중에 뇌가 학습하는 원리에 역행하는 것으로는 어떤 것이 있을까? 가장 명백한 것으로 운동 부족을 들 수 있다. 학교에서 신체활동이 늘어나면 성적도 높아진다는 연구 결과가 있다. 좋은 머리는 타고난다고 생각하는 사람들이 적지 않으나 생활습관만 바꿔도 머리가 좋아질 수 있다는 연구 결과도 있다. 과학전문지 뉴사이언티스트의 연구에 의하면 좋은 뇌는 운동, 음식, 수면 같은 생활습관에서 나온다는 것이다. 특히 운동은 뇌 발달을 촉진한다. 1주일에 3번, 30분씩만 운동해도 학습력과 집중력이 15%나 좋아진다는 것이다. 운동을 하면 두뇌신경촉진인자(BDNF)라는 물질의 생성이 촉진되어 기억력과 집중력을 높여주기 때문이다.

최근 진화론자들과 뇌과학자들이 매우 흥미로운 주장을 하나 내놓았다. 바로 원시시대부터 존재했던 생명체가 인간으로 진화하면서 '생각과 의식'이 출현한 이유가 운동 때문이라는 주장이다. 단세포 동물, 다세포 동물, 척추동물 등으로 진화하는 동안 생존을 위해 천적으로부터 도망치고 먹이를 찾아 움직이면서 뇌의 감각기능과 예측능력, 판단능력 등이 발달했고 이로써 생각과 의식이 생겨났다는 것이다.

하지만 어떤 유기체에 다리나 날개 또는 지느러미가 있다면, 이동과 관련된 정보를 습득하고 처리할 감각체계가 필요하다. 즉 이곳이 저곳보다 나은지 아니면 저곳이 이곳보다 나은지 결정하는 의사결정체계, 더 나은 조건을 갖춘 곳으로 움직이기 위한 운동체계, 갔다가 제자리로 돌아오기 위한 기억체계가 필요하다. 운동은 뇌뿐만 아니라 몸 전체의 혈류량을 증가시킨다. 뇌로 혈액이 더 들어가면 장기기억을 형성하는 데 깊이 관여하는 해마에 특히 좋다.

뇌는 일반적 사실이나 특정한 사실, 개인적 경험, 운동 시퀀스 등에 대한 온갖 기억을 저장하고 검색하는 수많은 신경망을 담고 있다. 또한 뇌는 자주 사용하는 운동 시퀀스를 자동적으로 실행할 수 있기 때문에 컵으로 크기나 모양이 달라져도 의식적인 노력 없이 컵을 잡을 수 있으며 만약 눈앞의 과제가 이미 숙달한 기술과 많이 다르다면 자동화된 행동을 의식적인 영역으로 옮겨 처리하기도 한다. 아이는 서서 움직일 때 심장박동이 증가하고, 그 결과 산소와 피가 뇌로 더 많이 흘러들어 뇌가 활성화된다.

운동의 핵심, 소뇌

콜리플라워의 머리처럼 생긴 소뇌는 뇌 뒷부분에 위치하며, 뇌에서도 가장 많은 뉴런이 존재하는 부위이다. 소뇌의 전체 표면적은 대뇌의 반구 하나와 맞먹는다. 소뇌는 뇌의 다른 부위와 더불어 움직임을 관장하는 영역으로 자전거 타기나 조깅, 공중제비 돌기와 같은 운동을 할 때 균형감, 자세, 대근육 운동을 조절한다. 즉 골프채를 멋지게 휘두르고, 춤출 때 스텝을 부드럽게 밟고, 손에 든 컵의 내용물을 흘리지 않고 입으로 가져가게 하는 일 등을 섬세하게 조정한다. 또한 자판을 보지 않고 타자를 치거나 구두끈을 매는 등 자동화된 움직임에 대한 기억도 저장한다. 소뇌는 20대 초반에 비로소 완전히 성장하는데 청소년기에 가장 변화가 심하다.

소뇌는 축구를 하거나 학교에 걸어가는 일 외에도, 파티를 계획하거나 연구 보고서를 작성하거나 신중한 결정을 내리는 데 관여하는 사고 기능도 관장하는 것으로 보인다. 최근에는 신경과학이 발달되어 소뇌가 인지과정을 조정하는 데도 관여한다는 사실이 밝혀졌다. 뇌과학자들은 소뇌가 사고나 감정, 감각(특히 촉각), 기억처리 과정에서 관여하여 인지적 처리를 돕는다고 말한다. 감각 정보를 처리하거나 고등사고능력을 조절하는 뇌 영역이 소뇌와 연결되어 있기 때문에, 이런 과제를 매번 반복하면 이후에는 의식적으로 주의를 기울이지 않고도 자동적으로 수행할 수 있게 된다는 것이다.

인간의 인지적 역량이 계속 발전하는 이유는 많은 사고 과정을 자동화하는 소뇌 덕분이다. 소뇌가 사고력이 요구되는 과제를 더 쉽게 수행하도록 해준다는 것이다. 실제 움직임의 균형을 잡아주고 움직임을 이끌어주는 것처럼 사고 과정 또한 순조롭게 진행되도록 소뇌가 도와준다. 그래서 우리가 직면한 과제가 복잡하면 복잡할수록 이를 해결할 소뇌의 역할 또한 커진다. 소뇌에 저장되는 것으로는 이해하는 읽기능력을 비롯한 노랫말이나 "당신의 눈동자에 건배를!"처럼 좋아하는 영화의 명대사 등이다. 이러한 인지적 처리 과정을 향상시키기 위해서는 꾸준한 연습이 필요하다. 부모 역시 아이가 사고력을 발달시킬 수 있도록 기회를 만들어줘야 한다.

한편 체계적으로 짜인 체육수업에 참여하거나 과외활동에 참여하거나 악기를 연주하는 식으로 운동감각을 많이 단련한 아이들의 소뇌는 신경연결이 강화되어 있다. 피질에 있는 뉴런과 마찬가지로 소뇌의 뉴런도 사용하지 않으면

퇴화되기 때문에 사용 여부에 따라 뉴런이 강화되거나 제거된다.

BDNF

운동은 BDNF(두뇌신경촉진인자) 생성을 촉발한다. 뇌를 형성하는 뉴런 전체에서 이 단백질이 만들어지는데, 특히 학습, 공부, 기억과 관련이 있는 곳인 해마, 측두엽, 전두엽에서 가장 많이 만들어진다. 해마는 단기기억이 머무르는 장소이고 측두엽은 언어를 관장하는 영역이며 전두엽은 인지 사고 전반을 다루는 영역이다. 즉 이 세 영역은 공부와 학습에서 빼놓을 수 없는 뇌의 핵심영역이다.

초등학교 시기는 본격적으로 공부를 시작하는 때이므로 BDNF가 상당히 중요하다. 공부한 내용을 잘 기억하려면 시냅스의 생성이 필수적이기 때문이다. 그런데 BDNF라는 공부 단백질은 스트레스에 상당히 예민하다. 스트레스를 느끼고 불안한 마음이 들면 BDNF는 생성을 멈추고 뇌세포에 단백질 공급을 끊는다. 그러면 결국 기억력에 문제가 생기고 학습도 제대로 할 수 없다. 악순환의 고리가 형성되는 것이다.

특히 초등학생에게는 적절한 신체활동이 중요하다. BDNF는 몸을 움직이며 땀 흘리는 시간을 보낼 때 더욱 잘 만들어진다. BDNF는 아이가 재미있게 뛰어노는 동안에 그 원료를 차곡차곡 만들어놓았다가 공부를 하면 그 원료를 뇌세포에 제공하는 신기한 시스템을 따른다.

운동은 집중력과 기억력을 향상시킨다

운동은 집중력을 향상시킨다. 연구에 의하면 규칙적으로 운동한 아이는 반응 시간이 더 빠르고 활력이 넘치며 창의력이 뛰어나고 시험점수가 더 높은 것으로 밝혀졌다. 운동은 학습력을 높이며 공부할 준비가 된 몸을 만든다. 특히 자세를 잡고 천천히 이루어지는 운동은 많은 소근육 운동의 관여와 균형을 요구하며, 이는 전정기관과 전두엽을 의식적으로 활성화하여 집중력을 향상시킨다.

집중력 향상에는 도파민 회로가 관여한다. 시냅스에서 특히 도파민의 양이 잘 조절되지 않는 불안정한 아이나 자제력이 부족한 아이는 운동이 필요하다. 필기하면서 기억하면 효과적인 것도 그 때문이다. 또 스트레스는 기억력을 감퇴시키는데 운동은 스트레스를 해소하여 기억력 증진에 도움을 준다.

스트레스에 대한 운동의 효과

꾸준히 운동하는 아이들은 운동 후 '머리가 맑아진다'라고 말한다. 이는 뇌가 운동의 효과를 느낀다는 것으로, 스트레칭 같은 가벼운 운동이 처음에는 힘들어도 분명 뇌를 활성화한다는 뜻이다. 우선 운동을 할 때 분비되는 엔도르핀(endorphin)은 스트레스를 해소시켜준다.

강도 높은 운동을 오래 하는 것보다 오히려 자주, 조금씩 많이 움직이는 활동량의 증가가 아이의 뇌에는 훨씬 효과적이다. 따라서 일상 속에서 신체활동을 활발히 하는 것이 중요하다. 청소기로 집안 청소를 하거나 계단을 걸어서 올라가는 것은 일부러 하는 운동만큼 효과가 크다. 특정한 운동에 집착하기보다는 일상생활 속에서 꾸준히, 즐겁게 몸을 움직이는 신체활동들이 아이의 뇌를 건강하게 한다.

아이는 운동을 통하여 두뇌를 자극하고 학습력을 높일 수 있으며, 심리적으로도 자신감이 키워진다. 또한 운동을 통해 자연스럽게 새로운 방법이나 전략을 구상하게 되고, 그 과정에서 아이의 사고력이 좋아진다. 운동은 일상생활만으로는 충분히 활성화되지 못하는 일부 감정을 활성화하고 스트레스를 해소시킨다.

어떻게 운동할 것인가?

첫째, 유산소운동을 하라.

유산소 운동이 무산소 운동보다는 효과적이다. 실제로 걷기, 계단 오르기, 자전거 타기 등을 통해서 신체활동을 많이 한 아이일수록 기억력이 좋고, 기억력과 관계되는 대뇌피질의 두께가 두껍다고 한다.

뉴질랜드 정부는 아이의 뇌가 정상적으로 발달할 수 있도록 하루에 최소한 1시간씩 아이에게 운동시킬 것을 권고하는 지침을 채택했다. 이 지침에서는 5세부터 18세 사이 아이의 심신을 향상시키기 위해서는 간단한 운동이든 과격한 운동이든 최소한 하루 1시간씩 운동하는 게 필수적이라고 밝히고 있다. 간단한 운동이나 과격한 운동 모두 효과가 있는데, 간단한 운동은 빠른 속도로 걷는 정도를 말하고 과격한 운동은 숨을 헐떡이게 만드는 정도의 운동을 말한다.

둘째, 자신에게 맞는 운동을 하라.

심폐지구력을 높이는 운동으로는 달리기, 줄넘기, 수영 등이 좋고, 유연성을 기르기 위해서는 스트레칭을 틈틈이 하고 축구, 농구 등 구기 종목도 신체발달에 도움이 된다. 성장기에 있는 초등학교 고학년 아이들은 팔굽혀펴기, 윗몸일으키기, 철봉 등 근력운동을 규칙적으로 하는 것이 자세를 바르게 하는 데 도움을 준다. 여럿이 함께 공을 움직이는 축구, 농구, 야구, 배구와 같은 운동을 통하여 아이는 공의 갖가지 궤도, 속도, 힘 등을 측정해 공간정보를 순간적으로 감지하는 공간판단력이 길러진다. 보건복지부의 조사 결과에 따르면 3~18세의 모든 연령대의 아이들이 정기적으로 가장 많이 하는 운동이 태권도, 검도, 합기도로 나타났다. 이외에 초등학교 저학년은 수영을, 초등학교 고학년은 구기 종목을 즐겼다.

셋째, 예술적인 운동을 하라.

화가가 물감을 캔버스에 옮기고 드럼연주자가 리듬에 맞춰 드럼을 두드리고 배우가 눈썹을 추켜올리는 것처럼 예술은 분야와 상관없이 움직임을 수반한다. 우리는 그저 움직임 그 자체만을 목적으로 하는 것이 아니라 우리 삶에 심미적인 요소를 가미하기 위해서 움직이기도 한다.

사람들은 각자의 관심사에 따라 서로 다른 예술적 경험에 흥미를 가지게 되는 경향이 있다. 관심사를 추구하다보면 갑작스럽고 현실적인 문제 상황에 직면하기 전에 예술적 경험과 같은 형태로 위압적이지 않은 분위기에서 그 문제를 미리 탐구해볼 수 있게 된다. 덕분에 실제로 그런 난관에 직면했을 때 경험하게 되는 감정뿐만 아니라 문제해결에 필수적인 집중력과 문제해결 체계를 일찍 개발하고 유지할 수 있다.

넷째, 게임을 통하여 운동하라.

게임은 여러 개인이나 팀이 뚜렷하게 정해진 목표를 달성하기 위해 좀 더 조직적으로 활동하고 점수화하는 과정 등을 통해 특정한 기량을 비교하고 경쟁하는 과정이다. 숙련된 움직임은 행동을 계획하는 능력, 그 행동을 펼치는 동안 움직임을 조절하는 능력, 타인과 물체의 움직임을 예측하는 능력의 결과로 얻어지기 때문에, 대부분의 게임에서는 이 세 가지 과제가 승패의 관건이 된다. 그리고 올림픽처럼 최고 선수를 뽑는 세계적인 행사에서 이러한 운동 능력의 절정을 볼 수 있다.

💬 다섯째, 학습에 움직임을 결합시켜라.

　능동적인 학습을 하려면 학습에 움직임을 결합시켜라. 앉아있는 시간을 줄이고 움직이는 시간을 늘려라. 모의실험을 하고, 온몸으로 말하는 몸짓 게임을 하고, 활력 넘치는 분위기를 조성하라. 자연현상이나 문학 속 등장인물의 감정을 춤으로 표현하게 하라. 움직임이 큰 연극을 통하여 전혀 새로운 인물의 감정 속으로 뛰어들게 하라. 수다쟁이 아줌마, 아이디어가 수시로 번뜩이는 과학자, 스타 탄생을 예고하는 아이돌까지 역할에 빠져 바쁘게 움직이게 하라.

💬 여섯째, 무리한 운동은 하지 마라.

　운동을 많이 한다고 반드시 좋은 것은 아니다. 운동을 많이 하게 되면 피로가 쌓이고 스트레스로 이어져 뇌 발달에 나쁠 수 있다. 또 운동을 많이 하면 뇌에서 분비되는 엔도르핀에 의한 쾌감 때문에 체력이 소진되도록 운동하게 되는데, 이것은 뇌 발달에도 좋지 않다. 무리한 운동은 근육에 젖산을 증가시켜 통증을 일으킬 뿐 아니라 근골격 질환을 일으킬 수 있다.

자기조절력 키우기

아이가 초등학교에 들어가면 자기조절력이 빠르게 발달한다. 또 초등학생은 친구와 비교하고 친구로부터 인정받는 것을 중요하게 여긴다. 아이는 학업성적이 낮거나 친구들한테 거부당하는 것을 두려워하므로 자기조절력이 발달하지 않으면 어려움을 겪을 수 있다.

"정서는 아이의 동기부여에 중요하다"

21. 공부, 의지일까 습관일까

　순영이는 최근에 시험성적이 떨어져 고민이다. 집안에 안 좋은 일이 있어서 마음이 산란하여 평소보다 시험성적이 좋지 않은 것이다. 그러다보니 시험에 대한 불안도 생겼다. 평소보다 실력이 나오지 않으니 위축되고 적극적으로 생각하지도 못한다. 또한 선생님이 길게 지시하면 앞의 지시사항을 잊어버리기 일쑤이고, 암산할 때 숫자를 자주 잊어버릴 뿐 아니라, 말할 때나 글을 쓸 때도 일부분을 빼먹거나 앞뒤가 맞지 않았다.
　순영이의 행동에 결정적 영향을 미친 것은 이성이 아닌 감정이다. 잠재의식 속에서 기능을 하는 정서기억이 나를 조정하는 것이다. 뇌는 주로 정서기억에 저장된 감정에 따라 행동을 결정한다. 예컨대 이성적으로 해야 한다는 결심보다 감정적으로 드는 하기 싫은 정서가 아이의 행동을 지배하고 있는 것이다.
　아이는 어떤 일에 대해 충분히 생각하고 따져본 다음에 판단하는 게 아니라 정서와 연결된 기억의 반응에 따라 매우 빠르게 의사결정을 하고 행동에 옮긴다. 따라서 공부가 하기 싫거나 시험을 보는 것이 불안한 정서적 경험이 바뀌지 않으면 뇌의 판단과 의사결정은 달라지지 않는다. 생각이나 의지만으로 뇌의 판단을 조절하기 어려운 이유는 뇌가 스스로 경험한 사실만을 정서기억 속에 저장하기 때문이다.

정서기억의 골격을 이루는 것은 재미있었다, 지루했다, 기뻤다, 슬펐다 등의 느낌이고, 그때마다 신체반응이 달라진다. 느낌에 따라 몸이 긴장되기도 하고 편안해지기도 한다. 어떤 일에 대한 느낌이 부정적으로 굳어지면 쉽게 변하지 않는다. 특히 자기도 모르는 사이에 순간적으로 반응이 나타나기 때문에 바꾸기가 좀처럼 쉽지 않다. 공부도 마찬가지이다. 지겹다, 짜증난다, 싫다 같은 부정적인 정서경험이 많이 쌓이면 뇌는 공부를 거부해야 할 대상으로 파악한다.

실제로 뇌의 활성도를 기능적 자기 공명 영상(functional magnetic resonance imaging, fMRI)으로 찍어보면, 지겹고 짜증나는 상태에서 문제를 풀면 뇌 전체가 거의 활성화되지 않는 반면, 즐거운 상태에서 문제를 풀면 뇌 전체가 활성화된다. 지겹고 짜증나는 상태에서 하는 공부는 효과가 없다는 뜻이다. 부정적인 정

그림8 거울뉴런

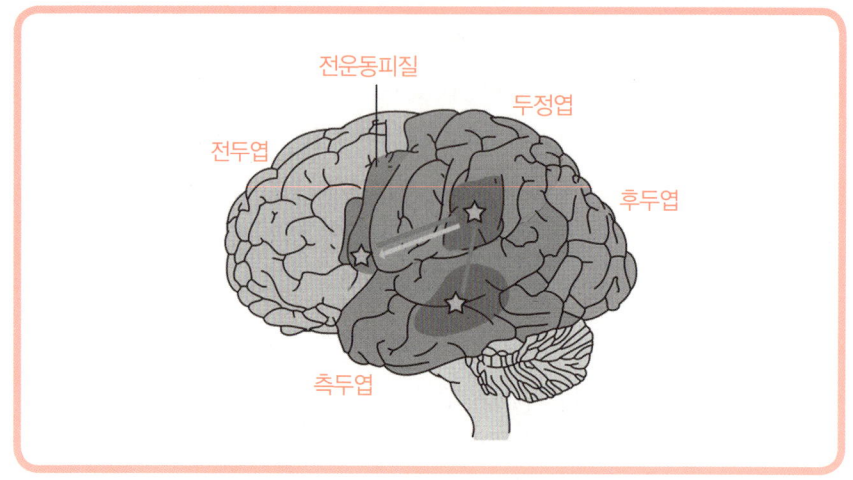

서도 문제가 된다. 기분이 순간적으로 나빠져도 뇌의 활성도는 떨어지며, 부정적인 정서가 공부와 반복적으로 연결되면 공부할 때마다 기분이 나빠져 공부를 해도 효과가 없다. 결국 공부를 잘 하려면 기분이 좋아야 한다.

아이의 기분은 부모의 표정이나 행동을 보는 것만으로도 달라질 수 있다. 뇌의 수백 가지 처리체계는 서로 밀접하게 연결되어 있다. 그래서 거울뉴런(mirror neuron)은 부모의 행동은 물론이고 그런 행동과 함께 관찰되는 고통이나 즐거움 등의 속성까지 흉내 낼 수 있다.

전측 대상회(anterior cingulate)와 섬엽(insula)은 아픔을 처리하는 전두엽 체계이다. 이 체계에 있는 거울뉴런은 흔히 얼굴 표정이나 몸짓 언어를 통해 전달되는 다른 사람의 아픔에 반응한다. 그 덕분에 다른 사람과 어울리고 소통하는 데 필수 요소인 공감과 연민이 생겨나는 것이다. 공감은 타인의 감정 상태를 내면화하여 이해하는 것을 말하고, 연민은 타인이 처한 곤경을 가련한 것으로 여기는 감정이다. 직접 관찰하지 않고 제3자가 들려주는 자연재해나 사고 피해자에 대한 뉴스를 접해도 공감과 연민이 우러나오는 것은 그런 소식을 듣는 즉시 우리가 겪었던 비슷한 경험이 떠오르기 때문이다. 그래서 집안에 안 좋은 일이 있으면 평소보다 시험성적이 안 좋은 것이다.

시험불안의 뇌

긴장감과 불안감도 공부에 영향을 준다. 아이들 중에는 잘해야 한다는 생각에 집착한 나머지 불안해져 자신의 잠재력을 제대로 발휘하지 못하고 실수하는 경우가 있다. 잘해야겠다는 생각에 긴장을 하면 노르에피네프린의 분비로 집중력과 기억력이 높아지지만, 지나친 긴장은 오히려 스트레스가 되어 코르티솔이 분비되어 집중력과 기억력을 떨어뜨린다.

불안감에 싸이면 아이는 크게 두 종류의 반응을 보인다. 첫째는 적극적으로 회피하고 거부하는 것이고, 둘째는 소극적이지만 지속적으로 저항하는 것이다. 아이에 따라 공부하기를 싫어하고 친구와 놀거나 게임에만 열중하는 등 문제행동이 심해지는 아이가 있는가 하면, 우울하고 의욕이 떨어져서 공부를 하지 않는 아이가 있다.

미국의 심리학자 찰스 스필버거(Charles Spielberger)는 시험을 치를 때 생기는 불안감에는 아이가 시험이라는 사건을 얼마나 위협적으로 느끼는가가 중요하다고 말한다. 아이가 시험을 부정적인 관점에서 해석하게 되면, 신체적으로 여러 부적응 현상이 나타나기도 하고, 시험 상황에서 도피하거나 자신의 실패를 지나치게 방어하게 된다. 또한 자존감이 낮아져 다음 시험 결과에도 영향을 미치게 되면서 계속 극복하기 어려워지는 것이다.

무서운 경험은 가장 부정적이고 좋지 않은 기억으로 남아 감정을 담당하는 편도체에 완전히 각인된다. 각인이 일어나면 유사한 상황이나 대상을 맞닥뜨릴 때마다 반사적으로 과거의 공포가 떠오르고 아이의 의지로 통제할 수 없는 상태가 된다. 예를 들어 어려운 수학시험문제를 푸느라 극심한 스트레스를 겪었다면, 다음에 그와 비슷한 문제를 보기만 해도 극도의 공포심을 느끼며 정신적으로 무너지는 상태를 보인다. 아무리 노력해도 이러한 공포심은 떨쳐버리기 어려워 불안이 심화되는 것이다.

🖉 짜증나고 불안한 뇌를 위한 공부법

💬 첫째, 의지력이 아니라 습관으로 공부하라.

부모는 흔히 시험 불안을 정신력이나 의지의 문제로 해석하는데 이는 잘못된 생각으로, 실은 뇌 변화에 그 원인이 있다. 시험에 대한 불안이 심한 아이는 시험 보는 동안 호흡이 빠르고 불규칙하여 뇌의 이산화탄소 농도가 정상 아이보다 낮다는 사실이 밝혀졌다. 시험불안은 단지 마음의 문제이거나 핑계가 아니기 때문에 단순히 편하게 마음먹는다고 극복할 수 있는 것이 아니다. 즐거운 시험경험이 있어야 하고 그 경험을 반복하는 습관이 필요하다.

💬 둘째, 신나서 하는 정서적인 공부를 하라.

공부를 해야겠다는 의지를 갖고 하는 이성적인 공부는 오래가지 못하고 그 뒤에 나타나는 슬럼프도 길다. 그러나 신나서 하는 정서적인 공부는 한번 시작되면 오래 가고 슬럼프가 있더라도 짧다. 더구나 이성적인 공부는 시간이 가면 갈수록 더 강한 의지가 필요하다. 따라서 감정의 뇌가 도와주지 않으면 의지로 하는 공부는 아이에게는 힘겨운 작업이고, 지속하다보면 몸과 마음 모두가 지치게 된다.

💬 셋째, 20분 집중하고, 짧은 휴식을 취해 뇌부담을 줄이자.

최소 1시간은 집중해야 제대로 공부할 수 있다는 식의 생각은 버려라. 물론 1시간 정도 집중할 수는 있다. 그러나 뇌가 가진 정리 능력을 제대로 활용하기 위해서는 20분 정도 집중한 뒤에 짧은 휴식을 취해 뇌가 정리할 시간을 주어야 한다. 20분씩의 집중간격은 자극의 변화를 의미한다.

💬 **넷째, 과목을 바꾸어가며 공부하라.**

싫고, 지겹게 반복되는 공부라도 뇌가 참아주면 좋겠지만, 뇌는 참을성이 많지 않다. 지루하다고 생각되면 바로 거부반응을 일으킨다. 지겨움을 거부하는 것은 인간 생존과 직결된 뇌의 본능이다. 물론 한 과목을 공부하는 시간이 너무 짧으면 공부 효과에 문제가 생길 수 있다. 하지만 일단 공부에 뇌를 붙잡아두는 것이 중요하다. 관심 있는 과목부터 시작해서 관심 없는 과목으로 옮겨가고, 다시 관심 있는 과목으로 바꾸면서 공부하는 융통성이 필요하다.

💬 **다섯째, 같은 과목도 여러 가지 방식으로 공부하라.**

교과서에서 참고서로, 개념 이해에서 문제풀이로, 공부한 내용 요약하기에서 기억한 내용을 가지고 말하기 등으로 주기적으로 바꾸라. 한 과목을 공부할 때는 내용의 이해, 문제풀이, 요약하기 순으로 공부 패턴에 변화를 주면 큰 도움이 된다.

💬 **여섯째, 자세와 동작도 바꿔라.**

장시간 공부할 때는 자세를 바꾸거나 동작에 변화를 주자. 예를 들어 책을 읽을 때 앉아서 하다가 일어나서 하고, 걸으면서도 해본다. 또 혼자서 외우는 시간, 함께 토론하는 시간, 질문하는 시간을 적절히 안배하면 집중력을 유지할 수 있다.

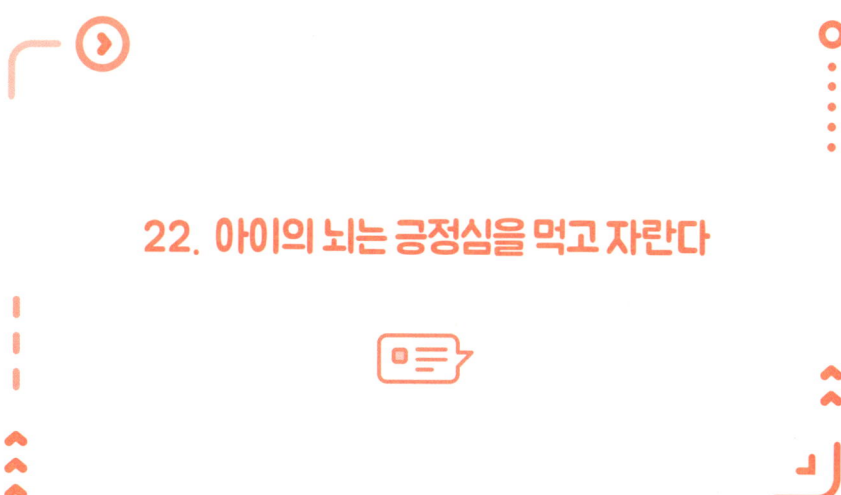

22. 아이의 뇌는 긍정심을 먹고 자란다

1990년대 초에 이탈리아 출신의 신경과학자 자코모 리졸라티(Giacomo Rizzolatti) 연구팀은 원숭이를 대상으로 손의 의식적인 움직임에 관여하는 뇌 체계에 대한 연구를 실시하였다. 그런데 원숭이의 운동피질이 활성화되고 물건을 집거나 땅콩껍질을 까는 등의 실제행동이 일어나기 1,000분의 1초 전에, 운동을 준비하는 전운동영역(premotor area)이 먼저 활성화된다는 사실을 발견했다. 즉 어떤 행동이 일어나기 위해서는 전운동영역이 먼저 그 행동에 필요한 운동 시퀀스를 준비한 다음에 실제 움직임을 이끄는 운동피질 체계를 활성화해 관련된 근육을 활성화하게 된다는 내용이었다.

과학자들을 더욱 놀라게 한 사실은 이런 전운동체계가 원숭이 자신이 과거에 경험해본 의도적인 동작을 다른 사람이 하는 것을 관찰했을 때도 활성화되었다는 점이다. 그런데 전운동영역의 뉴런은 단순히 다른 사람의 손이나 입의 움직임을 관찰함으로써 활성화되는 것이 아니라, 오로지 상대방이 목표지향적인 행동을 할 때만 활성화된다. 게다가 땅콩을 잡는 운동처럼 행동 목표가 물체일 때는 두정엽의 특정 뉴런도 활성화된다. 과학자들은 이를 거울뉴런 시스템(mirror neuron system, MNS)이라고 부른다.

거울뉴런 시스템의 발견은 대단히 의미 있다. 덕분에 우리가 다른 사람의 의도적인 움직임을 보면 마음속에 그에 대한 모형이 형성되면서 즉시 호응할 수 있는 모방행동이 준비되는 것이다. 단 거울뉴런 시스템이 스스로 반응을 만들어내는 것은 아니다. 반응이 일어날 가능성을 높이는 것이다. 말하자면 거울뉴런은 행위자의 마음속에서 벌어지는 사건을 서로 연결시키는 셈이다. 결국 거울뉴런 시스템 덕분에 뇌가 관찰된 타인의 목표 지향적 움직임을 자동적으로 모방하게 되는 것인데, 이런 인지체계는 복잡한 움직임을 배우는 데 이상적인 학습체계이다. 이처럼 아이는 어떤 움직임을 인식하는 것만으로도 그 움직임을 직접 만들어낼 때와 유사한 뇌 영역을 사용한다.

감정의 뇌에서 빼놓을 수 없는 것이 바로 거울뉴런이다. 거울뉴런은 다른 사람들의 의도를 해석하고 행동을 예측하도록 돕는다. 다른 사람의 경험을 뇌 안에서 재생함으로써 그들의 감정을 이해하고 공감하게 된다는 것이다. 즉 다른 사람의 얼굴에서 슬픈 표정을 보면 거울뉴런이 상대방과 비슷한 감정을 유발시켜 직접 그 일을 겪은 것 같은 기분이 느껴지게 되는 것이다. 아이가 부모의 동작을 쉽게 따라 하는 것이나 부모의 감정을 잘 공감하는 것 역시 이 때문이다. 웃음에서도 마찬가지이다. 아이는 다른 사람이 웃는 것을 보면 저절로 따라 웃는다. 연구에 따르면 웃음소리만 들어도 감정의 뇌는 웃을 준비를 한다고 한다. 이처럼 시각과 청각의 거울뉴런은 웃음과 긍정적 감정을 전염시킨다.

부모가 긍정심을 가지고 아이를 키우고 적극적으로 행동하면 아이도 부모를 흉내 내어 긍정심을 갖게 되고 적극적인 아이가 된다. 이 긍정심이야말로 자존감의 기초공사가 된다.

🖉 자존감 키우기

긍정심과 함께 감정의 뇌에서 키워주어야 할 것이 자존감이다. 아이는 놀이를 하거나 과제를 수행할 때 두 가지 판단을 하게 된다. 하나는 '자기가 어떠한 결과를 만드는가?'에 대한 판단이고, 다른 하나는 '기대했던 결과를 만들 수 있게 잘할 수 있을까?'에 대한 판단이다. 아이의 말놀이를 예로 들어보면 '아이가 사과에 대한 말을 하면 부모가 알아듣고 칭찬할 것이다'라는 판단은 결과기대이고, '부모에게 칭찬 들을 만큼 말을 잘할 수 있는가'라는 판단은 자존감과 관련이 있다.

심리학자들은 결과기대보다는 자존감이 아이의 행동에 미치는 영향력이 크다고 주장한다. 자존감은 아이가 행동하고, 환경에 반응하는 과정을 반복적으로 경험하면서 생긴다. 환경을 통제하는 체험을 한 아이는 환경의 변화를 체험하지 못한 아이보다 놀이나 학습에 있어 자존감이 높다.

이처럼 '자기 행동이 환경의 변화에 영향을 주었다'라는 경험은 자신감 형성과 더불어 환경에 대한 의욕적인 태도, 즉 더욱 더 새로운 환경에 도전해보려는 동기를 부여한다. 이런 경험들의 반복이 일반화되면 아이는 자존감이 생기게 된다.

아이는 어떤 반응을 기대할 때 그에 따른 적절한 행동을 취하게 되는데, 기대했던 반응을 체험하고 그 체험이 반복되는 경우 자존감이 생긴다. 아이의 자존감과 인지력은 태아 때부터 가족과의 상호작용 및 유대감을 통해 발달된다. 따라서 부모는 아이가 과제를 할 때 스스로 주도하게끔 하고 칭찬과 격려로 아이에게 긍정심과 자존감을 갖도록 해주어야 한다.

긍정심과 자존감은 공부에도 효과적이다

긍정심과 자존감은 공부를 하는 데도 도움이 된다. 감정의 뇌와 기억의 뇌는 서로 붙어 있다. 따라서 부모나 교사에 대한 신뢰를 가지고 공부한다면 아이는 긍정심과 자존감을 갖게 됨은 물론 이게 감정의 뇌인 편도체를 강하게 자극하게 된다. 편도체는 다시 해마와 같은 기억의 뇌를 강하게 자극하여 기억력을 높이는 결과를 낳는다.

긍정심과 자존감은 세로토닌 분비를 증가시켜 집중력을 높여주고 신경줄기세포의 생성을 촉진한다. 뇌의 밑바닥 줄기 한가운데에는 정신을 맑게 깨어 있게 유지하고 집중할 수 있게 해주는 뉴런의 그물이 존재하는데, 이를 망상활성계(reticular activation system, RAS)라고 한다. 이 뉴런의 그물은 뇌의 맨 위쪽에 위치한 대뇌 뉴런으로 자극을 지속적으로 보내 정신을 맑게 유지하고, 한 곳에 집중할 수 있게 해준다.

마음에 들지 않는 사람의 강의를 들을 때는 감정이 여러 갈래로 흩어지고 망

 그림9 망상활성계

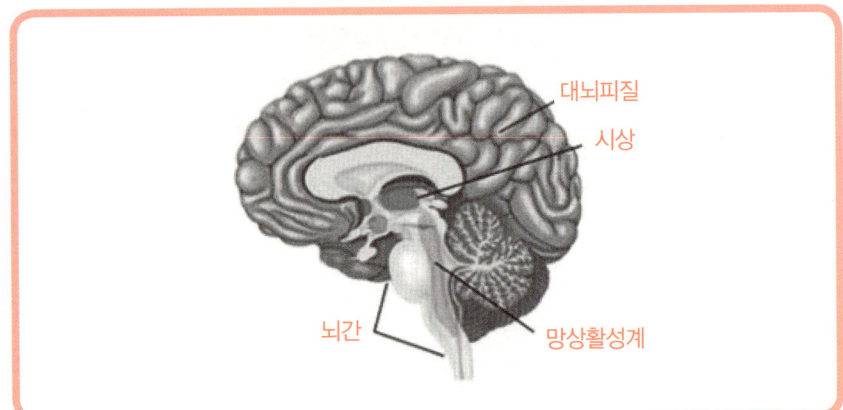

상활성계도 흩어지고 억제되어 주의력이 산만해지고 기억기능이 잘 이루어지지 않는다. 반면에 마음에 드는 사람의 강의를 들을 때는 재미와 흥미를 느끼며 즐거운 마음 상태를 갖기 때문에 망상활성계가 활성화된다. 따라서 집중력이 증가되는 것이다.

23. 아이의 건강에 밥과 위생보다 중요한 것

정서는 기억에 중요하다

정서는 기억에 영향을 준다. 섬광기억이 대표적 예로, 아이는 중립적 사건보다 불쾌한 사건에 대해서 더 많이 기억한다. 아이는 심하게 화가 났을 때 팔다리가 긴장하는 등의 특이한 자세를 취하거나, 화난 표정을 짓거나, 특정한 톤의 목소리를 내거나, 문을 쾅 닫거나, 팔을 휘두르는 등의 특유의 행동을 보이게 되고 부정적인 생각을 많이 한다. 또한 대부분의 아이들은 어떤 당황스러운 일이 발생했을 때 자신이 있었던 곳을 정확하게 기억하는 섬광경험을 한다. 이는 강력한 정서적 자극이 기억을 견고히 하는 데 도움이 됨을 보여준다.

결국 편도체는 해마와 인접해 있고, 해마는 단기기억을 장기기억으로 전환하는 데 중요한 역할을 하는 것으로 밝혀졌다. 또한 정서가 집중력을 증가시키는 데 관여하기 때문에 기억이 향상될 수 있다. 정서적 느낌은 기억을 회상하도록 돕는 데 일종의 실마리가 된다. 예를 들어 학습 내용을 슬픔으로 느꼈던 아이는 시험 중에 똑같은 슬픔으로 느꼈을 때 더 많은 것을 회상한다. 어느 쪽이든 아이의 정서가 관여하면 교육이 더 효과적으로 이루어진다는 사실만은 분명하다. 정서는 아이의 목표설정, 집중력의 대상, 처리과정의 깊이를 결정한다.

우수한 학업성취는 긍정적인 정서와 결합시켜라

아이는 학습의 결과가 정서와 적절하게 결부되지 않으면 적극적으로 학습하지 않는다. 실제로 아이는 과제를 잘하는 것보다는 친구를 감동시키는 것에서 더 많은 기쁨을 얻는다. 정서와 과제가 잘못 결합되면 아이가 집중하지 않고 학습의 의욕을 잃는다. 게다가 부정적인 정서에 빠지면 집중력을 대부분 빼앗기기 때문에 학습에 투여되는 실제 집중력 또한 제한을 받게 된다. 감정조절이 안 되는 아이는 학교에서 교사에게 야단을 맞으면 하루 종일 흥분해 있거나 부정적 정서에 싸여 효율적으로 공부를 할 수 없다. 아이는 학습 내용을 생각하기보다 자신이 현재 느끼고 있는 감정에 더 휘둘리므로 부모가 아이의 정서 상태에 항상 관심을 기울여야 한다.

아이의 우수한 학업성취가 긍정적 정서와 결부되면, 그동안 세로토닌 같은 정서와 관련된 호르몬을 분비시켜 흥분이 가라앉고 행복감을 느끼면서 시냅스의 신경전달 속도나 숫자가 증가함으로써 뇌기능이 향상된다. 이러한 신경생리학적 변화는 아이가 공부하는 동안 집중력을 강화하여 목표를 추구하게 할 뿐 아니라 학습력도 향상시킨다.

정서는 아이의 동기부여에 중요하다

인간의 동기체계 중심에는 정서가 있다. 예를 들어, 시험에서 낮은 점수를 받고 시험을 너무 어렵게 낸 교사를 탓하는 아이는 자기에 대해 부끄러워하거나 실망하기보다는 오히려 교사에게 분노를 느낄 것이다. 반대로 실패를 자기의 능력 부족이나 학습 부족으로 돌리는 아이는 아마도 자신에게 실망을 느낄 것이다.

실패 없이는 새로운 것을 익힐 수 없다. 실패를 되풀이하면서 익혀야 기억이 견고해진다. 쉽게 외운 것은 쉽게 잊어버린다. 여러 차례 실수하고 혼이 나면서 힘들게 배운 내용이 기억에 오래 남는다. 신경회로가 강화되기 때문이다. 아이도 자기의 노력에 비해 결과가 나오지 않으면 좌절을 경험하며, 또다시 그것과 마주하려고 할 때는 막연한 두려움을 갖게 되어 결국 쉽게 포기해버린다. 즉 아이는 문제를 틀리는 경험을 반복할 경우 실패감을 맛보게 된다. 당연히 공부하는 시간이 불편할 수밖에 없다. 결국 아이는 노력해도 답이 나오지 않으니 쉽게 포기해 버리고, 장난을 치는 행동으로 자신의 불편한 감정이나 상처받은 감정을 합리화한다. 더 이상 상처받고 싶지 않아 스스로 자존심을 지켜 내는 수동적 방어 전략인 셈이다.

24. 자기조절력을 키우기 위한 다섯 가지 전략

놀기만 하는 아이들

어느 집 아이든 초등학교 3~4학년 때는 다 놀기를 좋아한다. 그렇더라도 해야 할 공부가 태산인데 마냥 놀릴 수만은 없는 것이 부모의 고민이다. 보통 어릴 때 자유롭게 잘 놀지 못하면 학년이 올라갈수록 더 놀려 하고, 놀지 못하면 점점 더 산만해지고 공부의 효율성마저 떨어진다. 책상 앞에 앉아 있기는 하지만 성적이 좋지 않다. 게다가 사춘기까지 겹치면 최악의 경우 공부를 포기하기도 한다. 특히 자기조절력이 부족한 아이들은 공부를 하는 데도 어려움을 겪는다.

아이가 초등학교에 들어가면 자기조절력이 빠르게 발달한다. 또 초등학생은 친구와 비교하고 친구로부터 인정받는 것을 중요하게 여긴다. 아이는 학업성적이 낮거나 친구들한테 거부당하는 것을 두려워하므로 자기조절력이 발달하지 않으면 어려움을 겪을 수 있다. 아이들은 학년이 올라갈수록 부모나 교사가 칭찬하거나 야단을 치지 않아도 보람된 일을 하고 나서 스스로 자긍심을 느끼고, 도덕적으로 옳지 않은 일을 하면 죄책감을 느낀다. 정서의 자기주도화가 이루어지는 것이다. 이때부터 도덕성이 급격히 발달된다. 부모는 아이가 정서적으로 독립하고 자기조절력을 키울 수 있도록 수시로 격려해야 한다.

자기조절력의 뇌

자기조절력은 사회성에서 빼놓을 수 없는 요소이다. 자신의 기분이나 감정을 적절하게 잘 관리하고 조절할 때 적응력이 생기고 원만한 인간관계를 형성할 수 있다. 또한 여러 사람과 자주 함께 지내다보면 다른 사람의 감정을 빨리 알아챌 수 있다. 사회관계의 핵심요소인 다른 사람의 얼굴표정, 몸짓, 목소리, 어감 등을 살피고 이해하는 능력이 생기는 것이다.

이 과정에서 전전두피질(prefrontal cortex)이 상당히 견고하게 발달하는데, 전전두피질은 다른 사람의 감정에 대한 정보를 편도체에 전달하는 역할도 병행하기 때문에 공감능력까지 발달된다. 시상하부는 뇌간 바로 윗부분에 자리 잡고 있는데 크기가 엄지손톱만하다. 그 위를 시상이 둘러싸고 있는데 시상에서는 보통 눈, 코, 입, 귀, 피부 등을 통해 감각정보를 전달받는다. 전달받은 감각정보는 시상하부로 보내지고, 시상하부에서는 다시 두 가지 신경경로로 내보낸다. 바로 사고, 인지 기능과 관련된 경로와 정서와 관련된 경로이다. 사고, 인지 기능과 관련된 신경경로로 보내진 정보는 전두엽이나 측두엽처럼 사고와 기억을 담당하는 영역으로 가서 기억의 재료가 되고, 정서와 관련된 신경경로로 보내진 정보는 신체반응을 이끌어낸다.

자기조절력을 키우기 위한 지침

🗨 **첫째, 평소 아이가 자신의 감정에 이름 붙이게 하자.**

부모는 평소 자녀가 느끼는 감정에 대해 자주 질문하는 것이 좋다. "그때 기분이 어땠는데", "지금 기분이 어떤지 말해줄 수 있어?"라는 질문으로 시작하면 좋다. 자신의 기분을 들여다보고 정확하게 인식하는 연습을 충분히 하지 않았다면, 자기감정에 이름을 붙이는 것이 쉽지 않을 수 있다. 감정에 이름을 붙이더라도 그저 좋다, 혹은 나쁘다 정도의 흑백논리에 파묻힐 가능성이 높다. 감정에 대한 지식, 정보가 차곡차곡 쌓여야 감정을 정확하게 인식하고 자연스럽게 표현할 수 있다. 자녀와 대화를 할 때는 부모가 겪은 경험과 그 경험으로 인해 느낀 감정을 자주 이야기해줄 때 이러한 정보가 아이에게 쉽게 전달된다.

🗨 **둘째, 부정적인 감정을 표현하라.**

과목에 대한 부정적인 감정을 억누르지 말고 표현하도록 하는 것도 도움이 된다. 미국 UCLA대학교의 인지사회연구소에서는 연구 대상자들이 감정과 정서를 직접 말로 드러냈을 때 그들의 뇌 활동이 어떻게 달라지는지 탐색해본 결과, 정서가 발생하는 편도체의 활성화가 약해지면서 전두엽의 활성화가 높아진다는 사실을 알게 되었다. 또한 연구에 참여한 사람들은 말로 자신의 정서를 드러낸 후 분노가 확연하게 줄어들었다고 응답하였다.

🗨 **셋째, 때로는 정서적 표현을 억제하는 연습을 하자.**

아이에게 정서적 풍부함은 중요하다. 하지만 필요에 따라 정서표현을 억제해야 할 때도 있다. 성인은 때로 어떤 환경에 적응하기 위해 자신의 정서를 숨기기도 한다. 자신의 정서를 감추지 않고 드러내는 성인은 종종 직장에서 왕따를 당한다. 아이는 부모로부터 상황에 따라 적절하게 정서를 표현하는 방법을 배워야 한다.

💬 **넷째, 부정적인 정서기억이 긍정적인 정서기억으로 저장되는 경험을 제공하라.**

수학을 싫어하는 자녀에게 억지로 수학문제를 풀라고 하면 이는 오히려 수학에 대한 부정적인 정서를 각인시키는 셈이다. 수학 문제집을 건네주며 무조건 풀라고 하기보다 부모가 자녀의 수준에 맞게 수학문제를 재구성하여 아주 쉬운 난이도부터 차근차근 풀어보게 하자.

💬 **다섯째, 틀린 문제는 다시 풀게 하라.**

보통 수학문제를 풀어 틀리면 다음에도 풀지 못할 것 같아 위축되고 자신감을 잃게 되어 수학을 싫어할 가능성이 높다. 틀린 문제가 있으면 다시 풀 수 있는 기회를 제공하여 100점을 받아보게 하는 것이 도움이 된다. 자신이 싫어하는 과목에서 100점을 받으면 아이는 자신감이 붙는다.

25. 행복과 공부의 전도사 세로토닌

✏️ 스트레스

 스트레스가 뇌에 미치는 영향에 대해 오랜 시간 연구한 미국 록펠러대학교(The Rockefeller University) 신경과학연구소의 아나 마리아 마가리노스(Ana Maria Magarinos) 박사와 브루스 매큐언(Bruce McEwen) 박사는 장기간 만성 스트레스로 고생한 사람들과 정상인들의 뇌를 비교하였는데, 오랜 시간 스트레스를 받은 사람의 해마 뇌세포는 수상돌기가 현저하게 적었다. 해마에는 코르티솔을 흡수하는 수용체가 있기 때문에 코르티솔이 많이 발생하면 이를 해마에서 그대로 빨아들여 수상돌기가 시들시들해지고 마침내 없어지는 것이다. 그래서 장기간 스트레스를 받으면 해마의 부피가 줄어들어 기능에 문제가 생기고 기억력도 떨어진다.

 스트레스는 뇌에 다음과 같은 영향을 미친다.

💬 **첫째, 장기적으로 스트레스를 받으면 기억에 문제가 생긴다.**

스트레스를 느끼면 뇌에서는 코르티솔이 분비되는데 초기에는 별 영향이 없지만 장기적으로 이어지면 기억장치인 해마를 망가뜨린다. 그래서 무엇인가를 자꾸 잃어버리게 되고, 약속을 잊거나 금방 듣고 배운 내용을 기억하지 못하게 된다.

💬 **둘째, 뉴런의 성장에 문제가 생긴다.**

두뇌신경촉진인자(BDNF)는 뉴런의 성장을 촉진하고 뉴런을 분할하여 증가시키면서 뇌 발달에 기여하는 신경영양물질이다. 이 물질이 많이 생성될수록 뇌가 똑똑해지는데, 스트레스는 그 생성을 저해하여 뇌 성장을 가로막고 오히려 뇌세포를 파괴시킨다. 실제로 장기적으로 스트레스에 노출된 사람들의 뇌를 촬영해보면 뇌의 크기가 쪼그라든 모습을 볼 수 있다.

💬 **셋째, 신경전달물질의 분비에 문제가 생긴다.**

기분을 좋게 하고 집중력을 강화하는 도파민, 세로토닌, 아세틸콜린은 스트레스를 받으면 생성되지 않는다. 그래서 집중력과 기억력이 떨어지고 자주 화가 나며 우울해진다.

세로토닌은 아이의 정서와 관련이 깊은 신경전달물질로 수면이나 기억, 식욕조절 등에 관여하며 아이에게 생기와 활력을 불어넣어준다. 이 신경전달물질은 행복을 느끼게 하며, 감정을 가라앉혀주는 기능을 한다. 세로토닌이 부족한 아이는 쉽게 공격적으로 변하거나 격정적인 흥분에 빠지기도 한다. 세로토닌이 충분히 분비되면 스트레스를 줄여주고 자기감정을 관리할 수 있으며 집중력도 강해진다.

 세로토닌 분비를 높이기 위한 지침

아이의 세로토닌 분비를 높여주기 위하여 부모가 할 수 있는 일은 무엇일까?

- **햇빛 아래서 놀아라.**

트립토판이 세로토닌으로 분비가 되기 위해서는 햇빛이 있어야 한다. 햇빛을 받지 못하면 세로토닌은 감소한다. 북유럽 사람들이 우울증에 잘 걸리는 이유 역시 햇빛과 관련이 있다.

- **충분한 수면을 취하라.**

세로토닌은 수면과 관련이 깊다. 이 물질은 마음을 가라앉혀 잠을 잘 들게 하는데, 수면부족으로 코르티솔이라는 스트레스 호르몬이 증가하면 감소하게 된다. 결국 수면부족이 세로토닌을 감소시킴으로써 편안하게 잠드는 것을 방해하기 때문에 잠을 충분히 자는 것이 무엇보다 중요하다.

- **식탁에 콩을 첨가하라.**

세로토닌을 만들기 위해서는 필수아미노산인 트립토판이 필요하다. 콩류에 특히 많이 함유되어 있는 트립토판은 장에서 소화 흡수되고 그 일부가 세로토닌으로 분비된다.

- **철분이 풍부한 음식을 먹어라.**

철분은 세로토닌이 생성되는 데 보조효소로 작용한다. 따라서 철결핍성 빈혈이 있으면 세로토닌은 감소한다. 철결핍성 빈혈이 있으면 세로토닌이 떨어지고, 세로토닌 부족은 집중력을 떨어뜨려 결국에는 IQ까지 떨어지는 것으로 알려져 있다. 이 증상을 치료한다고 하더라도 IQ가 회복되기 위해서는 6개월 이상 걸리기 때문에 부모는 아이가 철결핍성 빈혈이 생기지 않도록 영양관리에 주의를 기울여야 한다.

- **하고 싶은 대로 하라.**

최소한 1시간은 아무런 압력 없이 아이가 하고 싶은 대로 하도록 내버려 두어야 한다. 물론 텔레비전 시청이나 인터넷, 컴퓨터게임은 제한해야 한다. 이것들은 아이의 뇌를 수동적으로 만든다. 아무런 간섭 없이 자기가 하고 싶은 일을 하게 하는 것은 정서를 안정시키는 데 필수적이다.

- **노는 시간을 일정하게 정하라.**

일정한 시간을 정해서 마음껏 놀게 하는 것이다. 그래야 노는 재미가 있고 해방감을 느낀다. 아이는 놀면서 창의력을 키우고 피곤한 뇌도 재충전되어 공부를 더 잘하게 된다.

- **부모와 아이의 사이가 좋아야 한다.**

아이는 부모를 무척 좋아하기 때문에 그런 부모의 칭찬을 받기 위해 많은 노력을 한다. 부모와 사이가 좋은 아이는 부모의 말에 따르는 경향이 많지만, 사이가 좋지 않으면 바로 힘겨루기에 들어가게 된다. 문제는 이 승부에서 부모가 이긴다고 해도 부모들이 원하는 방향으로 아이가 움직이지 않는다는 점이다. 힘겨루기에서 진 아이들은 아예 무기력해지거나 좀 더 수동적이지만, 공격적인 방법으로 부모의 속을 썩이려 든다.

- **스킨십을 활용하라.**

부모와 아이가 사이좋게 지내기 위해 가장 손쉽게 할 수 있는 효과적인 방법은 접촉 위안을 활용하는 것이다. 많이 안아준 아이는 정서적 안정과 더불어 부모를 좋아하게 되고, 부모의 칭찬을 받기 위해서 지적 호기심에 날개를 단다. 온 가족이 함께하는 레슬링은 접촉 위안을 극대화하고 아이들이 부모에게 쌓인 화를 공식적으로 해소할 수 있는 좋은 방법이다.

- **칭찬을 하라.**

아이가 부족한 것을 보완해주고, 동시에 아이가 잘하는 것을 계속 잘할 수 있도록 격려하는 노력이 중요한다. 아이가 그림을 좋아하면 계속 그림을 그리도록 하여 자신감을 갖게 하라.

- **과정의 중요성을 느끼고 과정을 즐기게 만들라.**

열심히 하는 과정, 힘든 것을 이겨 나가는 과정이 그 자체로서 의미가 크다는 점을 알게 해야 한다. 실제로 결과가 좋을 때뿐 아니라 아이가 한계에 부딪혀 어려움을 겪을 때라도 노력하는 과정에 대한 칭찬을 아끼지 말아야 한다.

- 목표를 명확하게 구체화하라.

놀이든 공부든 아이가 스스로 할 수 있는 내용을 목표로 하여, 결과에 상관없이 목표가 얼마나 잘 지켜졌는지 점검하고 격려하는 것이 중요하다. 역경에 부딪힌 아이들은 절망하게 된다. 아이가 목표를 향해 한 발 한 발 내딛도록 도와주어야 한다.

- 스트레스를 줄여라.

스트레스가 지속되면 아이의 뇌는 신경회로를 재구성한다. 부모의 강압에 의해 이루어지는 조기교육이나 선행학습은 장기기억을 담당하는 해마를 쪼그라들게 한다. 그 결과 공부를 기피할 뿐 아니라 기억력 자체가 뚝 떨어진다. 스트레스는 세로토닌의 농도를 낮추는 것으로 알려져 있다.

- 복식호흡을 하라.

복식호흡으로는 과도한 긴장과 스트레스를 줄일 수 있다. 호흡 방법은 편안한 자세로 앉아서 배가 나오도록 숨을 들이마신 후 다시 천천히 뱉어내는 과정을 반복하는 것이다. 들이마시면 편안함이 느껴지고 내쉬면 긴장이 해소되는 이미지를 그리면서 호흡하면 더욱 효과적이다. 1분에 6회 정도 복식호흡을 하면 부교감신경이 활성화되어 마음의 안정을 찾게 된다.

🖉 스트레스를 줄여주는 음식

보라색 과일인 블루베리에는 안토시아닌(anthocyanin)이라는 항산화물질이 들어 있다. 안토시아닌은 활성산소를 제거하여 스트레스를 해소해준다. 딸기,

산딸기, 복분자, 블랙베리, 체리 등도 스트레스를 줄이는 데 좋다. 딸기류에는 비타민 C 등 항산화 성분이 풍부한데 귤, 레몬, 풋고추, 피망, 브로콜리 등에도 풍부하다. 뇌를 건강하게 유지하려면 지방이 산화되지 않도록 해야 하는데 호두, 잣, 땅콩, 아몬드 등 견과류에는 항산화 성분인 비타민 E가 풍부하고, 강력한 항산화 성분이면서 숙면을 돕는 멜라토닌(melatonin)이 함유되어 있다. 이렇게 단단한 견과류를 먹을 때 씹는 턱 운동이 뇌를 자극한다. 현미, 보리 등 도정이 덜된 통곡물에 들어 있는 식이섬유 역시 뇌에 좋다.

26. 잠을 잘 자야 뇌가 똑똑해진다

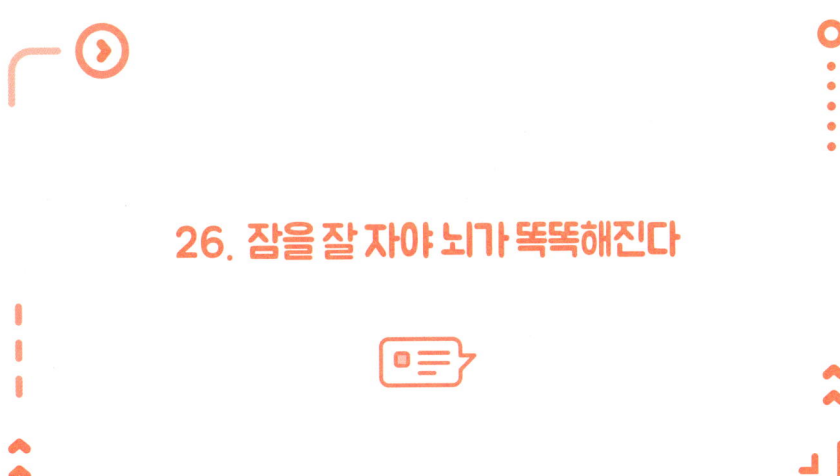

최근에 비만 아이들과 ADHD를 가진 아이들이 많아졌다. 이러한 질환이 많아진 이유에 대해서는 여러 가지 설이 있지만, 수면부족도 한 가지 요인이 된다. 특히 청소년기에 보이는 두통이나 과식 그리고 우울증은 만성적인 수면결핍 때문이라는 의견도 제시되고 있다. 이렇게 수면은 아이의 학습과 정서발달에 영향을 줄 뿐 아니라 뇌 발달이나 신체발달에도 큰 역할을 한다.

수면이 뇌 발달에 중요한 이유는 잠을 잘 때 뇌가 가장 활발하게 활동하기 때문이다. 뇌는 포도당만을 에너지원으로 하는데, 뇌가 포도당을 가장 많이 쓰는 때가 바로 잠을 잘 때라는 것이 과학적으로 밝혀졌다. 아이가 잠을 자면 뇌가 활동을 쉬거나 멈춘다고 생각하는 일반적인 상식은 잘못된 것이다.

수면은 '비렘수면(non-rapid eye movement-sleep, non-REM sleep)'과 '렘수면(rapid eye movement sleep, REM sleep)'으로 나뉘는데, 렘수면 동안 뇌가 활발하게 활동한다. 렘수면은 눈동자가 빠르게 움직인다고 해서 붙여진 이름인데 렘수면 동안 뇌는 기억을 강화한다. 낮에 수집한 단기기억을 장기기억으로 저장하는 것이다. 수학 한 문제를 푸는 데 걸리는 시간은 짧기 때문에 단기기억으로 대뇌피질까지만 전달된다. 이것이 기억을 담당하는 해마까지 운반되어 장기기억으로 바뀌는 때가 바로 렘수면 단계이다.

위스콘신 대학교(University of Wisconsin)의 수면연구센터에서는 이를 보다 정확하게 설명하기 위해 잠을 자는 동안 뇌에서 일어나는 현상을 관찰했는데, 신기하게도 잠을 자는 동안 뇌 속 단백질의 30% 정도가 사라지는 것으로 나타났다. 뇌세포의 신경회로망의 주재료는 단백질이다. 그러므로 잠을 자는 동안에 단백질이 없어진다는 것은 신경회로망의 가지치기가 일어난다는 것을 의미한다.

뇌는 용량이 부족해 수면 중에도 활동한다

수면 중에도 뇌가 활동을 하는 것은 뇌의 용량이 부족하기 때문이다. 뇌에 집중적으로 입력되는 많은 정보를 실시간으로 기억하고 장기기억으로 넘기기에는 뇌의 용량이 부족하기 때문에, 나중에 따로 시간을 내서 버려야 할 정보와 기억해야 할 정보를 구분하고, 이를 체계적으로 분류해 장기기억으로 저장할 필요가 생긴 것이다. 수면은 신체 에너지의 소비를 최소화하면서 동시에 뇌 활동을 그대로 유지해 신체가 휴식을 취하고 뇌는 활동적으로 단기기억을 장기기억으로 넘기는 방향으로 진화한 것이다.

그럼 수면이 부족하면 뇌에는 어떤 일이 벌어질까?

우선, 수행능력이 떨어진다. 심리학자들의 조사에 의하면 1시간을 적게 잔 초등학교 6학년 아이의 수행능력은 4학년 수행능력보다 못하다고 한다. 수면이 부족하면 뇌의 에너지원인 포도당을 혈액에서 뽑아내는 능력이 떨어지는데 특히 전전두엽의 기능이 떨어진다.

전전두엽에서는 목표를 위한 사고력, 일의 결과에 대한 예측, 자기 행동에 대한 파악이 이루어지는데, 이러한 기능이 떨어짐으로써 수행능력에 영향을 주는 것이다. 따라서 잠이 부족한 아이들은 공부와 같은 수행능력이 필요한 작업은 피하려고 하고, 단순하고 재미있는 게임에 의존하게 된다.

 ### 늦게 자면 IQ가 떨어진다

수면부족은 지능에도 영향을 준다. 주말에 한 시간 늦게 잘 경우 지능검사를 해보면 IQ가 7점이 낮아진다는 보고도 있다. 수면이 부족하면 인지기능이 떨어지는데 기억력과 집중력, 계산력이 모두 떨어진다.

영어책이나 국사책을 읽을 때 영어단어나 역사연표를 보고 배운다고 바로 외워지는 것은 아니다. 단기기억이 장기기억으로 넘어가기 위해서는 이해된 내용을 장기기억으로 전환하는 작업이 필요하다. 많은 양을 공부해도 잠이 부족하면 뇌는 잠자는 동안 많은 양의 공부를 다 처리할 시간이 모자라는 것이다.

영어단어의 기억은 깊은 잠인 비렘수면 단계에서 이루어지고, 감정이 실린 기억은 얕은 렘수면 단계에서 이루어지며, 음성기억은 수면의 모든 단계에서 이루어진다. 따라서 낮 동안에 많은 것을 배웠다면 그날 밤은 더 많이 자야 한다. 밤 동안 숙면을 취해야 영어단어와 수학공식, 역사연표 등 세세한 사실들을 제대로 익히고 기억할 수 있다.

 ### 잠이 부족하면 우울하고 부정적인 기억만 한다

수면부족은 부정적 정서를 일으킨다. 뇌는 기억할 것이 긍정적인 기억이냐

부정적인 기억이냐에 따라 처리하는 장소가 다르다. 긍정적인 기억은 해마가 처리하는 반면, 부정적인 기억은 편도체에서 처리한다. 수면이 부족하면 편도체에 비해서 해마의 기능이 급격하게 떨어진다. 따라서 잠이 부족한 아이는 우울하고 부정적인 기억만을 하게 되고, 즐겁고 긍정적인 기억은 하지 못한다.

밤잠이 부족하면 낮에 뇌의 효율성이 떨어진다. 잠이 부족한 뇌는 낮 시간에 잠을 보충하려고 하기 때문이다. 밤에 못 잔 아이들은 낮에 자는 경우가 많다. 9시간의 생리적 수면시간이 필요한 초등학생 2~3학년 아이가 밤에 6시간을 잤다면 두뇌는 부족한 3시간의 잠을 보충하려고 낮의 활동을 늦춘다. 밤잠이 부족한 아이는 낮에 졸면서 잠을 채우는 것이다. 밤잠이 부족하면 낮 동안의 공부능률이 떨어질 수밖에 없다.

공부능률을 높이는 잠

그러면 공부능률을 높이기 위해서는 어떻게 자는 것이 좋을까?

💬 **첫째, 매일 9시간을 꼬박 자는 것이 중요한 것이 아니다.**

효과적으로 잘 수만 있다면 하루 6~7시간을 자도 충분하다. 최적의 수면시간은 밤 12시부터 새벽 5시까지를 반드시 포함해야 하고, 앞뒤로 한두 시간을 더 자는 것이 가장 좋다. 또한 아이들마다 수면시간과 수면양상이 다르기 때문에 아이 스스로 자기에게 적합한 생체리듬을 찾아야 한다. 만약 아이가 6시간보다 적게 잤는데도 낮에 졸리지 않으면 수면이 부족한 것은 아니다. 다만 같은 수면패턴을 3주 이상 지속하더라도 몸 상태가 좋아야 한다.

💬 **둘째, 수면시간은 아이가 열심히 공부하는지를 판단하는 기준이 아니다.**

아침에 깨워도 아이가 안 일어난다면 게으르다고 야단칠 일이 아니라 아이의 수면이 부족한 것은 아닌지 의문을 가져야 한다. 아이 스스로 일어나지 못한다면 수면이 부족하다는 신호이므로 아이와 상의하여 학습량을 줄이고 수면의 양을 늘리도록 해야 한다. 부모는 아이가 일찍 자고 새벽에 일찍 일어나 공부하길 바란다.

밤 12시부터 새벽 5시가 최상의 수면을 이룰 수 있는 시간이라고 할 때 6시 전에 일어나 공부하는 게 밤 1시나 2시까지 공부하는 것보다 나은 것은 사실이다. 그러나 아침 6시면 일어나 등교준비를 해야 하는 아이에게는 새벽공부라는 게 거의 불가능하다. 더 일찍 일어나 새벽 4시에 공부하는 것은 밤 2시에 잠드는 것과 똑같은 이유로 최상의 수면을 위협하기 때문에 바람직하지 않다. 밤과 새벽은 잠을 위한 시간으로 정하고 낮과 저녁 시간을 이용하여 효율적으로 공부하는 것이 바람직하다.

💬 **셋째, 잠을 의지로 줄일 수 있다는 생각은 버려라.**

잠은 노력한다고 해서 줄일 수 있는 것이 아니며 철저하게 생체리듬에 따른다. 개인차도 많아서 6시간만 자도 상쾌한 나폴레옹형 아이가 있는가 하면, 10시간을 자는 아인슈타인형 아이도 있다. 흔히 부모는 잠을 의지력으로 해결할 수 있다고 믿는데, 그렇지 않다. 아이에게 필요한 수면의 양은 정해져 있고 이것을 채우기 위해 뇌는 끊임없이 자려고 할 것이다.

💬 **넷째, 먹는 것으로 수면을 방해하지 마라.**

아이가 밤 11시나 12시까지 공부를 하는 경우 부모는 아이에게 간식을 주는 일이 많은데 잠자기 1시간 전에 탄수화물이 많은 음식을 먹으면 잠을 깊이 자기 어렵다. 밥, 국수, 감자 등에 포함된 복합탄수화물은 소화가 되는 과정에서 숙면을 방해한다. 기름에 튀긴 음식도 수면에는 좋지 않다.

🗨 다섯째, 늦잠을 두려워하지 마라.

청소년이 매일 한 시간 더 늦잠을 자면 성적이 좋아진다는 연구 결과가 있다. 영국 옥스퍼드 대학교(University of Oxford)의 연구에 의하면 청소년의 등교시간을 오전 9시에서 10시로 1시간 늦췄더니 시험성적이 더 좋아졌다고 한다. 특히 청소년은 성인보다 수면각성리듬이 2시간 이상 늦기 때문에 성인처럼 새벽 공부를 하면 공부효율이 떨어진다. 아이는 다른 활동을 줄이더라도 하루 최소 8시간 이상 자야 하고 중요한 과목은 가장 집중력과 기억력이 좋은 오후에 배치하는 것이 좋다.

PART 4

초등학교 5~6학년

학습의욕의 뇌 만들기

아이는 자발적이고 능동적으로 공부하고 문제를 해결해나갈 때 성취감을 느낀다. 이때 아이의 뇌는 성취의 기쁨을 유지하기 위해 도파민을 방출한다. 도파민은 의지력과 활력을 준다. 아이는 같은 경험을 다시 하고 싶어 하고 이 과정이 반복되면 습관이 된다. 아이는 공부해서 하나를 알면 기분 좋은 보상을 받고, 또 다시 보상 받기 위해 더 공부하게 된다.

"아이와 친해져야 자기주도학습이 가능하다"

27. 무력감의 수렁에 빠진 아이

"표정이 어두워요."
"끝없이 먹으려고 해요."
"잠만 자려고 하네요."
"학교 가기를 거부해요."
"컴퓨터게임만 하려고 해요."

아이가 갑자기 이런 행동을 보이면 부모는 당황하게 된다. 활발하고 적극적인 아이가 갑자기 무력감에 빠져서 헤매기 시작하면 부모는 이유를 몰라 어쩔 줄 모른다. 아이가 우울증이라도 걸린 것일까? 무력감에 빠진 아이들을 살펴보면, 대개 많이 먹고, 잠을 많이 자며, 인터넷이나 컴퓨터게임에 몰두한다. 부모는 아이가 이런 행동을 보이면 초주검이 된다. 아이가 잘못 될까봐 잔소리를 하거나 심지어는 체벌을 하는 경우도 있다.

왜 아이는 무력감에 빠지는 것일까? 아이는 열심히 노력해도 노력한 대가를 얻을 수 없을 때 무력감에 빠진다. 아무리 열심히 해도 성과가 없는 경험이 반복되면 아이는 모든 상황에서 무기력해진다. 부모가 대안을 제시해주지 않고 잔소리와 처벌만 계속하는 경우 처음에는 부모를 기쁘게 하려고 혹은 부모에게 혼나지 않으려고 부모의 말을 듣지만 시간이 지나면 수동적이 되고, 아예 새로운 시도를 하려고 하지 않는 무력감의 수렁에 빠지게 된다.

사춘기

테스토스테론은 학령기에 보통 하루 1회 정도 뇌에서 분출되는데, 사춘기가 되면 5~7회 정도로 그 횟수가 급증한다. 남자아이들의 사춘기 혈중 테스토스테론 농도는 학령기에 비해 1,000%나 높다. 사춘기 남자아이들의 뇌는 테스토스테론으로 인해 완전히 화약고로 변신하는 것이다. 사춘기가 되면 여자아이의 뇌에도 테스토스테론의 분비량이 증가하지만 남자아이에 비할 바는 아니다. 사춘기 남자아이의 뇌에서는 또래 여자아이의 뇌보다 무려 20배가 넘는 테스토스테론이 분비된다. 그래서 집단 싸움, 우발적 폭력 등의 주인공은 대부분 남자아이들이다.

세로토닌은 기분을 안정적으로 유지시켜주는 매우 중요한 조절자인데 생산량이 충분하지 않으면 우울해지거나 지나치게 들뜬 상태가 된다. 때로는 이 두 기분이 왔다 갔다 할 수도 있다. 에스트로겐(estrogen)과 프로게스테론(progesterone)이 반복적으로 번갈아 분비되고 분비량도 많다면, 세로토닌이 충분히 분비되지 않는다. 이 때문에 사춘기 아이들은 시소를 타듯 이리저리 왔다 갔다 하는 감정을 보이는 것이다.

그렇다면 부모는 그저 롤러코스터의 종착지점에서 사춘기 아이의 뇌가 가라앉기만 기다리고 있으면 될까? 답은 '아니요'다. 시냅스는 반복할수록 그 연결망이 단단해지기 때문에 반복되는 행동이나 감정은 패턴으로 굳어진다. 사춘기 아이의 뇌가 감정통제가 어려운 상태라고 하여 그냥 내버려둔다면, 그 시기에 했던 행동이 그대로 굳어질 수 있다는 말이다.

28. 공부 잘하기 위한 필요충분조건

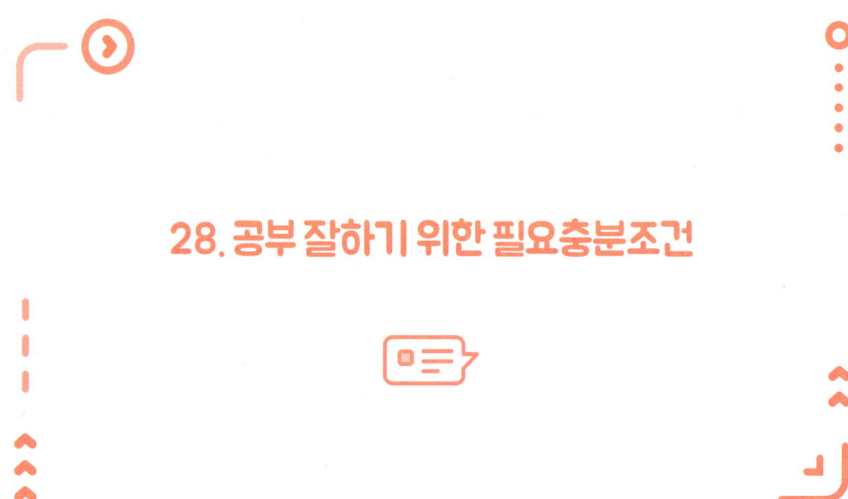

　아이가 공부를 잘하기 위해서는 우선 마음이 안정되고 생리적인 면이 충족되어야 한다. 배가 고프거나 피곤한 채로는 공부에 집중할 수 없다. 생리적 욕구가 해결되지 않으면 주의력이 떨어지거나 다른 생각에 사로잡히고 혹은 졸음에 빠져들어 공부할 생각이 나지 않을 수 있다.

　따라서 뇌기반 교육에 있어서 아이가 공부를 잘하려면 생리적, 정서적으로 안정된 상태여야 한다. 이러한 사실은 뇌 과학을 통해서도 입증이 된다. 아이의 뇌는 변연계와 대뇌피질의 뇌 사이에 걸친 많은 신경회로를 가지고 있다. 또한 신경정보는 대뇌피질에 도달하기 전에 변연계를 먼저 통과한다는 것이 밝혀졌다. 이러한 뇌과학적 사실은 알고자 하거나 이해하고자 하는 욕구를 다루기 전에 먼저 정서적 욕구들을 해결하여 한다는 에이브러햄 매슬로우(Abraham Maslow) 교수의 생각과 일치한다.

그림10 매슬로우의 욕구 5단계

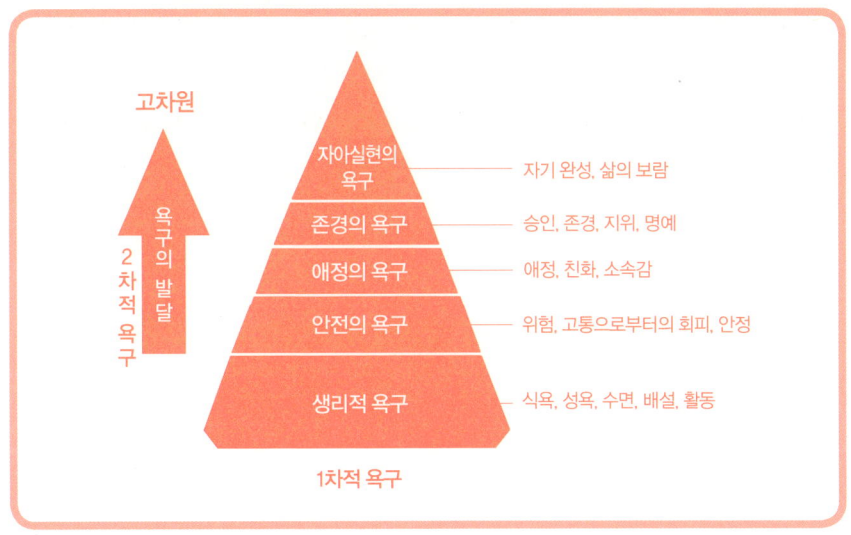

 집중하려면 생리적 욕구 충족이 우선!

　매슬로우 교수는 사회적 욕구, 존중의 욕구, 자아실현의 욕구를 추구할 수 있으려면 먼저 생리적 욕구나 안전의 욕구가 충족되어야 한다고 주장하였다. 아이가 집중해서 공부하게 하는 원동력은 바로 아이의 생리적 충족과 정서적 안정이라는 것이다. 아이는 생리적 충족과 정서적 안정이 이루어지면 인지적 욕구를 충족시키려 할 것이고, 인지적 욕구가 충족되면 심미적 감상으로 나아가고, 자아실현을 위해 노력할 것이다. 생리적 욕구나 안전의 욕구는 일단 충족되면, 그 욕구를 충족시키기 위한 동기가 감소한다.
　반면에 사회적 욕구, 존중의 욕구, 자아실현의 욕구는 결코 완전하게 충족되지 않으며 지속적으로 이어진다. 왜냐하면 자아실현을 추구하는 아이는 내적 동기가 만들어져 성인이 되어도 계속해서 자아실현을 하려고 하기 때문이다.

따라서 부모는 생리적 욕구나 정서적 욕구를 소홀이 해서는 안 된다. 아이에게 잔소리를 하거나 윽박지르며 공부하게 하는 것이 효과가 없는 것은 정서적 불안정 때문이다. 결국 아이의 뇌구조는 경험에 의해 변화하는데 그 경험은 다양하고 풍부한 정서적, 사회적, 인지적 상호작용을 위한 기회를 제공하는 안전하고 일관된 환경에서 이루어져야 한다.

 보상시스템을 활용하라

뇌에는 정신 에너지를 공급하는 강력한 보상시스템이 있다. 아이가 무엇인가 성취한 경우 이 부위에서 분비되는 도파민에 의해 강력한 쾌감을 느끼게 된다. 이렇게 도파민이 분비되면 아이는 강한 만족감을 느껴 같은 행동을 계속하려고 한다.

공부 역시 도파민을 분비시키는 대상 중 하나이다. 공부가 잘되면 감정의 뇌인 변연계가 재미와 성취감으로 보상한다. 공부를 통해 뇌가 강하게 추구하는 것은 새로운 경험이다. 뇌에는 미지의 세계에 대한 탐색과 도전을 강력하게 추구하고 지속하게끔 도파민을 통한 보상시스템이 있다. 생리적 욕구나 정서적 욕구는 어느 정도 충족되었다 싶으면 바로 억제하는 시스템이 가동된다. 하지만 공부나 일에 대한 성취 욕구는 억제하는 시스템 자체가 없다. 따라서 아이는 끊임없이 공부나 일을 통하여 자아를 실현하려고 한다.

어떤 행동을 하기 위한 결정을 내리는 것은 대뇌피질이지만, 행동을 하려면 그 전에 행동하고 싶은 기분이 들어야 하는데, 그런 기분이 들려면 먼저 그 활동이 즐거운지를 판별하는 편도체가 활성화되어야 한다. 따라서 뇌의 동기유발 과정을 뇌과학적으로 따라가 보면, 처음에는 '공부를 하고 싶다'와 같이 편도체에서 쾌감과 불쾌감의 감정이 일어나야 하고, 편도체에서 자극을 받아 시상하부에서 공부의 본능적인 욕구가 일어나야 한다. 이들 감정과 욕구에 대한 정보를 받아서 '그러면 노력해야지'라는 기분이 드는 곳이 전대상이다. 마침내 대뇌피질은 전대상의 의욕을 받아 순서를 생각하고 행동을 결정한다. 이때 의욕이나 집중력에 관여하는 신경전달물질인 도파민이 분비된다. 따라서 재미있고 스스로 하고 싶은 기분이 들어야 뇌는 동기유발 과정으로 넘어가게 되는 것이다.

뇌에 정신에너지를 충전시키려면

뇌는 공부와 관련해서 아래와 같이 2가지 경우에 강력한 보상시스템을 발동하고 에너지를 충전시킨다.

🗨 첫째, 공부를 하면서 배경지식이 쌓인 경우

뇌는 만족감과 성취감이 있어야 공부를 독려할 수 있다. 배경지식이 없을 때보다 아이가 공부를 통하여 배경지식이 쌓이면 글의 내용에 대해 궁금증을 갖게 되며 글이 어떻게 전개될지 미리 예측하게 된다. 배경지식을 모두 동원해 책을 읽으면 자기가 생각한 것, 궁금했던 것을 확인하며 읽기 때문에 적극적인 자세로 책을 읽을 수 있다. 적극적인 책 읽기는 책의 내용을 더욱 빨리 파악할 수 있게 할 뿐 아니라 기억력도 높여준다.

아이가 유난히 과학책을 좋아한다면 그 아이는 그동안 읽어왔던 과학책을 통해 과학에 대한 배경지식이 많이 축적되어 있어서 좋아할 가능성이 높다. 배경지식은 아무리 어려운 책이라도 쉽게 이해할 수 있는 계기를 만들어준다. 그래서 아이가 필(feel)이 꽂히면 어려운 과학책이라도 자신의 배경지식을 모두 동원해 흥미를 갖고 읽을 수 있는 것이다. 반면 역사에 관한 배경지식이 없다면 아이는 역사책에 흥미를 갖지 않을 것이다.

💬 둘째, 다소 어려운 과제를 잘 처리하여 성취감을 느낀 경우

일반적으로 '보상'은 '결과에 대한 보상'과 '과정에서 느끼는 쾌감'으로 구분된다. 결과에 대한 보상으로는 성적 향상, 합격, 선물 등이 있고, 과정에서의 보상에는 성취감, 뿌듯함 등이 해당된다. 다소 어려운 과제를 성취했을 때 느끼는 쾌감은 한번 맛을 들이면 아무도 못 말린다.

외적보상은 행동을 끌어내는 데는 도움이 되지만 아이의 내적동기를 훼손하기 때문에, 장기적으로는 외적보상이 내적보상(intrinsic reward)으로 대체되어야 공부를 지속할 수 있다. 내적보상 시스템이 작동하면 공부시간을 단축시킬 뿐 아니라 슬럼프를 예방하고 지속적인 성적 향상도 가능하다.

따라서 부모는 아이의 배경지식을 쌓아주고 한두 단계 높은 과제를 지속적으로 제시하여 뇌에 내적보상 시스템이 생기도록 힘써야 한다.

29. 학습동기 유지, 역경지수가 열쇠

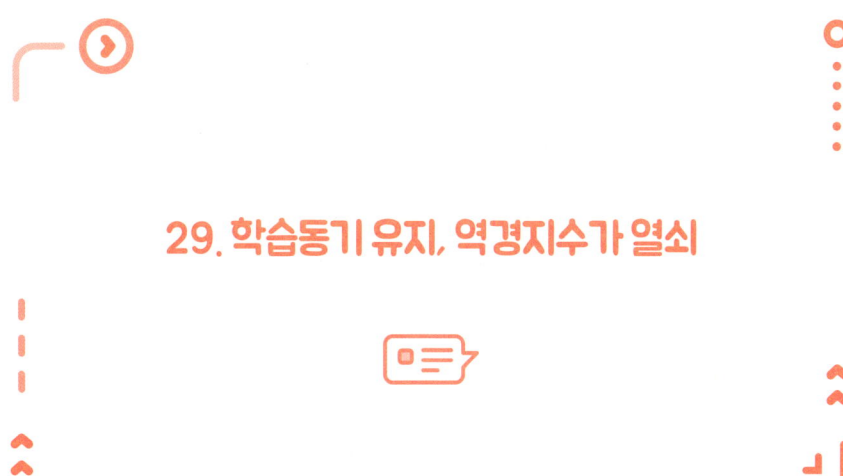

　부모는 아이에게 하고 싶은 공부를 하라고 하지만, 그렇게 말한다고 아이에게 학습동기가 생기지는 않는다. 내 아이는 왜 학습동기가 부족한 것이지? 부모의 마음은 바쁜데 아이가 따라와 주지 않을 경우 부모가 의문을 가지는 것은 학습동기와 관련한 문제이다.

　그럼 학습동기란 언제쯤 생기게 될까? 마냥 기다리면 학습동기가 생기는 것일까? 학습동기가 생기려면 먼저 자아가 생겨야 한다고 말한다. 그렇다면 공부를 안 하는 아이들은 모두 자아가 미숙해서 학습동기가 생기지 않은 것일까? 그러니까 자아를 키워주기만 하면 학습동기가 생길까? 어떻게 하면 자아를 빨리 갖게 해줄 수 있을까?

　부모는 학습동기가 선천적인 것으로 생각하기 쉬운데, 사실 학습동기는 과거의 공부 이력에서 비롯된 경우가 많다. 학습에 대한 아이의 과거 경험과 연상이 부정적이라면 학습동기가 잘 생기지 않는다. 그것은 과거에 학습과 관련한 부정적 정서가 편도체에 기억되기 때문이다. 따라서 학습에 대한 연상을 떠올리는 순간, 뇌는 과거의 사건이 다시 일어난 것처럼 반응하게 되는 것이다. 특히 특정한 과목에서의 지속적인 실패, 혹은 집이나 학교에서 겪었던 스트레스에 대한 기억이 그런 감정을 되살아나게 한다. 아이가 학습에 대한 부정적 정서에 휩싸여 그 장면을 피하려 한다면 학습동기는 생길 리가 없다.

환경적 요인도 고려하라

학습동기의 결핍은 현재의 심리적 혹은 환경적 요인과도 관련이 있다. 청각적 주의력이 떨어지고 시각적 학습 양식을 가진 아이는 교실에서의 강의식 수업을 들으면 학습의욕이 생기지 않는다. 공부하는 과목이나 다니는 학원을 자기 스스로 선택하지 않은 경우, 가르치는 교사가 아이를 존중하지 않을 때, 실패에 대한 공포에 휩싸여 있을 때, 배우는 내용이 당장 자기에게 도움이 되지 않을 때 등은 아이의 학습동기가 유발되지 않는 상황들이다. 다행스럽게도 이런 문제는 부모가 관심을 가지면 파악할 수 있고 해결책도 있다.

가령 아이가 시각적인 학습자라면, 말로 설명하기보다는 칠판에 그림을 그려 설명하거나 마인드맵을 그려 공부하게 함으로써 학습동기를 유발시킬 수 있다.

또한 학습동기가 아이의 미래와 밀접하게 관련되느냐에 따라 달라질 수 있다. 아이는 자신에 대한 꿈이나 목표가 없다면 학습동기가 쉽게 일어나지 않으니까 말이다. 아이가 공부를 하기 위해서는 분명하고 확고한 목표가 있어야 하며, 그 목표를 충분히 해낼 수 있을 것이라는 신념과 그 목표를 이루기 위해 집중하고 실행할 수 있는 능력을 지니고 있다는 자신감이 필요하다. 목표에 대한 이와 같은 긍정심과 신념은 좌뇌 전두엽과 관련이 있으며 도파민을 분비시켜 바람직한 행동을 강화한다.

역경지수를 높여라

학습동기를 가지고 있어도 나에게 닥친 어려운 일을 슬기롭게 대처하고 역경을 극복하는 능력인 역경지수가 높지 않으면 학습동기를 유지하는 게 쉽지 않다. 역경을 극복하는 능력을 키워야 한다. 어려움이 닥쳐도 포기하지 않고 노력을 하는 아이로 키우는 데는 부모의 역할이 크다.

심리학자 마틴 셀리그만(Martin Seligman)이 실험을 하였다. 여러 마리의 개를 세 개 집단으로 나누어 상자에 넣고 전기충격을 주었다. 첫 번째 집단은 담이 너무 높아 아무리 담을 뛰어넘어도 전기충격을 피할 수 없었던 경험을 한 실험개로 이루어진 통제불가능군. 두 번째 집단은 담이 낮아 뛰어넘으면 전기충격을 스스로 멈출 수 있었던 경험을 한 실험개로 이루어진 통제가능군. 세 번째 집단은 단계적으로 담을 높여줘 많은 노력을 하면 담을 뛰어넘어 전기충격을 피한 경험이 있는 실험개로 이루어진 면역군이다. 이 실험개들을 다시 셔틀박스에 집어넣었다. 이 셔틀박스는 담이 높아 아무리 뛰어넘어도 전기충격을 피할 수 없다.

먼저 통제불가능군은 담이 높아 아무리 노력해봤자 전기충격을 피할 수 없다는 것을 이미 학습했기 때문에 바로 학습된 무기력에 빠져 아무런 행동을 하지 않았다.

통제가능군 실험개는 그동안 낮은 담만 넘었기 때문에, 높은 담에는 여러 번 도전을 해보지만, 전기충격이 지속되므로 서서히 학습된 무기력에 빠졌다.

반면에 면역군, 즉 단계적으로 담을 높여 포기하지 않고 여러 번 시도하여 넘으면 전기충격을 극복할 수 있다는 작은 경험을 했던 실험개는 몇백 번이나 계속해서 칸막이를 뛰어넘는 시도를 하였다. 왜냐하면 면역훈련을 통해 포기하지 않는 태도, 즉 학습된 낙관성을 배웠기 때문이다. 이와 더불어 면역훈련을 한 개에게 전기충격을 거부하려는 노력 자체에 보상을 주게 되면 다른 어려운 상황에서도 결코 포기하지 않는 학습된 근면성이 생긴다.

학습동기는 학습된 무기력을 경험하느냐, 학습된 낙관성과 근면성을 경험하느냐에 따라 달라지며, 그 경험의 많은 부분은 부모의 양육 방식에 달려 있다. 내 아이가 인생의 어떤 어려움에서도 내일은 오늘보다 좋아질 것이라는 낙관성을 가지고 역경을 헤쳐가기를 원한다면 학습된 무기력을 일으키는 통제 불가능한 처벌은 가능한 한 줄이고, 역경을 극복하는 노력에 대해서는 칭찬과 격려를 아끼지 말아야 한다.

30. 학령기 성취동기가 성인까지 간다

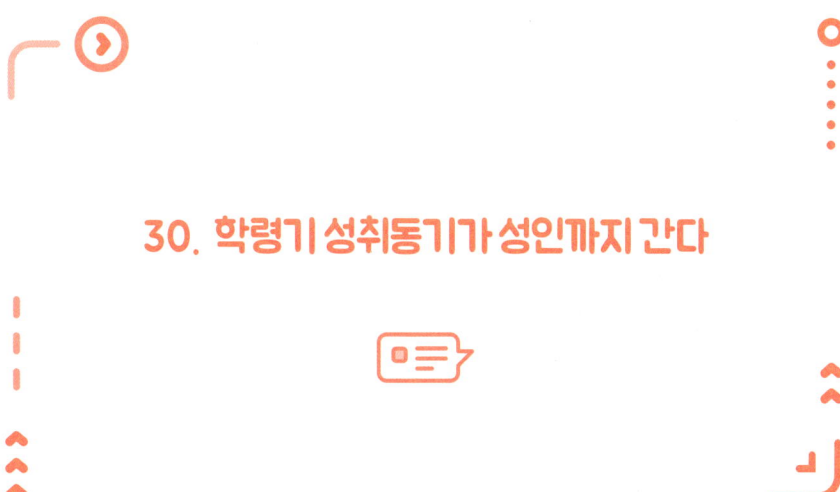

　운동장에 가보면 활동적으로 운동에 참여하는 아이들이 있는가 하면, 다른 아이들이 운동하는 모습을 가만히 지켜보기만 하는 아이가 있다. 부모는 이렇게 가만히 지켜보기만 하는 아이는 소극적인 아이, 의욕이 없는 아이로 생각하기 쉽다. 그러나 가만히 살펴보면 이 아이에게 운동에 대한 의욕이 없어서 그렇게 소극적으로 보이는 것은 아니다. 하고 싶은 마음은 있지만 운동에 대한 불안감 때문에 주저하는 경우가 많다. 이런 아이에게 "넌 할 수 있어, 두려워하지 마!"라고 몰아붙이는 것은 효과적이지 못하다. 오히려 아이가 운동에 대해 무엇을 불안해하는지 원인을 찾아 해결해주어야 한다. 아이가 운동에 대해 불안해하는 것은 성취동기가 부족하기 때문이다.

　데이비드 맥클리랜드(David McClelland)에 의하면 성취동기는 아이가 경험한 쾌감이나 고통과 연결되어 있다. 성취동기가 높은 아이는 과제가 자연스럽게 성취될 것이라고 믿으며 그와 관련된 유쾌한 감정을 기대한다. 게다가 성취동기는 학습될 수 있기 때문에 학습, 기억, 인지, 정서 및 사회적 격려 등에 따라 달라질 수 있다. 성취동기란 장애를 극복하고 자신의 능력을 발휘하여 곤란한 일을 해결해 목표를 달성하려는 욕구, 또는 도전적이고 어려운 과업을 훌륭히 성취하고 싶어 하며 성취결과보다 성취과정에서 만족을 얻으려는 내적 의욕이다. 성취동기가 강한 아이는 성적, 인기, 돈과 같은 외적인 보상이나 성취결과에 연연해하지 않고 어려운 일을 훌륭히 성취하는 과정 자체에서 만족을 얻는다.

학령기의 성취동기

성취동기는 아이 스스로 쾌감을 얻었던 행동을 반복하려는 경향에서 비롯된다. 여기에는 자아가 관여하기 때문에 자발적으로 한 행동을 통해 겪은 성공경험은 쾌감을, 실패경험은 고통을 수반한다. 따라서 아이의 성취동기를 높이려면 아이의 자발성을 최대한 존중해야 하고, 스스로 노력하여 성공을 경험하도록 해주어야 한다. 그러면 아이는 비록 외적동기가 없다고 하더라도 성취감이나 만족감 그리고 자신감이라고 하는 내적동기에 의해 성취동기를 강화시켜 나간다.

성취동기는 위험회피와 반비례한다. 아이는 실패에 의한 불쾌감을 피하기 위해 주어진 과제를 자기로서는 도저히 할 수 없다고 판단되면 그것을 회피하려는 행동을 한다. 이것을 실패회피동기라고 하는데 성취동기가 높은 아이는 난이도가 중간 정도 되는 과제를 선택하는 반면, 성취동기가 낮은 아이는 너무 쉽거나 아예 도저히 감당할 수 없는 고난이도의 과제를 선택하는 행동을 보이는 것이다. 따라서 부모가 적당한 난이도의 과제를 제시하는 것이 중요하다.

일반적으로 성취동기는 학령기부터 성인기에 걸쳐 상당히 안정적이며 연령에 따른 큰 변화가 없는 것으로 나타났다. 특히 학령기부터 보이는 성취동기는 그 이후의 성취행동을 예측할 수 있게 한다. 따라서 초등학교 시기의 성취동기를 키우는 일은 상당히 중요한 의미가 있다.

성취동기를 키우기 위한 지침

성취동기가 높은 아이의 행동 특성을 보면 과제 지향적이며, 적절한 모험심이 있고, 자신감이 있으며, 적극적으로 활동하고, 자기에 대한 책임감을 가지고 있는데다, 결과에 대하여 알거나 알려고 하며, 미래를 염두에 두는 태도를 보인다.

과정 자체에 즐거움과 의미를 가지고 과제를 성취하려면 아이는 자신이 하는 행동이나 노력이 주위의 환경을 실제로 바꿀 수 있다는 사실을 스스로 확인해야 한다. 또한 아이가 이와 같은 행동을 했을 때 부모가 적절하게 강화해주어야 한다. 따라서 아이의 성취동기를 강화하려면 부모는 다음과 같은 지침을 따라야 한다.

첫째, 아이 스스로 하게 하라.

성취동기가 높은 아이는 낮은 아이에 비해 부모에게 도움을 청하거나 정서적 지지를 요구하는 빈도가 낮다. 성취동기의 발달 초기에는 부모와의 관계가 특히 중요하다. 어릴 때 부모와의 관계가 이후의 사고방식이나 태도에 결정적 영향을 미치기 때문이다.

미국의 중류층 가정의 8세 아이 29명을 대상으로 한 매리언 윈터보텀(Marian Winterbottom) 교수의 연구 결과에 의하면, 부모의 "~해라", "~했으면 좋겠다" 같은 요구적 태도가 "~해서는 안 된다" 같은 제한적 태도보다는 아이의 성취동기를 형성하는 데 효과적인 것으로 나타났다.

💬 **둘째, 그 분야에 숙련하게 만들라.**

성취동기란 우수한 수행 기준을 설정하고 이를 달성하고자 하는 동기를 말한다. 우수한 기준에 도달하고자 하는 활동, 즉 숙련은 매우 중요하다. 아이가 해당 분야에서 최고라는 의식을 갖는 것은 성취동기를 만드는 데 큰 역할을 한다.

💬 **셋째, 구체적인 목적을 가지게 하라.**

예를 들어 성공하는 것이 목적이라면, 아이는 어려운 일을 성취하려고 할 것이고, 다른 사람과 환경을 조절하려 할 것이고, 신속하게 그리고 자기 힘으로 하려고 할 것이며, 그렇게 함으로써 자긍심을 높일 것이다. 만약 리더가 되는 것이 목적이라면, 남을 통제하는 위치에 서려 할 것이며, 다른 사람들이 자기가 바라는 대로 행동하게 만들려고 노력을 할 것이다. 혹은 다른 사람과 같이 사귀는 것이 목적이라면, 다른 사람들과 좋은 관계를 유지하려고 노력하며, 타인들에게 친절하고 동정심이 많고 타인을 도우며 즐겁게 살려고 하는 경향이 크다.

💬 **넷째, 분명하게 피드백하라.**

성취동기를 가진 아이는 과제를 더 잘하려고 애쓴다. 따라서 문제를 해결하기 위해 스스로 책임이 있는 상황을 좋아하며, 성취한 것에 대한 신속하고 명확한 피드백을 받고 싶어 하며, 적절한 도전적인 목표를 설정할 수 있는 상황을 원한다. 높은 성취동기를 가진 아이는 우연한 성공은 원하지 않는다. 그는 다른 사람의 행동이나 우연에 의해서 결과가 나오는 것보다는 자신의 책임하에서 성공이나 실패가 이루어지는 과제를 선호한다. 중요한 것은 너무 쉽거나 너무 어려운 과제는 피하려고 한다는 사실이다.

💬 **다섯째, 의사소통과 동기유발을 방해하는 막말은 피하라.**

"그렇게 멍청해? 그건 안 된다는 것을 너도 알지?", "똑똑하다는 놈이 이런 멍청한 짓을 해?", "그런 멍청한 생각은 집어치워", "넌 어떤 생각을 하는지 관심이 없다. 하란 대로 해!"와 같이 자아를 무시하는 말들을 하지 마라. "네가 이 정도의 일을 잊다니 믿을 수 없어", "하기 싫어서 일부러 그런 거지?", "괜히 우울한 척 하지마!" 등 의심하는 말을 하지 마라. "네 껍질 속에서만 살지 마. 다른 사람처럼 살아!", "상식이 없는 녀석이군. 네 형처럼 할 수 없니?", "내 말을 믿지 못하겠니? 네 이상한 친구들 때문에 그런 거지"와 같이 비교하는 말은 하지 마라.

31. IQ는 IQ일 뿐!

　IQ가 높으면 공부를 잘할까? 심리학자들이 조사한 결과 IQ의 공부에 대한 영향력은 15~25% 정도에 불과했다. 공부는 IQ가 아니라 공부습관이나 학습동기에 의해 주로 결정되었다. 아이에게 학습동기를 일으키는 주요 요인 중에 비전의 강도와 목표의 정확성이 상당히 중요하다.

　IQ에 의하여 성적이 결정된다면 노력은 의미가 없을 것이다. 그러나 아이의 공부는 IQ가 아닌 다른 여러 가지 요인들에 의해 달라지므로 노력하는 아이가 공부를 더 잘하는 것이다. 공부에도 목적이 있어야 전략과 전술이 생긴다. 목적과 계획이 없는 공부는 지속성이 떨어지며, 아이가 공부의 필요성이라든지 그 가치와 중요성을 제대로 알 때 공부는 끝까지 간다. 공부를 하기 전에 아이가 왜 공부를 해야 하는지, 공부를 함으로써 어떤 결과가 나올 것이지 생각을 한다면 지루한 공부도 즐겁게 느껴질 수 있다. 뇌는 시험과 성적을 위해 공부하는 것이 아니라 자신이 살아가야 할 세상을 알기 위해 공부한다. 뇌는 대학에 들어가기 위해 공부하는 것이 아니라 인생을 좀 더 행복하게 살기 위해 공부한다.

 학습동기 유발을 위한 지침

그렇다면 부모는 아이의 학습동기를 유발시키기 위해 어떻게 해야 할까?

🔴 첫째, 학습의 원동력이 되는 비전을 제시하자.

아이의 뇌는 목표지향적이다. 아이는 자신의 목표를 위해 당장의 만족을 보류할 수 있다. 마시멜로 실험을 기억하라. 마시멜로 하나를 어린아이에게 주고 '한 시간 동안 먹지 않고 참으면 두 개를 주겠다'고 하였다. 미래 가치를 볼 줄 아는 아이라면 한 시간 동안 먹지 않고 두 개를 얻을 것이다. 비전이 있는 아이는 자신의 목표를 위해 당장의 만족을 보류할 수 있다.

비전은 간단하게 말해 '현재 상황에서 바라본 미래의 목표'라고 할 수 있다. 비전이 없는 아이는 의욕이 없고 쉽게 좌절한다. 좋은 환경이라 하더라도 만족하기보다는 회의에 빠진다. 자신이 진정으로 원하는 것이 없는 아이에게 공부는 남의 일이고 억지로 하는 것이 된다. 이처럼 비전은 삶의 원동력이 되어 공부를 이끌어간다. 따라서 비전은 단순히 장래희망을 말하는 게 아니라 자기가 하고 싶고, 잘할 수 있으며, 성취할 수 있는 그 무엇이다. 좋은 비전이란 삶의 목표로서 지금의 한계를 뛰어넘어 무한히 성장하게 하는 그 무엇이 되어야만 한다.

따라서 아이에게 미래를 보는 훈련을 시켜야 한다. 지금 당장 아이에게 미래를 그려보라고 해보자. 대학생이 된 모습, 성인이 된 모습, 꿈을 이루었을 때의 모습 등. 그렇게 미래를 그리다보면 생생해지고 그것이 현실이 된다.

아침에 아이가 일어나면 조용히 눈을 감고 미래의 모습을 상상해보게 하라. 그렇게 미래의 성공한 모습을 이미지로 그리다보면 어느새 현실처럼 생생하게 느껴져 아이는 가슴이 뛰고 의욕이 생기며 열정적으로 변할 것이다. 이렇게 매일 반복하다보면 꿈은 현실이 될 수 있다. 아이를 단순히 지식인이 아니라 세상을 이끌 수 있는 위인으로 키워라. 그것이 아이가 공부할 수 있는 가장 큰 원동력이다.

🗨 **둘째, 확고한 가치관을 세워주자.**

아이들은 저마다 가치관이 다르기 때문에 목표가 같더라도 다르게 살아간다. 어떤 비전을 가지고 있든, 아이는 자신이 선택하고 추구하는 것에 가치를 부여한다. 물론 그 가치에는 경계선이 존재해 자기에게만 가치가 있을지 모르지만, 국가를 위한, 혹은 인류를 위한 가치로까지 외연이 넓어질 수 있다. 가치에 대한 교육이 잘되어 있다면 동기부여를 위한 특별한 절차가 필요 없다.

공부를 방해하는 여러 가지 장애물이 있다고 하더라도 가치관이 뚜렷한 아이는 그 가치를 위해 인내심을 발휘할 수 있다. 아이가 가치관을 갖기 위해서는 먼저 자기 자신이 얼마나 소중한지를 아는 것이 중요하다. 자기의 소중함을 앎으로써 자신의 삶을 더욱 값지게 하는 가치를 추구하게 되기 때문이다.

유대인은 세계 인구의 0.3%에 불과하지만, 현재까지 각 분야에서 노벨상 수상자의 23%에 이르는 수많은 인재를 배출했다. 이것이 가능했던 것은, 유대인들은 아이가 어릴 때부터 토라, 탈무드 등 그들만의 학습법으로 남과 다른 아이로 자라도록, 아이 각자가 지닌 가치관을 중요시했기 때문이다.

🗨 **셋째, 자아의식을 갖게 만들자.**

아이가 처음부터 자아의식을 가지고 태어나는 것은 아니다. 자아개념은 학령기 초기부터 생기기 시작하여 초등학교 4학년 정도가 되면 성숙해지는 단계로 접어든다. 자아의식이 있다는 것은 자신만의 눈으로 자신의 내면을 들여다볼 줄 안다는 것을 의미한다. 자아의식이 없으면 자기가 어떤 사람인지 알지도 못하고 딱히 어떤 사람이 되겠다는 생각도 없어서 부모가 아무리 독려해도 열심히 공부하지 않는다.

부모는 아이가 의지가 약해서 공부를 하지 않는다고 생각하지만, 사실 그것은 아이의 의지가 약해서가 아니라 부모가 아이에게 확고한 자아의식을 심어주지 않았기 때문이다.

아이에게 올바른 자아의식을 갖게 하려면 어렸을 때부터 '공부를 잘해라'보다 '나는 누구인가?'에 대한 생각을 갖게 하여야 한다. 부모에게 자신에 대한 가치를 듣고 자란 아이는 자아의식이 자연스럽게 생긴다.

반에서 연산을 빨리 잘하는 아이가 있었다. 그 아이는 연산 능력 덕분에 아이들 사이에서 수학을 굉장히 잘하는 아이로 통했다. "수학은 정희에게 물어보면 돼." 반 아이들이 이구동성으로 하는 말이었다. 정희는 그런 평판과 기대에 힘입어 수학을 계속 더 잘하게 되었고 나중에는 다른 과목까지도 잘하게 되었다. 자아의식이 있는 아이는 지금 자기가 공부를 게을리했을 때 미래에 어떤 일이 벌어질지 생각하기 때문에, 누가 시키지 않아도 스스로 열심히 공부한다.

🔴 넷째, 구체적 목표를 세우도록 돕자.

비전을 세운다고 하더라도 단순한 선언에 그친다면 아무런 소용이 없다. 인생의 목표를 성취하려는 계획과 구체적이고 전략적인 행동이 있어야 한다. 특히 목표는 여러 단계를 거치면서 구체성을 띠어야 한다. 그래야 우리의 뇌가 실제로 꿈을 이룰 수 있기 때문이다.

예를 들어 장래희망이 의사라 하더라도, 과마다 그 특성과 하는 일이 다르다. 무슨 과 의사로서 어떤 분야의 일을 하는 의사가 되겠다는 목표를 가지고 있어야 한다.

장래희망을 정할 때, 경우의 수를 따져서 도표로 그려보는 것도 좋다. 선택 가능한 분야를 알아보는 과정을 통해 삶에서 직업이 가지는 가치를 알 수 있고, 어떠한 과정과 능력이 필요한지도 알게 된다.

목표가 구체적이어야 성취도가 올라간다. 어린 시절부터 목표를 성취하는 훈련을 많이 해보아야 한다. 그것이 바로 성공 습관 또는 이기는 습관을 갖는 훈련이다. 처음에는 실현 가능한 작은 목표부터 시작하여 점차 큰 목표로 옮겨가도록 하자.

💬 다섯째, 실행계획을 세우게 하라.

초등생들에게 한 달 계획, 일 년 계획을 바라는 것은 무리이다. 주간 계획이라도 잘 세우라고 강조하는 것이 바람직하다. 최소한 일주일 앞은 내다보고 계획을 세워 공부하는 습관을 길러주어야 한다. 주간 계획이 세워지면 일일 계획을 세우는 일은 크게 부담되지 않는다.

중간고사, 기말고사를 폐지하는 학교가 많아지고 상시평가 체제로 전환되면서 주간 계획표의 필요성이 더욱 절실해졌다. 수업 중 불시에 단원평가가 실시된다면, 주간 계획을 통해 무슨 과목을 언제 대비해야 하는지 파악도 가능하다. 즉 이번 주에 수학 3단원이 끝날 예정이라면 3단원 복습을 언제 해야 되는지 계획을 세울 수 있다. 시험계획과 방학계획 모두 주간 계획이 기본이다. 예를 들면 독서, 수학, 한자는 매일 하는 공부로 정하고 나머지 과목은 이삼일에 한 번씩 하는 것으로 정한다. 만일 다음 수업에서 학습하게 될 과학 단원이 어렵다면 과학도 당분간은 매일 하는 과목으로 정하면 된다.

32. 칭찬도 안 먹히는 고래에겐 격려가 약이다

친구와 게임을 하든, 학교 공부를 하든, 꼭 이겨야 한다고 생각하는 아이가 있다. 이기는 것이 중요하다보니 공부를 하다 실수를 하든가 친구들이 웃으면 금세 위축이 되어버리고 화를 낸다. 부끄럼도 많이 타고 무슨 일을 하든 틀릴까 두려워하고 발표하는 것을 싫어한다. 새로운 과제를 할 때는 잘하지 못하고 실수를 할까봐 도전하지 않는다. 자신감이 없는 아이이다. 아이의 자신감은 기질과 성격의 문제이기도 하지만 양육방식에 따라 차이가 많이 난다. 흔히 성공한 사람들이 공통적으로 얘기하는 것이 바로 자신감을 심어주는 가정환경이다.

엔도르핀으로 협업을

인간의 뇌에서 생성되는 각종 신경전달물질 중에는 머릿속의 모르핀(morphine)이라고 불릴 정도로 쾌감을 유발하는 물질이 있는데, 대표적인 것이 잘 알려진 엔도르핀이다. 엔도르핀은 단순히 기분만 좋게 해주는 것이 아니라 면역력도 높여준다. 특히 자선행위와 같은 고차원적인 욕구를 충족시킬 경우 엔도르핀이 많이 분비되어 최고의 쾌감을 느끼게 된다. 따라서 서로를 향한 사랑과 관심, 동정심 같은 감정이 엔도르핀을 많이 분비시키는 것으로 알려져 있다. 남을 도우면 기분이 좋아지는 것은 이 엔도르핀 때문이다.

뇌과학자들은 사회적으로 상호협력을 할 때 뇌의 쾌감중추가 자극된다는 사실을 밝혀냈다. 사회적 협력을 유발하는 데 널리 이용되는 게임을 하는 동안 뇌를 기능성뇌자기공명(fMRI)으로 뇌활성도를 측정하였더니 측좌핵과 전두엽 등 쾌감을 유발하는 보상의 뇌가 활성화되었다. 이렇듯 이타성이나 상호협력 등이 쾌감을 일으키기 때문에 이런 행동을 더욱 반복하는 것이다. 아이가 기쁘거나 즐거울 때, 혹은 특별한 감정이 들 때에 얼굴 근육을 움직여 일정한 표정을 짓게 되는데 그게 바로 웃음이다. 웃음은 긴장으로부터 벗어나게 도와주고 엔도르핀을 높여 쾌감을 맛보게 한다. 아이들도 찡그린 상태에서 공부하기보다는 웃으면서 공부하는 것이 집중력이나 기억력에 좋다.

✏️ 자신감 키우기

아이에게 자신감을 키워주기 위해 부모는 무엇을 하여야 할까?

💬 **첫째, 아이가 감정이나 마음을 자유롭게 표현하도록 환경을 만들라.**

부모는 아이의 기분을 파악하고 있어야 한다. 그래야 아이가 자신의 기분을 말로 표현하도록 도울 수 있다. 그것이 만족감이든 두려움이든 혹은 불안감이든 아이가 자기의 마음을 표현하면 진심으로 받아주어라. 부모는 아이를 바라보고, 아이들과 이야기를 나누며, 아이의 이야기를 듣는 과정을 통해 아이의 마음을 알 수 있다. 부모는 아이의 눈높이에서 귀 기울여 듣고, 아이를 이해하려고 노력해야 한다.

마치 아이에 대해 모든 것을 다 아는 듯 권위적인 태도를 보여서는 안 된다. 아이의 잠재력을 인정하지 않고 더는 가능성이 없다고 단정해서도 안 된다. 아이의 반응이 어떻든 부모가 일관성 있게 존중해주면 아이는 자신이 존중 받아야 할 존재라는 것을 인식하게 되는 법. 아이는 이런 대우를 받으면서 시간이 흐를수록 자존감을 가지게 되는 것이다.

부모가 아이의 자신감을 높여주려면 아이를 있는 그대로 받아들이고 존중하면서 아이의 가치를 귀중하게 여겨야 한다. 아이에게는 우리의 생각 이상으로 많은 것을 이룩할 능력이 있다. 자기가 하는 일에 대해 존중을 받고 기분 좋게 느낄 때, 아이는 그 만족감으로 인하여 자신을 긍정적으로 받아들이게 된다. 이러한 긍정심이야말로 자신감의 근원이 된다.

💬 둘째, 적절하게 칭찬하고 격려하라.

칭찬을 해주고 긍정적인 피드백을 줄 때는, 아이가 잘해낸 것에 초점을 맞추어라. 아이의 시험 점수를 보고 '똑똑하다'라는 식으로 아이의 지능을 추켜세우는 건 잘못된 칭찬이다. 그러면 아이는 다음 시험을 볼 때 똑똑하게 보여야 하는 부담감을 갖게 된다. 이런 아이는 다음 시험 성적이 부진한 경우 자신이 똑똑하지 않다는 것으로 인식하게 되고 좌절한다. 그러면 오히려 학습의욕은 떨어진다.

너무 잦은 보상과 칭찬도 좋지 않다. 아이의 끈기를 해칠 수 있기 때문이다. 포기하지 않고 더 열심히 노력해서 실패에도 굴하지 않고 반복적으로 대응하는 끈기를 배워야 한다. 좌절을 맛보더라도 얼마든지 헤쳐나갈 수 있다는 자신감이 중요하다.

결과보다는 노력한 과정을 칭찬하라. 칭찬보다 중요한 것은 격려이다. 일의 결과만을 놓고 "잘 했다"라고 칭찬하기보다 아이의 행동 동기를 끌어내는 격려가 훨씬 더 효과적이다. 격려를 통해 하고자 하는 동기를 충분히 갖게 되면 아이는 긍정심을 갖게 된다. 격려는 아이가 스스로 가치 있는 일을 하고 있다고 느끼도록 도와주는 데 목적이 있으며 다른 사람과 비교해서는 안 된다.

칭찬이라고 무조건 다 좋은 것은 아니다. 칭찬이 아이에게 긴장과 나쁜 버릇을 초래할 수도 있다. 칭찬할 때는 성격과 인격에 대한 칭찬이 아니라, 꼭 그 아이의 노력을 통해 성취한 것에 대한 칭찬이어야 한다.

셋째, 가능하면 잔소리는 적게, 비난은 NO!

아이를 비판하지 말고 아이의 행동을 비판하라. 절대로 아이를 비웃거나 놀리지 마라. 잔소리가 많은 부모 아래서 자란 아이는 무슨 일이든 대충대충 하는 버릇이 생기기 쉽다. 공부도 마찬가지로 설렁설렁 한다. 잔소리를 하면 잠깐 책상에 붙어 있다가도 곧 이것저것 만지고 딴짓을 하며 몸을 비비 꼰다.

또 고학년으로 올라갈수록 부모의 잔소리는 효과를 발휘하기보다 아이에게 스트레스를 준다. 부모 입장에서야 아이가 공부를 좋아하기를 바라는 마음에서 잔소리를 해대지만, 아이가 잔소리를 듣게 되면 부모에 대한 스트레스뿐만 아니라 공부 자체에 대한 스트레스도 생긴다. 잔소리를 듣고 자란 아이는 학교에서도 공부를 잘 못하거나 문제를 틀리면 교사로부터 야단을 맞을까봐 두려워한다. 더구나 아이는 다른 친구보다 더 공부를 잘하고 싶은데 마음만 앞설 뿐 실제로는 더 못할 때 스트레스를 받게 되는데, 잔소리를 많이 듣고 자란 아이는 친구의 의견조차 자기를 무시하는 것으로 생각하기 쉽다. 또한 부모가 과도한 기대를 가지고 있을 경우 아이는 부모님의 기대를 충족시키지 못해 잔소리를 들을까봐 혹은 꾸중을 들을까봐 전전긍긍하게 된다.

부모는 아이의 말을 귀 기울여 들어야 한다. 공부에 대한 아이의 스트레스를 충분히 들어주고, 아이의 어려움이나 힘든 점을 부모가 인정해주는 것만으로도 스트레스는 상당 부분 해소될 수 있다. 잔소리와 비난은 스트레스를 악화시키고 아이를 위축시켜 자신감의 씨가 마르게 한다. 부모가 성적이나 점수 등 학업의 결과보다는 열심히 공부하는 과정을 중요하게 여기는 태도를 가져야 아이가 마음 편안하게 공부할 수 있다. 아이를 무시함으로써 부모가 이끌어낼 수 있는 거라곤 하나도 없다. 부모는 불안감을 조장해 아이를 마음대로 움직이거나 권위를 가장하여 아이가 말을 듣게 해서는 안 된다.

🔴 넷째, 스스로 문제를 해결하도록 격려하고 기다려라.

아이에게 자신감을 갖게 하려면 우선 부모 스스로 자신감이 있어야 한다. 부모가 자신감이 있어야만 아이를 존중할 수 있고 아이를 기다릴 수 있다. 부모가 자신감이 있으면 아이의 잠재력을 최대로 끌어낼 수 있을 뿐만 아니라 스스로 할 수 있게 격려할 수 있다. 아이를 믿어주고 믿고 있다는 걸 보여주라. 부모가 보기엔 아이의 관심사가 아무리 재미없어 보인다 하더라도 그걸 존중해주라.

자신감이란 갑작스럽게 생겨나는 게 아니다. 조그만 일이라도 자꾸 성취하다 보면 자신감이 생기는 법. 먼저 자신감을 키울 수 있는 조그만 일부터 시작해보자. 자신감을 갖고 일단 시작하면, 어렵게 보였던 과제도 뜻밖에 쉽게 해결되는 경우가 많다. 따라서 과제를 시작할 때는 아이가 가장 자신 없어 하는 과제와 그 이유에 대해서 생각해보고, 어떻게 하면 자신감을 불어넣을 수 있을까를 궁리해야 한다. 자신감을 갖고 했던 일을 기억해보는 것도 도움이 된다. 이런 과정을 통하여 아이가 조그만 일에 자신감이 생기면 큰일도 자신감을 가지고 시작할 수 있다.

33. 공부중독의 필수조건

　공부를 잘하고 좋아하는 아이는 혼자 문제를 푸는 시간이 지나서 교사가 같이 풀어보자고 해도 자기가 풀 수 있다고 조금만 기다려달라고 하기가 일쑤다. 문제해결의 기쁨과 그로 인한 성취감을 잘 알고 있어서 그 희열을 빼앗기지 않으려고 교사의 도움을 마다하는 것이다. 이처럼 지적 희열을 한번 맛본 아이는 자주 그 경험을 하려고 일부러 어려운 문제에 도전하기도 한다. 그러다보면 공부를 잘할 수밖에 없다.

　아이는 자발적이고 능동적으로 공부하고 문제를 해결해나갈 때 성취감을 느낀다. 이때 아이의 뇌는 성취의 기쁨을 유지하기 위해 도파민을 방출한다. 도파민은 의지력과 활력을 준다. 아이는 같은 경험을 다시 하고 싶어 하고 이 과정이 반복되면 습관이 된다. 아이는 공부해서 하나를 알면 기분 좋은 보상을 받고, 또 다시 보상 받기 위해 더 공부하게 된다.

　학습에 있어서 주도적인 아이는 가만히 앉아서 가르쳐주기를 기대하는 수동적인 아이보다 뇌가 더 각성되고 동기부여가 되어, 더 많은 것을 학습하고 더 잘 배우게 된다. 게다가 4차산업혁명 시대에 대비한 교육은 아이에게 보다 많은 주도권을 요구한다. 자기주도학습을 익히지 않으면 앞으로는 불안과 스트레스, 실패를 경험할 가능성이 높다. 그렇게 되면 스트레스 호르몬인 코르티솔이 분비되어 뉴런이 사멸하고 시냅스의 위축을 가져올 수 있다.

따라서 배운 것을 자기가 스스로 생각할 시간이 필요하다. 스스로 생각하는 시간을 통해서 자기주도학습은 뿌리를 내린다. 하지만 요즈음 아이들은 자기주도학습을 경험할만한 시간적 여유가 없다. 학교수업이 끝나면 바로 학원으로 가야 하는 꽉 짜인 생활 속에서는 자기주도학습이 뿌리내린다는 것은 여간 어려운 일이 아니다.

아이와 친해져야 자기주도학습이 가능하다

아이가 자기주도학습을 하게 만들고 싶은가? 그렇다면 부모는 먼저 아이와 친해져야 한다. 부모는 자기주도학습을 혼자 하는 것이라고 생각하기 쉽지만, 그 어떤 아이라도 혼자서 자기주도학습을 뿌리내리기는 쉽지 않다. 아이를 제일 잘 아는 사람, 아이와 늘 시간을 함께할 수 있는 사람이 옆에서 도와주지 않으면 안 된다. 따라서 자기주도학습이 습관화될 때까지는 부모의 도움이 무엇보다 절실하다.

이에 앞서 부모가 아이를 신뢰하는 것도 중요하다. 부모가 조급하면 '대기만성' 아이의 가능성을 묻어버리는 경우가 얼마나 많은지! 끝까지 포기하지 않으면 불가능이란 없다는 생각으로 자녀를 믿어야 한다. 그래야 안정된 정서 상태에서 자신감을 가지고 공부할 수 있다. 아이가 학교를 신뢰할 수 있도록 여건을 만들어주는 것도 필요하다.

학원 공부는 최소한으로 줄이는 것이 좋다. 스스로 예습하고 복습하는 것으로 학교 시험을 준비할 수 있다는 믿음만 갖게 해도 아이는 성취감을 느낄 수 있다. 성취감은 자기주도학습을 뿌리내리는 데 꼭 필요한 자양분이다. 아이가 공부의 주도권을 쥐고 부모의 영향에서 자유롭다고 느끼고 자기의 꿈을 마음대로 펼칠 수 있다고 믿어야 한다. 또한 그 과정을 부모는 끈기 있게 기다려주어야 한다.

자기주도학습은 아무 때나 뿌리 내리는 것이 아니다. 자기주도학습도 뿌리 내리기에 적합한 시기가 있다. 전문가마다 의견은 다르지만, 초등학교 졸업 전까지는 자기주도학습의 습관을 확립해야 한다. 사춘기에 접어들면 과거의 습관을 바꾸거나 새로운 습관을 만드는 데 어려움이 많다. 부모가 장기적인 시각을 가지고 아이를 학원으로 돌리면서 타율적으로 만들기보다는 자율적으로 공부하는 습관을 들이는 데 초점을 맞추어야 한다. 사춘기 이전까지 가령 보충으로 학원을 보내더라도 학원에서 배운 내용을 스스로 익히는 학습을 하도록 해서 자기주도학습이 몸에 배도록 해줘야 한다.

✏️ 자기주도학습의 실천전략

자기주도학습이란 아이 스스로 공부하는 것을 말한다. 이 습관이 제대로 몸에 밴 아이는 시간이 흐를수록 실력 있는 아이로 성장한다. 반면 자기주도학습을 못하는 아이는 고학년으로 올라갈수록 성적이 떨어질 가능성이 높다. 따라서 다음과 같은 실천전략이 중요하다.

💬 **첫째, 스스로 계획을 세워 그 계획에 따라 공부하라.**
자기주도학습은 단순히 가르치면 배우기만 하는 주입식 교육이 아니라 아이 스스로가 계획을 세워 그 계획에 따라 공부하게 하자는 것이다. 또 수학문제 하나를 풀더라도 교사가 일방적으로 푸는 것을 보면서 배우기보다는 스스로 문제를 풀어야 한다. 학원에서는 교사가 일방적으로 그것도 빠른 속도로 강의를 하기 때문에 질문하기 어렵고 강의 속도를 따라가기조차 쉽지 않다. 따라서 집에서 혼자 공부하는 습관을 들이는 것이 필요하다.

둘째, 학습 전략을 짜라.

아이들은 공부한 내용을 기억하는 자기만의 방법을 갖고 있다. 자료를 기억하고 이해하는 데 필요한 전략을 사용할 줄 아는 아이는 자기 주도로 공부할 가능성이 많다. 자신이 중요하다고 생각하는 것을 아는 데에서 그치지 않고, 중요한 것과 그렇지 않은 것을 구분하여 중요하다고 생각되지 않는 것까지 알아두어야 한다는 사실을 배워야 한다. 앞으로는 처음 봤을 때 중요한 것이 무엇인지 찾아내고, 중요한 것을 기억하려 하며, 중요하지 않은 것들도 알아두는 식으로 전략을 세워서 공부해야 한다.

셋째, 자기 관리를 해라.

자기주도학습의 원리는 목표를 세우고 그 목표에 맞는 행동의 흐름을 만들어내는 것이다. 목표를 막연하게 머릿속에만 담아 두지 말고 글로 적어 늘 확인하면 동기부여가 잘 된다. 학교에 다녀오면 '스스로' 그날 배운 모든 과목을 복습하라. 예습은 참고서나 인터넷을 이용하라. 해야 할 일의 우선순위를 정하고 계획을 세우는 자기관리 능력을 키워야 한다. 배우는 데 그쳐서는 안 된다. 배우는 것만큼 스스로 익히는 습관이 함께 이뤄져야 자기주도학습이 이루어진다. 규칙적인 학습 습관을 만들어주기 위해서는 매일매일의 학습 분량이 정해져 있는 참고서가 도움이 될 수 있다.

💬 **넷째, 자신감을 가져라.**

자기주도학습의 밑바탕에는 바로 이런 '자신감'이 중요하게 자리한다. 무엇이든 할 수 있다고 믿는 아이는 공부에 오랜 시간 끈기를 갖는다는 연구 결과가 있다. 부모는 적절한 칭찬과 격려로 아이에게 자신감을 심어주어야 한다. 한두 단계의 높은 수준에 도전하는 용기에 박수를 보내고 스스로 끝까지 밀고 나가는 끈기에 격려를 아끼지 말아야 한다.

💬 **다섯째, 부모가 적절하게 개입하라.**

아이에 따라서는 혼자 공부를 하도록 내버려두면 빈둥거리거나 그냥 시간을 흘러버리는 경우가 있다. 친구들과 같이 공부를 하거나 부모가 옆에서 재미있게 가르쳐주면 더 잘하는 예도 있다. 학원에서도 마음에 드는 교사가 재미있게 가르치면 공부를 한다. 이렇게 혼자서 혹은 알아서 하는 것이 부족한 아이의 경우 부모가 적절하게 개입하여 아이가 최상의 컨디션에서 공부할 수 있도록 해주어야 한다. 학습계획도 너무 시간을 빠듯하게 짜면 지키기 어려우므로 융통성 있게 시간을 조절해야 한다.

Chapter 2
실행력 키우기

초등학교 저학년 아이들의 경우 성적을 올리려면 과제 개시와 주의집중력을 높이는 것이 중요하다. 그런데 고학년으로 올라갈수록 시간 관리, 정리 및 조직화, 계획하기, 우선순위 등이 성적을 높이는 데 더 중요하다. 말하자면 집중력보다는 실행력이 중요해지는 것이다.

"작업기억을 늘리면 정리와 조직화 능력이 커진다"

34. 고학년은 집중력보다는 실행력이 우선!

🖊 세계적인 사람이 되려면 전문적인 숙달이 중요하다

세계적인 음악가나 미술가들은 창의력을 강조한다. 하지만 창의력을 발휘하기 위해서는 숙련될 시간이 필요하다. 자신을 효과적으로 표현하기 위한 시간이다. 창의적인 음악을 하기 위해서는 먼저 음악을 숙달해야 하고, 탁월한 피아노연주가가 되려면 먼저 피아노를 잘 다루어야 한다. 일반적인 수준이 아니라 전문적인 수준으로 숙달되어야 한다. 지식의 기초가 있어야 창의력을 발휘할 수 있다. 이것이 1만 시간의 법칙이다.

말콤 글래드웰(Malcolm Gladwell)은 〈아웃라이어〉를 통해 전문 기술 습득은 선천적인 재능이 아니라 약 1만 시간에 이르는 많은 연습량에 달려 있다고 주장하였다. 세계적인 경쟁력을 가지기 위해서는 일정기간의 연습이 필요하다는 것이다.

그런데 1만 시간만 노력하면 아이가 어느 분야에서나 성공하는 걸까?

예측할 수 없는 분야일수록 실행력이 위력을 발휘한다

사실 공부라는 것은 예측가능성이 적은 분야이다. 고학년이 될수록 공부를 잘하려면 집중해서 반복하는 연습보다는, 생각하고 판단해 계획하면서 공부를 하여야 성적이 올라간다. 초등학교 저학년 아이들의 경우 성적을 올리려면 과제 개시와 주의집중력을 높이는 것이 중요하다. 그런데 고학년으로 올라갈수록 시간 관리, 정리 및 조직화, 계획하기, 우선순위 등이 성적을 높이는 데 더 중요하다. 말하자면 집중력보다는 실행력이 중요해지는 것이다.

아이의 뇌, 특히 실행력을 담당하는 전두엽은 사용하지 않으면 그 기능이 소실된다. 뇌과학적으로는 지속적으로 사용하는 뉴런이 살아남는 반면, 잘 쓰이지 않는 뉴런은 그 기능을 잃어버리기 때문이다. 실행력도 반복해서 자주 쓰는 것이 중요하다. 공부할 때 실행력을 적극적으로 활용해 연습하는 아이들은 자기주도성이 생길 뿐만 아니라 자기 조절력과 문제해결력이 높아져 창의력을 발휘하는 데도 도움이 된다.

따라서 부모는 아이들이 정리 및 조직화 능력과 계획능력을 발달시킬 수 있도록 관심을 가져야 한다. 아이들은 집이나 학교에서 물건을 잘 챙기고 노트 필기를 깨끗이 하고 항상 책상을 말끔히 정리하라는 지시를 받는다. 그리고 교사들은 아이들이 일정을 지키며 인내심을 갖고 차근차근 단계를 밟아가야 하는 장기과제를 내주기 시작한다. 그리고 점차적으로 제약이 적은 자유 과제를 내줌으로써 아이들이 스스로 초인지(metacognition)와 융통성을 살려서 주어진 문제를 풀 수 있도록 도와줄 수 있다. 학년이 올라갈수록 외울 것도 많아지지만 과목별로 수업방식, 노트정리 방식, 과제제출 방식들이 교과서에 따라 제각각으로 달라진다. 작업기억 및 계획하기, 정리 및 조직화, 시간관리 능력에 대한 요구도 훨씬 커진다.

🔴 첫째, 기본적인 실행력을 키우자.

일반적으로 아이들에게 기대되는 능력은 알림장 꾸준히 쓰기, 숙제 및 준비물 잘 챙기기, 공부를 위한 계획 세우기, 일정표 만들기, 숙제 방법 및 소요시간 계획하기, 준비물 및 소지품 잘 챙기기 등이다.

이런 기본적인 능력을 키우는 데는 교사보다 부모의 역할이 훨씬 더 효과적이고 중요할 수 있다. 가정에서 필요한 실행력이 학교에서 필요한 실행력만큼이나 많기 때문이다. 방 청소에서부터 감정 조절하기, 예고 없이 계획이 바뀌었을 때 적절히 대처하기, 물건 잘 챙기기 등도 부모가 챙겨야 할 기본적인 실행력이다. 학교에서는 교사 한 명이 20~30명의 아이들을 맡기 때문에 모든 아이들에게 일일이 신경을 써줄 수 없는 것이 현실이다. 부모가 한두 명의 아이를 신경 쓰는 편이 훨씬 더 쉽다.

🔴 둘째, 하루 일과 및 일정을 정한 후 아이에게 알려주자.

부모는 아이가 언제 무슨 일을 할지 파악하고, 그 일들을 하루 일과로 받아들일 수 있도록 준비시켜야 한다. 특히 식사시간, 잠자리에 들 시간, 집안일 및 숙제하는 시간 등 매일같이 하는 활동들을 아이와 함께 정하는 것이 중요하다. 매일 특정 시간이나 특정 활동 시간을 정해놓는다면, 아이들은 적어도 그 시간에는 부모의 말을 들어야만 한다는 걸 이해하게 된다. 부모가 아이의 일정을 미리 지정해둔다면 아이는 비교적 순순히 이를 받아들이고 큰 저항 없이 따르게 된다.

🔴 셋째, 아이와 협상을 하자.

아이는 부모와 협상을 하고나면, 그 일을 반드시 해야 하는 일이라고 받아들이는 대신, 하고 싶은 일이라고 느끼도록 해줌으로써 자동적으로 "하기 싫어"라고 말하는 습관을 줄일 수 있다. 해야만 하는 일을 하고 싶은 일로 바꿔주는 과정을 할머니의 원칙이라고도 하는데, 할머니들은 아이가 어떤 일을 마치면 직접 구운 맛있는 초콜릿 칩 쿠키를 먹게 해주겠다는 식으로 아이들이 하기 싫은 일을 해내도록 능숙하게 다루기 때문이다.

💬 넷째, 적절하게 도움을 주자.

지나치게 많이 도와주거나 제대로 도와주지 않는 것은 바람직하지 않다. 지나치게 많이 도와주면, 아이가 그 일을 결국 성공하게 되더라도 혼자서 그 과제를 해내는 능력을 기르는 데는 실패할 수 있다. 반면에 도움을 제대로 주지 않아도 아이는 결국 그 일을 실패하는 동시에, 혼자서 그 과제를 수행할 수 있는 능력을 기르지 못해 자기주도성이 생길 수가 없다.

💬 다섯째, 원인과 결과에 대한 설명과 이해를 중요시하라.

실행력은 일이나 과제를 해내기 위해 필요한 능력이다. 아이가 원인과 결과를 스스로 느끼고, 그 일의 중요성과 왜 그런 방식으로 일을 해야 하는지 등 주어진 상황을 잘 이해할수록, 이런 정보들을 활용하여 스스로 그 일을 수행하기 위해 계획을 세우거나, 다른 사람이 지시한 과정을 따를 수 있는 동기를 가지게 된다. 그러므로 "이 약을 안 먹으면 네 인두염이 다시 더 심해질 거야"라든가, "자전거를 밖에 세워두면 비를 맞아 녹이 슬 거야"라는 식으로 이유를 설명해줄 필요가 있다.

💬 여섯째, 말해주기 전에 먼저 스스로 생각할 수 있게 하라.

"이런 혼잡한 상황을 정리하려면 어떻게 해야겠니?"라고 물어서 상황에 대한 인식과 문제해결력을 키울 수 있도록 하자. 혹은 "과학 프로젝트 때 어떻게 했어야 좋았겠니?"라고 하여 이미 행한 일에 대해 스스로 피드백할 수 있는 기회를 주자. "다음번에 어떻게 행동해야 네 친구가 일찍 집에 가겠다고 하지 않겠니?"라고 물어봄으로써 다가 올 상황을 예측하여 아이 스스로 판단하도록 유도할 수 있다. "엄마가 밤에 널 자라고 하지 않고, 네가 원하는 만큼 깨어 있게 해준다면 어떻게 될까?"처럼 가상 상황을 만들어 아이가 추측하고 유추하게 하는 것도 실행력을 키울 수 있는 좋은 물음이다.

35. 정리와 조직화 능력이 부족한 아이를 위한 작업기억력

　발 디딜 틈 없이 어질러져 있는 딸아이의 방 때문에 엄마가 늘 다그쳐야 하고, 필기도구나 알림장을 찾느라 허구한 날 정신없이 가방을 뒤지곤 한다면 그 아이는 정리 및 조직화 능력에 심각한 어려움을 겪고 있을 가능성이 크다. 이렇게 정리와 조직화에 문제가 있는 아이들을 위해 부모는 아이의 문제해결력을 높여주어야 한다. 늘 침실이 어지러운 아이에게는 침실에서 사용할 수 있는 물건 수를 제한하거나, 물건을 종류별로 수납할 수 있는 상자나 보관함을 주고 상자마다 눈에 띄는 라벨을 붙임으로써, 아이의 부족한 정리와 조직화 능력을 도울 수 있다. 또는 부모가 아이들에게 기대하는 정리정돈 수준을 미리 보여주고, 어떻게 하면 그에 맞는 수준으로 정리할지 알려줌으로써 정리와 조직화 능력을 갖춰줄 수도 있다. 예를 들면, 최종 결과물의 모습을 사진으로 찍은 후에 아이가 정리를 마친 모습을 찍은 사진과 비교해보도록 하면 좀 더 정리와 조직화 능력을 발휘할 수 있다.

🖉 작업기억의 발달

이런 정리와 조직화 능력이 발달하려면 아이들에게는 두 가지 능력이 필요하다. 즉 하나는 인지적 유연성으로, 한 가지 시도가 실패했을 때 목표를 달성하기 위해 대안적 방법을 찾거나, 수영장 부근에서는 뛰어다니지 않는 것처럼 상황에 맞게 행동을 조정하는 능력을 말한다. 또 다른 하나는 작업기억으로 단기간에 작업 관련 정보를 기억하는 능력이다. 예를 들어 이미 시도한 적이 있는 퍼즐을 맞출 때 그 해결책을 떠올리는 것이다.

작업기억은 언어능력이 생성되기 전에 형성되기 때문에, 아이들은 언어적 작업기억보다 비언어적 작업기억이 먼저 발달한다. 하지만 일단 언어능력을 갖게 되면 아이들의 작업기억은 훨씬 확장되는데, 이는 아이들이 정보를 되살릴 때 시각적 이미지와 언어를 동시에 끌어올 수 있기 때문이다. 아이들은 작업기억이 요구되는 일을 할 때 성인들처럼 두뇌를 넓게 쓰기보다는 전두엽에만 의존하는 경향이 있다. 따라서 아이들이 작업기억을 보다 활성화하기 위해서는 성인들보다 더 많은 노력이 필요하다. 이는 곧 아이들이 과제를 할 때 작업기억을 제대로 발휘하지 못한다는 의미이기도 한다.

따라서 아이들과 과제를 할 때는 아이들이 집중할 수 있도록 내용을 짧게 나누어야 하며, 하나의 활동에는 한두 가지의 지시사항만 주문하여야 한다. 작업기억이 부족하여 복잡한 지시사항을 잘 이해하지 못할 뿐 아니라 세 가지 이상의 과정을 기억하기 어렵기 때문이다.

🖉 작업기억의 뇌

전두엽은 집중력을 유지하는 뇌이기도 하지만, 작업기억의 대부분이 여기에서 통제된다. 해마는 작업기억에 있는 정보를 장기 저장소로 보내어 학습을 강화하는 데 중요한 역할을 할 뿐 아니라, 작업기억에 새로 전달되는 정보를 기존의 저장된 경험과 비교하는 이른바 사고과정에 필수적인 뇌이다.

또 작업기억이 잘 수행되려면 전전두피질과 전대상피질(anterior cingulate cortex)이 활성화되어야 한다. 전전두피질은 다른 뇌 영역들을 활성화하거나 억제함으로써 목적을 위해 행동을 이끌어낸다. 한편 전대상피질은 인지적 통제가 요구되는 작업에서 실행상의 실수를 감시하거나 찾아내는 역할을 하며, 충돌하는 정보 중에서 결정을 내릴 때 활성화한다. 또 전대상피질은 안와전두피질, 해마, 편도체와 연결되어 감정을 제어한다.

그 외에도 두정엽은 시공간 작업기억과 관련이 있고, 측두엽은 언어 작업기억과 관련이 있다. 작업기억에 이렇게 여러 뇌가 관여할 뿐 아니라, 작업기억이 뛰어난 아이는 아이디어를 기억 속에 저장할 수 있고, 과제에 참가하는 동안 어떤 식으로 친구를 도울지 결정할 수 있기 때문에 정리와 조직화 능력을 발휘하는 데 필수적이다.

토르켈 클링베르그(Torkel Klingberg)의 연구에 의하면 작업기억에 관여하는 뇌가 어린 시절 리더십을 향상시키는 데 영향을 준다고 한다. 작업기억이 아이의 정리와 조직화 능력과 관련되어 있으므로, 리더십을 키우는 능력도 바로 거기에 달려 있다는 것이다.

✏️ 작업기억을 늘리면 정리와 조직화 능력이 커진다

💬 **첫째, 시험 전에 계획을 세우게 하라.**

아이에게 공부 계획을 세우게 하자. 연구 결과에 의하면 새로운 것을 배울 때는 한꺼번에 학습하는 것보다 나누어 학습하는 편이 훨씬 더 효율적이라고 한다.

즉 시험에 대비하여 공부하는 데 2시간을 쓴다고 했을 때, 시험 전날 밤 2시간 동안 몰아서 공부하는 것보다는 2시간을 쪼개어 공부하는 것이 효과적이라는 의미이다. 이렇게 하면 작업기억을 늘릴 수 있기 때문이다. 또한 이런 방식의 학습은 잠을 자는 동안 더 강화된다. 그러므로 시험 전에 충분히 자는 것은 시험 전날 밤에 '벼락치기'하는 것보다 효과적이다.

둘째, 작업기억의 부담을 줄이려면 과제를 조정하라.

과제 분량을 줄여주면 작업기억의 부담을 줄일 수 있다. 특히 작업기억에 문제가 있는 아이들은 결과가 눈앞에 보여야만 일을 시작하는 경향이 있다. 이런 아이들에게는 1시간 동안 풀 수 있는 과제보다는 15분짜리 짧은 과제들을 여러 개 제시하는 것이 훨씬 효과적이다. 긴 과제를 시켜야 한다면, 과제를 여러 과정으로 나눠주어라. 아이에게 "침실을 깨끗이 정리해"라고 말하고는 아이를 침실로 보내기보다는 작은 과제들로 나누어주자.

방 정리를 하는 경우 각 단계를 다음과 같이 세분화할 수 있다. 1) 더러운 옷은 세탁실에 갖다놓기, 2) 깨끗한 옷은 옷장서랍에 개어 놓거나 옷걸이에 걸기, 3) 책은 책꽂이에 정리하기, 4) 장난감 바구니에 장난감 넣기

셋째, 과제를 할 때 이유와 의미를 찾아라.

아이가 과제의 이유와 의미를 파악하게 되면 작업기억력을 강화하여 정리와 조직화 능력이 향상된다. 아이는 특정한 이유가 있을 때 그 사실을 더 잘 기억할 수 있다. 예를 들면, 부모가 아이에게 "내일 학교에 각도기를 가져가는 걸 잊지 않았겠지?"라고 말하는 것보다 "학교에 꼭 각도기를 가져 가. 각도기가 없으면 설계도를 그리지 못해서 배 모형을 못 만들 테니까"라고 말해주는 편이 각도기를 잊지 않고 챙기는 데 더 효과적이다. 물론 이러한 방식은 다소 신중하게 접근할 필요가 있다. 왜 그 일을 해야 하는지에 대해 끝없는 설명을 요구하며 앞으로의

과제를 회피하려고 하는 아이들도 있기 때문이다. 그럴 때는 아이의 첫 번째 질문에만 대답해주고 그 이상의 질문에는 말려들지 않는 것이 좋다.

🗨 넷째, 시각적인 피드백을 주어라.

아이가 학교에서 돌아오면 알림장을 보고 숙제를 하게 한다. 예를 들어 그날의 숙제 란에 '받아쓰기', '수학문제풀이'라고 쓰여 있으면 숙제를 마친 후 거기에 동그라미를 그리게 한다. 준비물도 마찬가지이다. 다음 날 시간표에 '1교시 국어', '2교시 미술'이라고 쓰여 있는 것을 보고 필요한 준비물을 다 챙기면 해당 사항에 동그라미를 치게 한다. 그리고 저녁식사 전이나 밤에 씻기 전에 부모가 알림장을 확인한다. 아이들이 좋아하는 캐릭터를 이용하는 것도 도움이 된다. 화이트보드에 캐릭터 자석을 붙여 아이가 현재 머무르고 있는 단계를 표시해보자. 아이가 다음 단계로 넘어가면 캐릭터 자석도 한 단계 올라가는 것이다. 이렇게 하면 캐릭터를 통해 한 단계씩 높아지는 이미지를 쉽게 떠올릴 수 있다.

🗨 다섯째, 스스로 선택하게 하고 흥미를 갖게 하라.

아이에게 매일 똑같은 과제를 시키지 말고 과제 목록을 만들어 아이 스스로 하고 싶은 일을 선택하게 하라. 그러면 아이는 상대적으로 그 과제를 덜 싫어하게 된다. 아이 혼자 일하도록 내버려두지 말고, 다른 누군가와 함께하도록 하거나 혹은 방 안을 정리하는 동안 라디오나 좋아하는 음악을 들려주어 기분을 고양시켜라. 기분이 고양되면 작업기억이 높아진다. "타이머가 울리기 전에 네가 방을 다 정리할 수 있는지 볼까?"처럼 책상정리나 집안일을 마치 게임처럼 바꿀 수도 있다.

🗨 여섯째, 시간 간격을 두고 연습하라.

연습을 많이 하면 정리와 조직화 능력도 습관화될 수 있다. 시간 간격을 두고 연습하면 기억에 오래 남는 데다, 지식을 어떻게 적용할지 생각할 기회가 많아진다. 처음에는 정리와 조직화 능력이 떨어져 부담스럽지만 시간 간격을 두고 연습하다보면 자동화되고 부담도 줄어든다. 연습 시간뿐만 아니라 활동도 분산시켜야 한다. 정리와 조직화 능력이 발휘되는 데 기본기술을 연습해두면 고급기술도 쉽게 익힐 수 있다. 한 가지 기술을 연습한 경험을 한데 모으면 모든 문제가 사실은 연습한 기술의 변형이라는 것을 알 수 있다. 꼭 필요한 고급기술을 연습하기 위해서는 창의적인 문제해결력이 필요할 수도 있지만, 익혀둔 기본기술을 이용하면 고급기술도 쉽게 연습할 수 있다.

36. 아이의 성장에 따른 시간과 순서능력의 발달

 "자, 모두 문제집을 꺼내고 42쪽에 있는 연습문제를 펴세요. 어제 우리가 배운 부분이에요. 거기에 나온 세 번째, 네 번째 문제를 풀고, 그다음에 선생님이 칠판에 쓴 내용을 읽도록 해요."
 이처럼 초등학교 5~6학년 아이들은 날마다 여러 단계의 지시사항에 따라야 한다. 시간과 순서는 교사가 교실에서 쏟아내는 수많은 지시사항들의 하부구조를 이룬다. 특히 초등학교 5~6년의 수학에서는 순서 나열이 많은 부분을 차지한다. 여러 단계의 문제를 풀거나 구구단을 외우면서 순서정렬을 강도 높게 훈련한다. 그런가 하면 생각의 흐름에 따라 논리적인 순서로 발표를 하고, 사건을 서술하며, 문장을 구성해야 한다. 시간과 순서가 중요해지는 것이다. 따라서 여러 단계로 이루어진 지시사항에 맞닥뜨렸을 때 갈피를 못 잡거나, 산만해지거나, 심지어 자기 파괴적인 행동을 보이는 아이들이 있다. 이런 아이들은 대개 순서 기억력이 좋지 않아 고생한다.
 시간과 순서능력은 자기주도학습에도 꼭 필요한 실행력이다. 초등학교 저학년은 계획성과 행동조절력이 부족하여 자기주도학습을 시작하기에 이르다. 무리하게 강요할 경우 학습에 대한 흥미를 잃을 수 있다. 실질적으로 자기주도학습을 할 수 있는 시기는 스스로 목표를 세우고 시간을 관리하고 순서를 결정할 수 있는 초등학교 4학년 이후가 적절하다. 초등학교 시기는 자신감이 충만하기 때문에 공부시간을 확보하는 연습을 통해 행동조절 습관을 기를 수 있다. 아이들에게 노력으로 성적이 오를 것을 기대해서는 안 된다. 수업 시간에 집중하는 방법과 함께 예습, 복습의 구체적 방법을 알려주고 그것을 실천하게 했을 때 효과가 배가되어 시간과 순서의 실행력이 위력을 발휘하게 된다.

시간과 순서의 뇌

시간과 순서능력은 시간을 분배, 계산하고 시간의 흐름을 파악하는 능력을 두루 갖추어 시간관리를 잘 할 수 있다. 이런 능력을 갖춘 아이는 자신이 앞서는지 뒤처지는지 파악할 수 있을 뿐 아니라 마감시간을 지키고 상황 변화에 적절히 대처할 수 있다.

시간과 순서능력은 전두엽의 기능이다. 전두엽은 20대 중반까지 지속적으로 발달하기 때문에 전두엽이 주도하는 실행력의 경우 초등학교 동안은 아직 미숙하다고 볼 수 있다. 따라서 중학생이 되기 전까지는 시간과 순서능력이 발달 중이기 때문에 시간관리를 부모가 도와주어야 한다. 우선 하루에 식사 시간, 취침 시간, 집안일 하는 시간, 숙제하는 시간 등을 정해놓음으로써 아이들은 자신이 언제 무슨 일을 해야 할지 예상할 수 있다. 그뿐만 아니라 보다 복잡한 계획을 세우고, 정리하고, 시간 관리 능력을 길러주는 데 꼭 필요한 능력인 시간과 순서능력에 대한 개념과 방법을 익힐 수 있게 된다. 아이들은 심부름을 갈 때라든지 휴가를 갈 때 일정이나 시간표를 짜면서 시간을 관리하는 법을 배울 수 있다. 부모는 지시사항을 되풀이해주고, 내용을 잘 모를 때는 물어보라고 아이를 격려해야 한다. 글이나 그림을 이용하여 지시사항을 전달하는 방법도 좋다.

아이들은 자신의 머리는 순서에 따라 들어오는 정보에 그다지 호의적이지 않다는 사실을 알아야 한다. 그래서 아이들은 숫자가 나오는 시계가 아니라 바늘이 움직이는 시계를 차는 편이 좋고, 쉬지 않고 움직이는 초침을 관찰하면서 시간의 흐름에 맞춰 일정한 간격에 따라 끊임없이 계획을 세워 움직여야 한다. 시간관리를 강조함으로써 아이들이 계획표를 짜고, 단계별로 일을 구상하고, 일의 진척 상황을 밝히도록 한다.

시간과 순서능력 키워주기

🔴 **첫째, 구체적으로 목표를 정하자.**

"불평하지 않고 숙제를 시작한다", "다른 사람의 지시 없이도 집안일을 제시간에 마친다", "잠자리에 들기 전에 내일 학교에 가져갈 개인용품을 정리한다", "실수가 거의 없이 깔끔하게 숙제를 마친다"와 같이 구체적인 목표를 정해야 한다. 최종목표에 도달하기가 어렵다면 중간목표를 구체적으로 정하는 것이 필요하다.

🔴 **둘째, 구체적인 변화를 위해서 객관적인 팩트체크를 하자.**

아이가 일을 시작하기로 한 시간과 실제로 그 일을 시작하는 시간 사이의 간격을 측정한다. 예를 들면 아이가 숙제를 매일 저녁 7시에 시작하기로 엄마와 약속했다면, 엄마는 직접 나서서 아이의 문제 행동을 지시하기 전에, 일주일에 몇 번이나 아이가 7시 이후에 숙제를 시작하는지 횟수를 세어보아야 한다. 그리고 숙제를 하는 데 걸리는 시간을 측정한다. 또 아이가 매일 30분 동안 숙제를 하겠다고 했다면, 엄마는 아이의 실제 숙제시간을 측정함으로써, 아이와 이 문제에 대해 논의할 때 지적할 수 있다.

🔴 **셋째, 시간에 쫓기는 것을 방지하기 위해 충분한 시간을 두고 미리 과제를 시작하자.**

5~6학년이 되면 학습량이 부쩍 늘어나기 때문에 빠르고 정확한 시간관리 능력이 필요하다. 마감시간을 지키고, 장기적인 일을 합리적인 순서에 따라 완성해야 한다. 시험을 볼 때 시간의 흐름을 파악할 줄 알아야 시간이 모자라 허둥대지 않고 차근차근 문제를 풀 수 있다. 이처럼 아이가 속도와 질적인 면 사이에서 적절한 균형을 유지하려면 충분한 시간을 두고 시작해야 한다.

🔴 **넷째, 하루 일과 및 일정을 정할 때 아이가 주도적으로 참여하게 하자.**

아이가 언제 무슨 일을 할지 파악하고 그 일들을 하루 일과로 받아들일 수 있어야 아이는 준비할 수 있다. 특히 식사 시간, 잠자리에 들 시간, 집안일 및 숙제하는 시간처럼 매일같이 하는 활동 등을 정할 때 아이에게 약간의 결정권을 주어야 한다. 예를 들면 스스로 어떻게 할 것인지 그리고 언제, 어떤 순서로 그 일을 할 것인지 아이에게 선택할 수 있는 기회를 주어야 한다. 필요하다면 아이와 협상을 하여야 한다. 협상을 통해 아이가 그 일을 반드시 해야 하는 일이라고 받아들이는 대신에 하고 싶은 일이라고 느끼도록 해줌으로써 자동적으로 '하기 싫어'라고 말하는 태도를 개선할 수 있다.

🔴 **다섯째, 단계별 순서 유형을 파악하여 여러 단계에서 시간개념을 잡아주자.**

순서의 단계에는 순서 유형을 해석하고 지각해야 하는 1단계, 나중을 위해 지각한 내용 가운데 핵심사항을 저장해둬야 하는 2단계, 자신만의 순서를 만드는

3단계, 시간을 제대로 활용하는 4단계, 순서 정렬을 통해 합리적으로 추론하고 문제를 해결하며 개념을 형성해야 하는 5단계가 있다. 따라서 부모는 아이를 도와 일을 시작하게 하고, 일을 마치기까지 거쳐야 할 여러 단계를 지나는 동안 대화를 통해 아이를 도와주어야 한다. 무언가 방대하고 복잡한 과제를 하려면 적은 분량으로 시작하여 일을 점차 늘려가되, 처리 가능한 순서에 따라 일을 단계별로 나누는 것이 지혜이다.

37. 통찰력을 키우기 위해 부모가 할 일

초등학교 5~6학년이 되면 부모는 아이들이 정리 및 조직화 능력과 계획능력을 발달시킬 수 있도록 집중적인 노력을 쏟기 시작한다. 이 시기의 아이들은 특히 집에서나 학교에서나 물건을 잘 챙기고 공책 필기를 깨끗이 하고 항상 책상을 말끔히 정리하라는 지시를 받는다. 한편 교사들은 아이들이 일정을 지키며 인내심을 갖고 차근차근 단계를 밟아가야 하는 장기과제를 내어주기 시작한다. 이렇게 점차 제약을 덜 두는 자유 과제를 내어줌으로써 아이들 스스로 메타인지와 융통성을 살려서 주어진 문제를 해결하고 가급적이면 다양한 방법들을 고려할 수 있도록 도와준다. 이 과정에서 통찰력이 생기는 것이다.

아이들의 통찰력을 키우려면 부모는 항상 아이의 잘못이나 실수에만 집중하기보다는 그 아이의 특별한 관심사나 독특한 성격 등을 포함하여 아이 전체를 보는 것이 좋다. 모든 아이들은 부모가 자신의 장점을 믿어줄 때 최선을 다한다. 보도 사진가, 기업가, 예술가를 비롯해 아주 성공적이고 창조적인 삶을 산 많은 사람들 역시 어릴 적 성격 강점을 장점으로 이용한 경우이다. 예를 들어 일반적으로 유능한 보도 사진가는 큰 행사에서 주 연설자의 모습만을 잡아낸다. 그러나 통찰력이 있는 사진가는 청중 가운데에서 강렬한 인상을 주는 부모와 아이의 모습을 찾아낼 수 있다. 그는 이를 강렬한 암시(metaphor)로 이용하여 뛰어난 사진을 만들어냄으로써 제1면에 실리게 만들기도 한다. 아이의 특별한 능력과 소질을 발견하고 길러주어 자존감, 자신감 그리고 특별한 적성을 갖도록 격려해주면 아이는 자신의 앞길에 놓인 많은 장애물을 극복하고 성공할 수 있다.

아이가 자신이 할 수 없는 것보다 할 수 있는 것에 초점을 맞추도록 도와주는 가장 좋은 방법은 현실적인 성공을 가능한 한 많이 경험하도록 돕는 것이다. 아이는 스스로 성취할 수 있는 것을 많이 해볼수록 더 낙천적이 되며 자신감을 느끼기 쉽다. 스포츠, 미술, 컴퓨터, 목공일, 음악, 태권도, 기타 어느 분야이든 아이가 관심을 보이는 일을 배울 수 있게 해주고, 그 일을 잘했을 때뿐 아니라 열심히 노력했을 때에도 칭찬해준다면, 바로 그런 것이 성취감의 토대가 될 수 있다. 만일 아이의 관심사가 분명하지 않다면, 잘 하는 것들 중에서 관심 분야를 적극적으로 찾아 발견하도록 도와주어라. 아이와 대화를 나누고 가장 즐거워하는 것과 가장 잘하는 것에 대해 후원해주어라. 이것은 아이가 자신에 대하여 자신이 누구인지, 자신이 무엇을 할 수 있는지에 대해 부정적이 아니라 긍정적으로 생각해볼 수 있게 하는 첫 단추가 될 것이다. 또한 아이가 주도하게 하여야 한다. 아이가 자전거 타는 법을 처음 배울 때는 부모가 앞에서 끌면서 가르쳐주는 게 아니라 자전거를 뒤에서 잡아줘야 한다. 자녀교육도 마찬가지로 부모가 전면에 나서 모든 것을 결정하기보다는 뒤에서 보살펴줘야 한다. 아이가 나아갈 길을 주도적으로 정하도록 하되 처음 단계에는 방향을 정해주는 것이 필요하다.

🖉 통찰력 키우기

💬 첫째, 통찰의 출발점은 문제의식이다.

아이는 자신의 호기심을 채우고 문제를 극복하려고 여러 가지를 시도한다. 문제의식은 아이로 하여금 통찰하고 해결하게 하는 좋은 자극이며 기회를 제공한다. 문제점과 부족한 점이 무엇인지 찾아보자. 아이가 문제의식을 가지고 문제점을 발견했을 때 개선이나 발전을 위한 해결의 실마리를 얻게 된다. 문제점을 모르면 해결점도 없다. 무엇이 부족한지 알아야 그것을 채우고 극복하려고 한다. 예를 들어 배가 고프면 무엇인가 먹을 것을 찾아 해결하려 하고, 졸리면 잠을 잘 방법을 궁리한다.

💬 둘째, 문제를 해결하기 위해서는 과제집착력이 필요하다.

주어진 과제를 해결하기 위해서는 확고한 의지와 충분한 주의집중력이 필요하다. 그래야만 깊이 있게 생각하고 고민하게 되며 창의적인 해결 방법을 찾을 수 있다. 이것이 과제집착력이다. 과제집착력은 아이 스스로 좋아서 해야만 진정한 힘을 갖는다. 자발적 동기를 갖기 위해서는 아이가 진실로 원해야 한다. 진실로 원하면 보이지 않던 것들이 보이고, 새롭게 바라보게 되며, 해결의 실마리를 찾아내게 된다.

💬 셋째, 긍정성이 통찰력을 키운다.

부모가 아이의 통찰력을 키워주려면 아이들의 자신감을 높여주고, 아이들이 하는 '탐탁지 않은' 행동을 관대하게 보아야 한다. 아이가 다르다는 것 또는 자신의 독립성과 호기심을 표출하는 것에 대해 비판적이지 않는 것이 중요하다. 아이가 생각하는 과정에서 초기부터 너무 자기통제를 많이 하고 경험을 성급하게 판단해버리면 창의적인 관찰을 시들게 한다. 부모는 잘 적응하라고 동조와 복종을 요구하기보다는 용기, 독립적인 판단, 비판적 사고를 중요시해야 한다. 과도한 성역할 차이를 강조하는 것도 바람직하지 않다. 과도하게 성역할 차이를 강조하면 남자아이들은 감정적 민감성을 억누를 수 있고, 여자아이들은 자기주장, 자신감 그리고 충동성을 억누를 수 있다. 부모는 수정과 비판을 최소화하고 의사소통을 늘리며 자기주도성을 키워주도록 하여야 한다.

넷째, 문제를 재해석하라.

아이들은 대부분 자기가 생각하는 것과 전혀 다른 해석을 듣게 되면 처음에는 당황한다. 그러나 그 새로운 해석이 이치에 훨씬 잘 맞는다는 것을 알게 되면 감동하기 마련이고 나중에는 설득당하기도 한다. 창의력은 결코 완전한 무(無)에서 만들어지는 것이 아니다. 많은 자료가 머릿속에 들어 있어야 거기서 새롭고 좋은 발상이 나온다. 무슨 수를 쓰든, 많은 정보를 머릿속에 집어넣었기에 창의력 발휘가 가능한 것이다. 하지만 그 많은 정보에서 필요 없는 정보를 걸러낼 수 있는 통찰력이 없다면 창의력은 발휘될 수 없다. 통찰이란 이전에 없던 새로운 것을 만들어낸 것이 아니라 이미 존재하던 것을 다른 관점으로 살펴보고 그 관계의 의미를 재조합해내는 일이라고 할 수 있다. 흥미로운 사실은 통찰을 통해 다른 생각을 하게 될 뿐만 아니라 거꾸로 다른 생각을 함으로써 통찰력이 생긴다는 것이다. 다른 생각을 통해 통찰력이라는 멋진 결과를 얻고, 통찰력이 좋아지면 또 다시 다른 생각을 하게 됨으로써 창의력을 발휘할 수 있다.

다섯째, 새로운 만남을 위해서는 융통성이 필요하다.

이전에 만나지 않았던 두 가지 개념이 새롭게 만나 이전에 없던 추론이 발생하고, 그 추론에 따라 감동적인 일이 생긴다. 새로운 만남으로 통찰이 발생하고 이전에 없던 새로운 의미가 만들어진다. 그러기 위해서는 융통성이 필요하다. 융통성은 장애물을 만나거나 일에 차질이 생기거나, 새로운 정보를 접하거나 실수가 있는 등의 상황과 맞닥뜨릴 때 계획을 변경할 수 있는 능력을 말한다.

융통성이 뛰어난 아이들은 문제나 변화에 별다른 무리 없이 '물 흐르듯' 대처할 수 있다. 통제할 수 없는 변수 때문에 마지막 순간에 계획을 바꾸어야 할 때조차도 이들은 재빨리 상황에 적응하고 새로운 상황을 잘 풀어나갈 수 있으며, 실망이나 좌절감을 재빨리 극복하는 등의 필요한 감정 조절도 거뜬히 해낼 수 있다. 융통성이 있으려면 선택권이 있어야 한다. 아이들은 누군가가 자신들을 조종한다고 느낄 때 경직되곤 한다. 상황에 어떻게 대처할 것인지 아이에게 선택권을 준다면 아이들은 자신이 통제력을 가지고 있다고 느낄 것이다.

🗨 여섯째, 실수를 겁내지 않을 정도의 회복탄력성을 가져라.

우리 뇌는 무언가를 발견하기 위해 강제로 쥐어짜기보다는 아무 목적도 없이 놀도록 내버려둘 때 훨씬 자유롭게 활동을 한다. 강제로 쥐어짜는 과정에서는 그 과제에 필요한 활동 이외의 다른 활동은 억제된다. 문제해결력은 도전하고 실수하고, 또 실패해보면서 다시 추슬러 도전하는 것이다. 그런데 부모는 아이가 실수하는 것을 겁내한다. 아이가 통찰력에 차이를 보이는 것은 문제를 해결하는 활동에 대한 호기심이나 자발성의 차이에서 기인한다. 이런 차이는 부모의 양육태도와도 관련이 있으므로 아이의 강점을 살리는 양육을 하자. 너무 빨리, 너무 많이 성공해도 이후의 실패가 너무 커서 회복탄력성이 문제가 된다. 느리게 성공할 아이를 일찍 다그치면 느리게 성공할 자기주도성과 기회를 잃어버려 의존적인 아이가 된다. 따라서 아이의 행동이 느리다면, 늘 신중하게 생각하는 습관을 가진 것은 아닌지 좀 더 세심하게 살펴라.

38. 자기통제력을 키워라

 자기통제력이 부족한 아이

수영이는 아침에 등교 준비를 할 때마다 어려움을 겪곤 했다. 옷 하나를 입는 데도 느릿느릿 시간가는 줄 모르고, 밥알을 세듯 꾸물거리며 아침밥을 먹고, 양치질을 하거나 머리를 빗다가도 멍하니 텔레비전에 빠지곤 했다. 엄마는 아침마다 늑장을 부리는 수영이에게 고장 난 레코드마냥 이런 말들을 되풀이해야 했다. "수영아! 학교 늦겠다? 수영아! 얼른 가방을 가져와야 도시락을 챙겨 넣지." 엄마는 매일같이 수영이에게 이런 말을 반복하는 것이 스스로도 지긋지긋했지만, 이렇게 끊임없이 지시하지 않으면 수영이가 지각을 할 거라는 걸 알기 때문에 달리 뾰족한 수가 없었다.

사춘기 시기에는 오히려 자기통제력이 떨어지게 되는데, 그 때문에 방해 요소들에 좀 더 민감한 반응을 보이는 경향이 있다. 사춘기의 뇌를 연구하는 신경과학자들은 감정과 충동을 관장하는 뇌의 하부와 이성적 결정을 내리는 전두엽 사이에 '단절'이 있다는 사실을 발견했다. 이러한 단절은 사춘기, 심지어는 성인기에 걸쳐 매우 서서히 연결되며 가지치기와 수초화 작용을 통해 점점 더 강력하고 빠르게 연결된다. 이러한 과정을 통해 젊은이들은 이성적으로 감정을 조절할 수 있게 된다. 이러한 연결이 때가 되어 충분히 이루어지기 전까지는 사춘기 아이들은 전두엽을 통한 건전한 판단에 기반을 두기보다는 직감에 의존하여 다급한 결정을 내리는 경향을 보인다.

사춘기에는 충동 조절을 어렵게 만드는 또 다른 발달 변화를 경험하기도 한다. 이 시기에는 자율성과 주도성을 갖추는 중요한 발달 과업이 이루어지기 때문에 사춘기 아이들은 또래들의 영향을 강하게 받는 반면, 부모의 권위를 반항하고 도전하기 시작한다. 이러한 변화를 통해 독립성을 기를 수는 있지만, 불행히도 충동에 휩쓸릴 가능성도 훨씬 높아진다. 게다가 진정한 세상 경험의 발판을 마련해주기 위해 아이들에 대한 통제를 늦춘다는 것은 곧 사춘기 아이들이 자기 시간을 어떻게, 누구와 보낼 것인지 선택할 수 있는 자유가 훨씬 넓어진다는 것을 의미한다. 이처럼 규제가 풀어지게 되면 필연적으로 나쁜 결정을 하게 된다. 운이 좋다면 이 시기의 빗나간 나쁜 결정으로 교훈을 삼는 수준으로 마무리될 수도 있다. 하지만 부모가 적극적으로 나서 아이들에게 충동을 조절하는 법을 가르쳐준다면 이 시기를 무사히 넘어갈 가능성이 더욱 높아질 것이다.

아이들의 충동 행동을 규제하고 자기통제력을 길러주기 위해서는 간식 등의 유혹거리를 제한하거나, 규칙적인 잠자리 환경을 만들어주고, 행동에 대한 규칙을 정해주고, 충동적인 행동으로 인해 아이가 위험할 수 있는 상황에서는 관리감독을 철저히 해주고, 아이들에게 넘어서는 안 되는 한계를 정해주는 등의 방법을 쓸 수 있다. 그 대안은 바로 자녀가 실행력을 더 잘 발휘할 수 있도록 직접 도와주는 것이다. 방식은 둘 중 하나이다. 즉 아이가 갖추기를 바라는 실행력을 직접 가르치거나, 혹은 아이가 갖고는 있지만 제대로 쏠줄 모르는 기능을 활용할 수 있도록 동기부여를 하는 것이다.

 자기 통제력의 뇌

작업기억과 비슷한 시기에 발달하기 시작하는 두 번째 능력은 자기 통제력이다. 특정한 사람이나 특정한 사건에 반응하거나 반응하지 않는 자기 통제력은 행동조절의 핵심이 된다. 이미 알고 있겠지만 만일 아이가 생각하기 전에 행동부터 한다면 앞으로도 문제를 일으킬 소지가 다분하다. 반대로 어린아이가 탐나는 물건을 앞에 두고도 그 물건에 즉시 손을 대거나 집어 들지 않는 모습을 보일 때 아이의 자제력에 감탄하기도 한다.

예를 들면 자기통제력이 취약한 아이들은 감정 조절도 서툰 경향을 보인다. 이런 아이들은 생각 없이 행동하거나 생각하기 전에 감정이 먼저 격해져 입에서 나오는 대로 심한 말을 한다거나, 화낼 이유가 없는 데도 벌컥 화를 내곤 한다. 융통성이 없고 고집스런 아이들 역시 감정조절에 취약한 경향이 있다. 이런 아이들은 예기치 않게 계획이 바뀌었을 때 어찌할 바를 모르고 안절부절못하는 모습을 보인다. 반응 억제력, 자기조절력, 융통성 이 세 가지 실행력이 모두 취약한 아이들도 있는데, 이런 아이를 둔 부모들은 매일매일 고난과 시련 속에서 위태롭게 서 있는 아이를 지켜보는 일이 얼마나 힘든지 뼈저리게 느낄 수 있을 것이다.

이러한 자기 통제력은 학업성취도와 강한 상관관계를 보인다. 또한 사춘기의 스트레스와 좌절감에 대처하는 능력뿐만 아니라 집중력과도 상관관계가 있다. 초등학교 수학 및 읽기 과목의 성적도 행동을 억제해 만족감을 유보하는 능력과 상관관계가 높다. 이들 과목을 학습하려면 집중력과 끈기가 필요하다는 점을 고려하면 이해가 될 것이다.

자기통제력은 나이가 많아질수록 향상되기 때문에 계속해서 학업 성과를 예측할 수 있다. 중학교 2학년을 대상으로 한 연구에서는 학년 초의 자기 통제력이 학년 말의 성적과 출석을, 표준화 학력평가 점수를 예측하기도 한다. 자기

통제력이 강한 아이들이 그렇지 않은 아이들보다 점수가 높았다. 자신의 행동을 규제하는 능력은 학업 성적뿐만 아니라 원만한 대인관계에도 중요하다. 행동을 스스로 절제하는 데 능숙한 아이들은 분노와 공포, 불편함을 덜 드러내고, 같은 나이의 또래들보다 공감 능력도 뛰어나다. 어떤 연구자는 심지어 몇 년이 지나도 이러한 아이들이 사회적으로 좀 더 유능하고 인기가 많을 거라고 예측하기도 한다. 아마도 이 아이들은 자기감정을 잘 절제할 뿐 아니라 다른 사람의 감정을 잘 고려할 수 있기 때문일 것이다. 게다가 자기 통제력의 감수성기에만 국한되지 않는다. 성인의 경우에도 제한적이기는 하지만, 훈련을 하면 자기통제력을 향상시킬 수 있다.

심리학자 로이 바우마이스터(Roy Baumeister)가 지적했듯이 자기 통제력은 근육과 같아서 사용하면 할수록 더욱 향상된다. 바우마이스터의 연구에 따르면 자기 통제력은 다이어트에서 돈 관리, 왼손 양치질에 이르기까지 규칙적으로 연습하기만 하면 유형과 관계없이 향상될 수 있다. 실제로 몇 주간 이렇게 훈련한 대학생들은 규칙적으로 운동하기, 돈 관리하기, 집안일 하기 등 자기통제가 필요한 다양한 작업을 완수하는 능력이 향상되었다.

자기 통제력을 키우려면

💬 첫째, 주변의 방해 요소를 차단하라.

사춘기 아이들이 숙제를 할 때는 주변의 소음이 가장 큰 방해 요소이다. 오후에는 텔레비전을 보면서 낄낄대는 동생이나 형이 틀어놓는 커다란 음악소리 같은 것들이 숙제를 방해하는 요소가 될 수 있다. 그러므로 아이가 숙제에 집중하고, 효과적으로 숙제를 끝내기 위해서는 숙제하는 동안 주변을 조용하게 만들어 줄 필요가 있다. 마찬가지로 잠자리에 들 때나 집안일을 할 때도 주변에 방해

요소가 없어야 한다. 요즘 아이들은 주위의 방해 요소를 차단하기 위해 아이팟(iPod)으로 음악을 듣거나 소음 제거 헤드폰을 끼기도 한다.

🗨 둘째, 동기가 될 만한 요소를 찾아라.

자기 통제력을 제대로 발휘하는 데 있어 가장 중요한 요소는 일에 대한 흥미와 성취동기이다. 숙제를 잘 챙기지 못하는 아이라도 친구와 함께 듣기로 한 CD는 빠뜨리지 않고 매번 잘 챙긴다. 그리고 방과 후에 시험에 대비해 교사에게 수학 교습을 받기로 한 일을 깜박하고 잊어먹는 아이라도, 방과 후 마트에 가서 상품권으로 뭔가를 사러가기로 한 약속을 기억하는 데는 아무런 문제가 없다. 그렇다고 해서 이런 아이들이 작업기억력에 문제가 없다는 뜻은 아니지만, 기억력이 그다지 좋지 못한 아이라 하더라도 특별한 활동에 집중하게 만드는 동기부여가 이루어졌을 때는 그런 문제를 극복할 수 있다. 충분한 동기가 주어질 때 아이들의 실행력이 더 잘 발휘될 수 있다는 얘기이다. 이런 사실을 깨닫는다면 부모는 아이가 평소에 잘 발휘하지 못하는 실행능력이 요구되는 과제를 할 때, 아이가 과제 성취에 더 많은 노력을 기울일 수 있는 동기 요소를 찾아주는 것도 좋은 방법이다.

🗨 셋째, 구체적인 습관을 만들어라.

공부 습관이 몸에 배게 해주려면 몇 가지 구체적인 방법을 알아둬야 한다. 즉 평소 부모가 공부할 분량을 얘기해주고 그것을 지키는 연습이 필요하다. 계획표를 짜는 것도 도움이 된다. 과제를 내줄 때는 너무 어려운 것부터 시작해서는 안 된다. 아직 학습 습관이 제대로 훈련되지 않아 무리한 계획은 부작용을 낳을 수 있다. 공부시간도 한꺼번에 길게 정하지 말고 짧게 나누어 할 수 있게 도와준다.

예를 들어 1~2시간씩 앉아있으라고 하면, 아무리 갖고 싶은 물건으로 보상해준다 하더라도 이내 포기하기 쉽다. 30분 공부하고 10분 쉰다든가, 1시간 공부하고 20~30분 정도 쉬는 등 아이의 특성에 따라 시간을 조절해줘야 한다. 아이가 감당해낼 수 있는 양을 정하는 것이 포인트이다. 과제를 내줄 때도 "숙제 다 해!" "공부해!"가 아니라 "수학익힘 책 7쪽부터 12쪽까지 푸는 데 시간은 시계의 큰 바늘이 4에 올 때까지야. 알겠지?" 하는 식으로 구체적으로 알려준다. 이처럼 학습 계획을 구체적으로 세우고 실천할 수 있게끔 해야 효과를 볼 수 있다. 아이가 한 가지 실천할 때마다 보상해주는 것도 잊지 말아야 한다.

넷째, 부모가 먼저 감정을 조절하라.

부모가 아이에게 해서는 안 될 말들이 있다. "넌 어쩔 수 없는 아이구나!", "내가 그럴 줄 알았지!" 등의 표현은 흔히 홧김에 내뱉기 쉬운 말들. 그런데 이런 극단적인 말들은 아이의 자존감을 무참하게 짓밟아버릴 수 있다. 그 결과는 더 비뚤어지고 모난 행동으로 대부분 나타난다. 따라서 아이가 잘못을 했을 때는 일단 화부터 가라앉혀야 한다. 이런 경우 엄마는 말하기 기술 중의 하나인 '나-전달법'을 이용하여 아이에게 어떻게 행동해야 하는지를 가르칠 수 있다.

'나-전달법'을 이용하는 요령은 우선 차분한 태도로, 아이의 행동을 비판하지 않고 객관적으로 이야기해준다. 그런 다음 아이의 행동으로 인해 엄마가 어떤 기분이 드는지를 말해준다. 마지막으로 엄마가 기대하는 행동을 짧고 명료하게 말해준다. 이런 전달 기술이 바로 '나-전달법'이다. 아이가 어떤 잘못을 저질렀을 때 비판하거나 지적만하는 것은 결코 바람직하지 않다. 한편 잘못을 저지른 후 좀 나은 행동을 보이면, 곧바로 잘했다고 인정해주고 칭찬을 아끼지 말아야 한다.

다섯째, 서두르거나 방치하지 마라.

무슨 일을 하든 급하게 서두르는 부모 밑에서 자란 아이는 산만하거나 충동적인 성향을 갖기 쉽다. 이런 성향은 다른 사람의 말을 귀담아듣기 힘들다. 아이는 부모의 거울이란 점을 명심하고 서두르거나 충동적인 행동을 자제하도록 노력하자.

특히 부모가 아이를 권위적으로 대할 경우 아이는 다른 사람에게 적대 감정을 갖는 성향을 보인다. 방치하는 것도 바람직하지 않다. 방임형 부모에게서 자란 아이는 명령이나 일과를 중요하게 생각하지 않는다. 이렇게 두 유형의 아이 모두 남의 말을 귀담아들으려 하지 않는다. 따라서 아이를 대할 때 질서와 규칙은 지키게 하되, 아이의 생각이나 행동을 충분히 허용해주는 부모가 되도록 노력해야 한다.

PART 5

과목별 공부두뇌 만들기

국어두뇌 만들기

뇌의 언어영역은 좌뇌에 있다. 위치는 귀 바로 위와 주변부이다. 언어영역은 청각영역을 완전히 둘러싸고 있다. 측두엽의 대부분을 차지하며 두정엽과 전두엽도 접해 있다. 좌뇌에 언어영역이 자리 잡고 있긴 하지만, 유아기에 좌뇌가 손상된 아이도 무리 없이 말할 수 있는 것을 보면 우뇌 역시 관여한다고 보인다.

"좌뇌에 언어영역이 있다"

39. 국어의 뇌

초등학생에겐 국어 실력이 무엇보다 중요하다. 이후 대학입시와 사회생활에서도 국어는 중요한 요소로서 아이가 인생을 살아가는 내내 영향을 미친다. 특히 소통이 중요한 시대의 흐름에 국어는 더 가치를 발휘한다. 초등학교 입학 직후부터 국어의 중요성이 부각되는 이유는 무엇보다 '국어력'이 다른 과목의 이해 수준을 결정하기 때문이다.

예를 들어 초등학교 저학년 아이가 스토리텔링 수학 문제를 풀고자 할 때, 먼저 그 문제를 이해하지 못하면 풀 수가 없다. 따라서 책을 많이 읽거나 국어를 잘하는 아이가 수학도 잘하는 것이다. 저학년 수학 문제는 질문의 뜻만 정확히 이해한다면 다 풀 수 있기 때문에, 국어를 못하는 아이는 문제를 이해하지 못해서 수학성적도 나쁠 수밖에 없다. 초등학교 때에는 국어를 잘하는 아이가 다른 과목에서도 1등을 하는 이유가 그 때문이다.

따라서 부모는 아이가 초등학교 1학년에 들어가면 받아쓰기에 민감할 수밖에 없다. 모든 과목의 도구적 역할을 할 뿐 아니라 초등학교 때 이루어지는 최초의 상대평가이기 때문에 받아쓰기를 못하면 자신감이 떨어지고 심리적으로 위축이 되어 학교생활에도 어려움을 겪는다. 최근에는 거의 모든 아이들이 한글을 익히고 들어오기 때문에 그렇지 않을 경우 수업을 따라오기 힘들 정도이다.

부모는 대개 국어 공부는 말과 글을 익히고 나면 별다른 노력을 하지 않아도 된다고 생각한다. 그러나 국어는 사고력이라든가 의사소통 능력과 밀접한 관계에 있는 만큼 평생 배우고 익혀야 한다. 국어력이 떨어지면 논리력, 판단력, 문제 해결력도 떨어지고, 국어를 기반으로 하는 기억력과 집중력도 저하되며, 심지어는 수리력조차 떨어지는 것으로 알려져 있다. 따라서 국어에 대한 관심과 투자는 초등학교 내내 지속적으로 이루어져야 한다.

좌뇌에 언어영역이 있다

뇌의 언어영역은 좌뇌에 있다. 위치는 귀 바로 위와 주변부이다. 언어영역은 청각영역을 완전히 둘러싸고 있다. 측두엽의 대부분을 차지하며 두정엽과 전두엽도 접해 있다. 좌뇌에 언어영역이 자리 잡고 있긴 하지만, 유아기에 좌뇌가 손상된 아이도 무리 없이 말할 수 있는 것을 보면 우뇌 역시 관여한다고 보인다.

국어의 뇌가 발달하는 과정을 살펴보면 생후 24개월에 두 가지 언어영역이 활발해지는데, 국어의 이해를 담당하는 베르니케 영역은 12개월 전부터 발달을 하고 말하기를 담당하는 브로카 영역은 뒤늦게 발달한다. 처음에는 좌우 양쪽의 뇌가 같은 정도로 발달하지만, 95%의 아이들은 5세 이전에 좌뇌가 우세해지며, 우뇌의 말하기영역은 몸짓 등 별개의 작업에 이용된다.

아이의 뇌는 국어를 처리할 때 이성의 뇌와 감정의 뇌를 모두 사용한다. 듣거나 읽는 언어의 인지적 요소는 좌뇌 측두엽이 있는 좌뇌에서 처리하고, 말의 음색, 리듬, 고저 및 억양 등의 정서적 요소는 우뇌 측두엽이 있는 우뇌에서 처리한다. 언어의 정서적 요소라고 할 수 있는 운율은 말의 의미를 이해하는 데에 중요하다. 말을 하기 위해서는 측두엽과 두정엽, 전두엽을 아우르는 신경회로가 활성화되어야 한다. 그리고 이때 말로 표현할 주제의 시각적 영상을 떠올리기 위해 시각연합영역의 도움을 받는다.

아이가 말을 하기 시작하면 자의식도 함께 발달하는데 언어영역과 전두엽이 함께 발달하기 때문이다. 아이가 자의식을 갖고, 타인과 관계하기 위해서는 언어라는 도구가 필요하다. 피아제(Piaget) 연구에 의하면 언어의 발달은 12세경까지 현저하다. 따라서 이 기간에 국어의 표현력이나 사고력이 어느 정도 결정되는데, 만약 이 기간에 적절한 언어 자극이 없거나 국어를 쓰지 않는다면 국어는 충분히 발달하지 못하게 되는 것이다.

 그림11 언어의 뇌

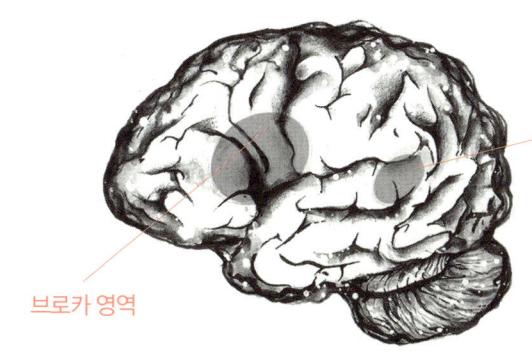

독서의 뇌

독서는 일단 외부의 시각 정보를 입력 받은 다음, 그 정보를 다른 신경회로로 보내 전체 내용을 이해하기 때문에 뇌의 시각센터에서 활성화가 시작된다. 말하기와 마찬가지로 독서에서도 뇌의 측두엽, 두정엽, 전두엽이 활성화되지만 처음에 자극이 입력되는 곳은 귀가 아니라 눈이다. 독서를 하려면 우선 각각의 철자를 그것의 소리로 연결시켜야 하고, 이 소리들을 결합해 하나의 소리 덩어리로 구성할 수 있어야 한다. 그 소리 덩어리가 어떤 의미를 지닌 단어라는 판단이 서면 뇌는 그 단어가 어떤 의미를 지니고 있는지 확인하고 싶어 한다. 그리고 단어의 의미를 알게 되면, 문장 속에서 그 단어의 앞뒤에 위치한 다른 단어들의 의미를 새롭게 확인하게 된다.

묵독(silent reading) 경로는 서서히 발달하는데, 이 경로에서 각회(angular gyrus)라는 조직이 포함된다. 각회는 대뇌피질 뒤쪽에서 후두엽, 두정엽, 측두엽이 만나는 지점에 있다. 이곳은 시각단어 인식체계와 나머지 언어처리체계 사이의 가교 역할을 하기에 안성맞춤인 위치이다. 게다가 각회는 말하는 언어 경로의 일부인 헤쉴회(Heschl's gyrus)에 가까이 붙어 있다. 문자는 각회에서 해석되면서 소리로 전환된다. 이 소리를 음소(phonemes)라고 부른다. 어렸을 때는 음성언어와 문자를 연결하지 않고, 그저 음성언어를 듣고 말하기만 한다. 그래서 아이들은 유치원과 초등학교 저학년 시절에 단어와 소리를 이용하는 놀이를 많이 한다.

신경과학자들은 임상적으로 난독증 아이들의 뇌에서 읽기가 일어나는 과정을 정밀 촬영한 결과, 읽는 데 어려움이 있던 아이들도 체계적으로 가르치면 읽을 수 있다는 사실을 입증하였다. 읽기를 체계적으로 가르치면 뇌의 단어 식별 영역에서 수초화가 증가한다. 수초화가 증가한다는 말은 단어를 식별하는 과제를 하면서 그 단어와 관련된 두뇌 영역을 개발하고 활용했다는 뜻이다. 직접

적이고 체계적인 지도를 통해 과학적으로 가르치면 아이들이 정확하고 신속한 단어 해독자가 될 수 있다. 아이들은 시각 단어를 연습하고 암기한다. 그와 동시에 읽을 때는 '누가, 무엇을, 언제, 어디서, 왜'라는 질문에 답하면서 이해력이 높아진다.

아이들은 부모가 들려주는 이야기나 그들이 읽는 책 속에서 은유를 탐색하기 시작한다. 동화나 우화에는 인간을 닮은 동물과 기계가 많이 등장하는데, 그러한 이야기들은 대개 상상 속의 일을 아이의 삶과 연결지어준다. 독서를 하는 동안 두정엽과 각회는 은유를 처리한다. 각회는 시각, 청각, 촉각 처리 센터의 집합부에 자리 잡고 있으며, 거울뉴런을 담고 있다. 자폐증을 앓는 사람들 중 일부는 거울뉴런 체계에 결함이 있는 것으로 보인다. 그렇기 때문에 타인의 생각과 행동을 추론하거나 이해하지 못하며, 은유와 속담을 알아듣지 못하고, 의사를 분명하게 표현하지 못하는 것 같다. 자폐증 환아의 문제와 거울뉴런 사이의 관련성이 밝혀짐에 따라 자폐증을 진단하고 치료할 가능성이 열리기 시작했다. 어쩌면 학습장애와 관련된 다른 문제도 거울뉴런 체계의 결함에서 그 원인을 찾을 수 있을지 모른다. 따라서 이해하면서 읽으려면 뇌의 물리적 구조와 역량을 훨씬 더 많이 활용해야 하기 때문에 독서를 하면 뇌의 전 영역이 활성화된다.

 ## 여아가 남아보다 국어를 잘한다

뇌과학자들이 연구한 결과를 보면, 1) 여아보다 남아가 언어 문제의 발생 빈도가 높으며, 2) 난독증 아이는 정상 아이보다 좌우 뇌의 크기가 다르고, 3) 왼손잡이들이 언어장애가 많다.

이러한 결과들을 설명하기 위해 노먼 게슈윈드(Norman Geschwind) 박사는 테스토스테론 관련설을 내놓았다. 태아기 발달 동안 테스토스테론이 좌뇌의 성장에 영향을 미친다는 것이다. 일반적으로 아이는 오른손을 사용하여 언어가 좌뇌로 편측화(lateralization)되는데, 테스토스테론의 영향을 받는 아이는 우뇌 혹은 양 뇌로 언어가 편측화되고 왼손잡이가 된다. 이러한 뇌의 변화로 인하여 발달성 난독증, 언어 발달장애, 자폐증과 같은 문제가 많아진다. 좌뇌와 우뇌의 크기가 차이가 나는 것은 테스토스테론이 좌뇌의 성장 속도를 늦추거나 우뇌의 정상적인 수축을 방해하기 때문이라고 게슈윈드는 주장한다.

어쨌거나 우뇌는 전형적으로 비언어적인 과제를 처리하도록 발달하고 좌뇌는 언어적 과제를 처리하도록 발달하며, 특히 계산능력은 좌뇌가 처리하고, 수학적 추론능력은 우뇌가 주로 처리한다.

✏️ 오히려 중요한 건 밥상머리 교육

초등학교 때에는 아이가 부모와 함께 있는 시간이 가장 많으므로 국어 공부에 있어서 부모의 영향력은 지대하다. 국어는 특히 수학, 과학, 사회의 도구과목으로 중요한데, 부모들은 대개 아이가 읽기를 시작하면 국어교육에 대해 무관심해져 버린다. 국어는 학교 수업도 중요하지만, 식탁이나 거실에서도 배워야 한다. 아이가 자기의 생각을 솔직하고 자유롭게 말할 수 있도록 밥상머리 교육을 하여야 한다.

공부할 때 기본 핵심은 중요한 내용과 중요하지 않은 내용을 구분할 줄 아는 것인데, 그러려면 읽기를 잘해야 한다. 읽기는 수학을 공부하든, 국어나 영어 혹은 과학이나 사회를 공부하든 지식을 흡수하는 수단이 된다. 아이가 읽기를 못하면 공부가 효율적이지 못하고, 문제를 해석하는 데도 어려움이 있어서 시험성적도 좋지 않다. 잘 읽으면 저자의 의도를 제대로 파악하고 이를 이미지화하여 저장할 수 있기 때문에 읽기만 잘해도 수학문제까지 잘 풀 수 있다.

읽기 영역과 관련해서는 독서가 중요하다. 너무 어렵게 생각하지 말고 중요한 내용이 무엇인지 찾으면서 읽으라고 하라. 중요한 게 뭔지 알아야겠다는 마음으로 읽으면 독서는 제 역할을 다하는 것이다. 또한 책을 읽다가 궁금하면 관련된 다른 책을 찾아 읽는 적극적인 독서를 통해서 사고력을 키워야 한다. 이런 훈련이 되어야만 낯선 주제의 책도 어렵지 않게 읽을 수 있는 능력이 키워진다.

40. 읽기, 어휘력을 늘려라

　읽기의 제일은 유창성이다. 글을 소리 내어 읽을 때에는 정확한 발음으로 뜻을 파악하며 읽어야 하고, 읽는 속도와 목소리 크기를 조절해서 간단한 문장부호까지 파악하면서 읽어야 한다. 또 글을 읽고 그 내용을 순서대로 기억할 수 있어야 하며, 중요한 일과 그에 따른 세부사항을 기억할 수 있어야 한다. 그리고 글의 내용에 맞는 제목을 붙일 수 있어야 한다.읽기를 잘하기 위해서는 무엇보다 많은 양의 독서가 필수이다. 만약 아이가 독서를 싫어한다면, 그 원인을 파악하여 해결해줘야 하며 독서에 방해되는 텔레비전 등은 제한하여야 한다. 또한 부모 스스로가 독서하는 모습을 보여주는 모델링도 필요하다.

🖉 학년별 국어의 발달

　초등학교 저학년 때 읽기를 배우지 못하면 고학년이 되었을 때 옆에서 아무리 격려하고 도와줘도 공부를 잘하기 어렵다. 저학년 때 술술 읽고 해독할 줄 아는 능력을 키워주어야 나중에 읽기를 활용한 학습이 가능하다. 그러기 위해서는 구어경로를 조정해야 한다. 아이의 뇌에 해독경로를 구축하는 일은 저학년 시기에 주요 과제이다. 만약 아이가 빠르고 유창한 읽기능력을 습득하지 못한 채 고학년이 되거나 중학교에 들어간다면, 어려움을 겪게 되므로 비록 조금 늦었더라도 어떻게든 바로 잡아야 한다.

초등학교 저학년 때 아이들은 말소리의 최소 단위인 음소를 발음규칙과 함께 익히면서, 말을 소리 내는 뇌의 경로에서 몇 개의 신경회로를 파생적으로 발달시킨다. 이렇게 읽기교육을 받은 대부분의 아이들은 말에서 소리 내는 경로를 자연스럽게 읽기 해독경로로 전환시킨다. 그런데 일부 아이들은 말을 하는 데에 관여하는 신경회로를 읽기 해독 경로로 전환하기 위해 반복연습이 필요하며, 아이들이 뇌의 자동읽기경로를 개발할 수 있도록 교사가 집중적으로 개입하여 도와줘야 한다.

따라서 초등학교 저학년 국어에서 가장 중요한 것은 음운론이다. 은유를 재미있게 생각하고, 읽기를 통해 말을 알아듣게 되면 아이는 추상적인 소리에 대한 감각을 보인다. 이때부터 언어감각이 뛰어난 아이는 다른 아이들이 전혀 해독하지 못하는 읽기와 철자법을 전혀 어려워하지 않는다.

아이가 자라면서 초등학교 고학년이 되는 동안 아이의 국어 실력은 문장을 얼마나 잘 이해하고 잘 만들어내느냐에 의하여 결정된다. 아이들은 지시사항을 따르고, 질문을 이해하고, 다양한 문장들을 완벽하게 구사할 수 있어야 한다. 부모가 아이에게 같은 말을 여러 번 되풀이해야 하는 경우라면 아이가 고집이 세기 때문이 아니라, 문장을 만들지 못해서일 수도 있다. 소리체계에 대한 이해력과 문장력이 좋은 아이는 읽기를 좋아하고 글에서 많은 의미를 끌어낼 수 있다.

초등학교 고학년이 되면서 국어가 뛰어난 아이는 글을 읽으면서 효과적으로 새로운 정보를 얻지만, 그렇지 못한 아이들도 많다. 학년이 높아질수록 요구되는 국어 수준이 다르기 때문에 말하기, 듣기, 읽기, 쓰기 등 국어의 각 영역은 항상 골고루 학습하여야 한다.

광주교육대학교 천경록 교수는 총 7단계의 읽기능력 발달 단계를 제시하고 있다. 그중에서 초등학교까지의 단계를 살펴보면 다음과 같다.

 1단계 – 읽기 맹아기

글 읽기 이전 단계로 주로 음성 언어를 사용하는 단계이다. 아이가 태어나서 유치원을 다닐 때까지가 이 시기에 해당한다.

 2단계 – 읽기 입문기

음성 언어에서 문자 언어로 나아가는 단계이며, 주로 초등학교 1~2학년인 저학년 시기에 해당한다. 아이가 말뿐만 아니라 글로도 의사소통이 가능하다는 것을 깨닫는 시기로, 글자와 소리의 관계를 인지하고, 단어를 소리 내어 읽을 수 있다. 이 단계의 읽기에서는 음독활동(oral reading)이 중요하다. 글자를 소리 내어 읽는다는 것은 아이가 글을 읽고 있다는 증거이다.

 3단계 – 기초 기능기

해독에서 독해로 나아가는 단계로 읽기의 기초 기능을 익히는 시기이다. 이 단계는 초등학교 3~4학년 시기에 해당한다. 아이가 긴 문장을 의미 중심으로 끊어 읽기를 시작하는데, 글을 유창하게 소리 내어 읽게 되고, 음독에서 묵독으로 넘어가는 과도기라고 할 수 있다.

 4단계 – 기초 독해기

초급의 사고 기능을 익히는 단계로 볼 수 있다. 초등학교 5~6년이 이 시기에 해당한다. 해독보다 독해에 더욱 큰 비중을 두고 글을 읽게 되면 묵독이 강조된다. 이 단계에서는 사실과 의견을 구별하기, 정보를 축약하기, 생략된 정보를 추론하기, 이어질 내용 예측하기, 비유적 표현의 의미 이해하기, 표현의 적절성 판단하기 등의 기초 독해기능을 기르는 단계이다.

읽기를 돕기 위해 부모가 할 일

아이는 부모의 책 읽는 모습을 보며 자연스럽게 독서에 익숙해지도록 자라야 한다. 그리고 부모는 가능한 한 아이가 어렸을 때부터 책을 읽어주는 것이 좋다. 부모가 이야기를 들려주며 함께 대화를 주고받는 방식은 아이의 뇌 발달에 매우 중요하며 언어발달에도 도움이 된다.

국어력은 독서력이라고 할 수 있는데 초등학교 6학년 때까지는 부모가 책을 읽어주면 효과가 크다. 부모가 책을 읽어주면 부모의 풍부한 배경지식 때문에 혼자 읽는 것보다 5배 이상 이해할 수 있다. 또래 아이들끼리 독서모임을 만들어주는 것도 좋다. 이렇게 책을 읽고 난 뒤에 친구들과 생각과 느낌을 나누다보면 언어와 사고력을 모두 키울 수 있다. 초등학교에서는 읽기 교과서를 중심으로 지문을 읽고 내용을 이해하는 데 주력하여야 한다. 가령 다음 주에 배울 것을 집에서 먼저 공부해도 좋고, 아이가 내용을 다 읽고 난 후에 부모가 질문을 하여 아이의 이해 정도를 확인하는 것도 좋다. 국어 문제집을 푼다면 타이머를 사용하여 주어진 시간 안에 문제를 푸는 연습도 필요하다.

초등학교 1학년 지침

첫째, 좋아하는 분야부터 시작하라.

초등학교 1학년 아이들에게 독서습관을 들이기 위해서는 먼저 아이를 파악해야 한다. 처음에는 권장도서보다 아이가 관심을 보이는 분야나 좋아하는 주제를 고르는 것이 좋다. 그렇게 시작하면 아이가 읽기에 흥미를 가지게 되며, 아이의 독서 패턴을 파악할 수도 있다.

둘째, 그림이 있는 책이 좋다.

그림책은 유아기에만 본다는 생각을 버리자. 초등학생이 되었다고 글자만 있는 책을 읽게 하면 아이가 글자를 읽는 데만 힘을 쏟기 때문에 내용 파악이 떨어질 수 있다. 오히려 그림이 풍부한 책은 아이가 책을 쉽게 접하고 부담 없이 읽을 수 있도록 도와준다.

따라서 글씨가 적어 단순한 구조를 가진 책을 선택하되 초등학교 1학년생이 이해할 만한 내용이면 된다. 상상력을 키워주는 전래동화, 지적 호기심을 채워주는 과학책, 사회적 경험을 접하게 하는 생활동화가 좋다. 욕심을 부려 처음부터 너무 어려운 책을 권하면 읽는 재미를 잃어버릴 수 있으므로, 책은 아이 스스로 고르도록 하자.

셋째, 전문분야를 만들자.

독서를 하다보면 아이가 유난히 좋아하는 책이 생기는데, 이와 유사한 종류의 책을 구해서 흥미가 지속적으로 이어지도록 하자. 이때는 이야기가 긴 내용으로 자연스럽게 바꿔줄 수 있다. 독서량이 많고 읽기를 재미있어하면 그림이 있는 위인전도 권할 만하다. 위인전은 아이들을 상상력의 세계에서 현실 세계로 이끌어 현실에 대한 이해력을 넓혀준다.

💬 **넷째, 책을 읽은 후 독후활동을 하자.**

아이가 책을 읽고 난 뒤에는 부모도 같은 책을 읽고 아이와 함께 이야기하는 습관을 기르자. 초등학교 1학년 아이의 책 읽기 수준은 대개 내용 파악에 그치기 때문에 책 속에 담겨 있는 깊은 의미를 스스로 알아내기 어렵다. 부모가 아이와 식탁에 마주 앉아 자연스럽게 책에 대해서 대화해보면 아이가 내용을 어느 정도 이해하고 있는지 파악할 수 있다. 아이가 찾아내지 못한 책의 주제나 중심 내용, 이야기의 전개, 작가에 대하여 언급한다면 아이는 책에 흥미를 보일 것이다. 이 방법은 아이에게 책의 맛을 알게 하고 이해력을 키워준다.

✏️ 초등학교 2학년 지침

짧은 책을 읽고 그 주제를 말할 수 있어야 하며, 중요한 등장인물이 어떤 일을 했는지 기억할 수 있어야 하고, 이야기의 내용을 순서대로 말할 수 있어야 한다. 그리고 글을 읽다가 모르는 낱말이 나오면 이 글의 앞뒤 문맥에 맞춰 뜻을 유추할 수 있어야 한다. 또 글의 내용이 무엇을 말하는지 결론을 내릴 수 있어야 하며, 글에서 지시하는 사항을 따라할 수 있어야 한다.

✏️ 초등학교 3학년

이전에 비해 많이 길고 복잡한 구조를 갖춘 글을 읽게 된다. 그렇기 때문에 글을 읽으면서 등장인물은 왜 이런 행동을 하는지, 글쓴이의 의도는 무엇인지 생각을 정리하며 읽을 수 있어야 한다. 그리고 글을 읽은 후에는 그 내용을 차례에 맞게 간추려 요약할 수 있어야 한다.

초등학교 5학년 지침

초등학교 5학년부터는 책이 재미없더라도 끝까지 읽어내야 하며, 책속의 생각이 나와 다르더라도 저자의 입장에서 이해하고 받아들여 객관적으로 읽을 수 있어야 한다. 그리고 "말 탄 선비가 말을 걸었습니다"에서와 같이 발음은 같지만 뜻이 다른 낱말을 구별하여 이해할 수 있어야 하며, '내외끼리 내외할 일도 없고…'와 같이 같은 낱말이라 하더라도 문맥에 따라 그 뜻이 달라진다는 것을 알아야 한다. 또 상징을 이해할 시기이므로 비유적 표현, 관용적 표현을 잘 이해할 수 있어야 한다.

 초등학교 6학년 지침

글을 읽으면서 중요한 문단이나 문장, 낱말이 무엇인지 찾아낼 수 있어야 하고, 핵심적인 낱말을 보고 글의 내용을 짐작할 수 있어야 한다. 또 글 속이나 낱말 속에 감추어진 뜻을 파악해야 하고, 읽을 때와 쓸 때 비유적인 표현을 사용할 수 있어야 한다. 그리고 글의 내용을 통해 그것이 사실인지, 의도적으로 설득하려고 하는 것인지를 판단할 수 있어야 한다. 아이가 글을 읽을 때도 글 속에 등장하는 인물이 그렇게 행동할 수밖에 없었던 사회적인 배경과 상황 등을 연계하여 그 행동을 판단할 수 있어야 한다.

41. 국어, 독서태도가 중요하다

　아이의 사고력을 높이는 가장 효과적인 방법은 다방면의 책을 많이 읽는 것이다. 하지만 대부분의 부모들은 책을 많이 읽는 것에만 초점을 맞추지 제대로 독서하는 것에는 소홀하다. 실제로 많은 아이들이 책을 많이 읽기는 하지만 사고력이 나아지지 않는 경우가 흔하다. 오히려 사고력이나 창의력이 떨어지는 예도 있다. 특히 만화나 쉬운 책을 통해 단편적인 지식만을 받아들이면 사고력이 떨어진다.

　읽기가 부진한 아이들의 특성은 다음과 같다.

● **첫째, 한글을 해득하지 못했거나 낱말의 이해가 부족하다.**
　읽기가 부진한 아이들은 능숙하게 낱말을 읽는 듯 보이나 그 뜻을 모르고 읽거나 의미 없이 글만 읽은 경우가 많다. 그렇다보니 글이 길어질수록 문장의 내용을 파악하지 못하고, 글자만 훑고 지나간다. 이러한 아이들에게는 낱말과 의미 간의 관계에 대해 명확하게 인식시켜야 하므로 체계적인 학습 전략을 세워 지도

하는 것이 필요하다.

🗨 **둘째, 사실적으로 이해하는 능력이 부족하다.**
　읽기가 부진한 아이들은 세부 내용을 파악하는 기능에 대해서는 어느 정도 강점을 보이지만, 글의 대강의 내용을 파악하는 기능이나 글의 구조를 파악하는 기능에 대해서는 부진하다. 따라서 한 편의 글을 읽고 전체 내용을 요약하는 활동을 통해 글의 대강의 의미를 파악하는 능력을 향상시켜야 한다.

🗨 **셋째, 추론력이 부족하다.**
　읽기의 추론은 기존의 사실적 정보를 바탕으로 정교화하거나 예측하여 새로운 사실을 찾아내는 능력이다. 읽기가 부진한 아이는 읽은 글의 내용을 제대로 파악하지 못하므로, 그것을 기반으로 새로운 사실을 추론하기는 더 어려움을 느낀다. 이를 해결하기 위해서는 글의 문두에서 글 전체의 흐름에 대한 내용을 익히고, 그 흐름에 따라 글을 읽고, 이어질 내용을 추론할 능력을 갖추어야 한다.

🗨 **넷째, 평가와 감상 능력이 부족하다.**
　평가 및 감상은 글을 읽고 자신의 생각에 비추어 비판적으로 판단하거나 좋고 나쁨을 이야기할 수 있는 능력이다. 읽기가 부진한 아이는 내용 파악 능력이 미흡하다보니 비판적 읽기가 되지 않아 글을 읽고 적절성을 판단하는 능력이 매우 부족하다. 그러다보니 자신감이 떨어져 감상조차 하지 못하는 경우가 대부분이다. 내용확인 범주를 기반으로 추론과 평가 및 감상 범주로 지도를 확대해나갈 필요가 있다.

제대로 읽기 위해 필요한 기술

바우어라인(Bauerlein)은 복잡한 글을 제대로 읽어내기 위해서는 아래와 같은 세 가지 기술이 필요하다고 주장하였다. 그런데 이 기술은 인터넷이나 스마트폰에 익숙해 있어 학습이 부진한 아이들이 개발하기엔 어려울 것으로 보인다.

1) 예측력

글은 겉으로 드러난 의미와 더불어 거기에 내포된 뜻을 파악해야 하므로, 이후에 전개될 내용을 차분하게 예측하는 시간을 가질 필요가 있다. 그런데 채팅형 문자 메시지로 보통 단순한 내용을 빠르게 주고받으므로 아이들은 천천히 따지고 숙고하기보다 텍스트를 대충 훑어보는 습관을 들인다.

2) 집중력

필요한 정보를 작업기억 속에 유지하면서 생각의 흐름을 유지할 수 있을 정도로 집중력이 필요하다. 복잡한 글에는 아이에게 다소 생소한 장면이나 개념이 다루어지는 경우가 많기 때문에 아주 잠깐 집중해서는 내용을 이해하기 어려울 것이다.

복잡한 글의 의미를 파악하려면 읽기 도중에 친구들과 문제 메시지를 주고받는 등 과제전환이 이루어지는 것을 막고, 읽기라는 한 가지 과제에 계속 집중해야 한다.

3) 추론력

저자의 의견에 동의할지 반박할지 결정하고 자신만의 생각을 확립하려고 노력하는 등 적극적이고 비판적으로 읽는 태도를 가져야 한다. 복잡한 글을 읽다 보면 아이들은 지식 부족과 경험의 한계에 직면하기 쉽다. 그런데 아이들은 이런 한계를 보완하고 글을 더 깊이 읽어보려고 노력하기보다는 책의 인물 소개 페이지에 제시되는 내용과 같은 간단한 정보를 습득하기를 원한다.

독서 태도를 지도하기 위한 지침

독서 태도를 지도할 때는 먼저 읽기에 대한 동기, 흥미, 신념 등의 긍정적인 태도를 형성시켜두는 것이 무엇보다 중요하다. 따라서 평소 독서에 대한 성공적인 경험을 많이 하도록 해야 한다. 아이가 읽기 성공 경험을 맛보았다고 판단되면 적절한 읽기 과제를 제시하면서, 부모는 허용적 태도를 유지할 필요가 있다. 풍부한 독서경험을 통해 독서의 즐거움을 경험하는 아이들은 성공적인 평생 독서가로 자리매김하게 될 것이다.

독서에 대한 긍정적인 태도는 독해능력을 높이는 데도 중요한 요인이다. 태도와 같은 정의적인 요인은, 지식이나 기능 등의 인지적인 요인처럼 읽기를 직접 수행하는 데 관여하지는 않지만, 읽기능력의 발달에 중요한 영향을 끼친다. 태도 요인을 포함한 인간의 정의적 측면은 오랜 경험을 통하여 서서히 형성된다. 그래서 독서 교육을 통해 긍정적인 독서 태도를 형성하려는 노력은 독서 지도의 전 기간을 통해 반드시 고려되어야 하는 교육의 한 측면이다.

결국 독서교육의 목표는 잘 읽게 하는 데 그치지 않고, 아이가 삶 속에서 독서를 통하여 성장할 수 있게 하는 데까지 나아가야 한다. 독서성취가 아이의 삶을 통해 발현되기 위해서는 지속적이고도 자발적인 독서가 이루어져야 하며, 그러려면 긍정적인 독서 태도가 필요하다. 읽기에 대한 긍정적인 태도는 독서가 공부로 인식되는 것은 물론 새로운 앎에 대한 기쁨과 즐거움으로 인식되는 긍정적인 변화를 가져오게 된다.

42. 국어, 추론력을 키워라

　국어시험 문제로는 지문을 읽고 '가장 옳은 답을 고르시오'와 같은 형태가 많다. 다른 답도 틀린 것은 아니지만 최선의 답을 고르라는 문제이다. 국어 이외에 다른 과목, 예를 들면 수학 문제에서 '가장 옳은 답을 고르시오'라는 문제가 있는가? 이것은 사회도, 과학도 마찬가지이다. 억지로 만들지 않는 이상 이런 형태의 문제는 있을 수가 없다. 국어 과목만 가능하다.

　결국 국어 시험에서는 작가 혹은 출제자의 마음을 잘 헤아릴 줄 알아야 최선의 답을 택할 수 있다. 이런 까닭에 국어를 잘하려면, 매력적인 오답을 고르지 않기 위해서 정보처리를 잘해야 한다. 쉽게 풀이하면 옳고 그름을 잘 구별해내야 한다. 여러 정보 중에서 가장 적절하고 알맞은 정보를 찾아내는 것이 바로 국어를 공부하는 이유이다. 이처럼 국어실력은 정보처리를 잘하느냐 못하느냐에 따라 좌우된다.

　많은 아이들이 수업을 받은 대로 이해하지 않고 자기 마음대로 변형하여 이해한다. 책을 읽을 때도 저자의 의도대로 읽는 것이 아니라 자기 의도대로 읽는다. 학교 시험을 볼 때도 출제자의 의도를 생각지 않고 자기 마음대로 판단한다. 부모는 이렇게 아이가 왜곡해서 받아들이는 것이 그저 아이가 책을 읽지 않아서 생겨난 일시적인 것으로 생각한다. 책을 많이 읽으면 교정될 것이라고 믿을 뿐 아니라, 글을 주관적으로 읽는 것이 더 창의적이라고 생각하는 부모도 있다. 책을 주관적으로 읽는 것은 잘못된 읽기이다.

진정한 창의력은 저자의 의도를 제대로 이해하고 난 후 이를 다양한 시각에서 비판하고, 여러 가지 대안을 제시하는 것이다. 아이가 책을 주관적으로 읽으면 책 읽기의 효율성이 떨어지기 때문에 교정해주어야 한다.

다음은 책을 읽을 때 피해야 할 사항이다.

첫째, 빨리 읽지 마라.

아이들 중에는 아무리 어려운 책을 줘도 금방 읽어버리는 아이가 있다. 그냥 건성으로 읽고 넘어가는 것이다. 아이가 생각을 하지 않고 읽기 때문이다. 책을 읽을 때마다 생각하면서 읽는 습관을 들여야 한다.

둘째, 자기 맘대로 읽지 마라.

저자의 의도를 따라가기보다는 자기방식대로 글을 이해하고 받아들이는 아이가 있다. 시험에서도 출제자의 의도와 상관없이 문제를 풀어서 틀리기 일쑤다. 대다수 아이들은 문제를 풀 때조차 지문 자체에 근거를 두는 게 아니라 자기의 경험이나 가치에 따라 판단하기 때문에 문제에서 요구하는 바를 놓치는 경우가 많다. 모든 책은 저자가 생각을 하면서 써내려 간 결과물이다. 그러므로 책을 읽을 때는 그 결과물만을 이해할 것이 아니라 저자의 생각하는 과정을 그대로 따라가야 한다. 자신의 생각을 개입시키지 않고, 저자가 생각하는 방식이 아이의 뇌에 입력되면서 추론력도 함께 높아진다.

💬 **셋째, 대충 넘어가지 마라.**

척 봐서 복잡하거나 어렵다고 느끼면 읽지 않고 별표만 하고 넘어가는 아이가 있다. 생각하기가 부담스러운 것이다. 이렇게 해서는 추론력이 좋아지지 않는다.

✏️ 책을 제대로 읽으려면

읽기를 잘하는 아이는 책을 읽을 때 낱말과 문장의 뜻을 제대로 이해하고, 중요한 내용과 그렇지 않은 것을 구별하고, 어려운 내용이 나오면 그것을 제대로 이해하기 위해 자신이 알고 있는 지식이나 경험을 동원하기도 한다. 되풀이해서 읽거나 다른 자료를 찾아보는 등의 노력도 게을리 하지 않는다. 그뿐 아니라 글의 내용을 자신의 배경지식과 연관시켜 관련사항에 적용하기도 하고, 종합해 새로운 지식을 만들어내기도 한다.

그럼 책을 제대로 읽으려면 어떻게 해야 할까?

💬 **첫째, 일단 훑어보기를 하자.**

책을 읽기 위해서는 전체적인 파악이 우선되어야 한다. 제목과 차례, 도표, 사진, 그래프 등을 살펴보고 도입부와 결론을 읽자. 요약이 있는 경우에는 요약 부분도 읽어본다. 특히 책 제목은 대체로 그 책의 전체 내용을 압축적으로 표현한다. 게다가 제목과 책의 내용을 함축적으로 표현한 그림이 함께 그려진 책 표지는 전체 내용을 상상하고 추론하기에 적합한 자료이다. 책을 읽기 전에 제목과 표지만 보고 어떤 내용일지 먼저 추론해보면, 책의 내용을 이해하는 데 도움이 된다. 책 내용을 미리 생각해보았기 때문에 저자의 생각과 자기 생각의 흐름을 비교할 수 있는 좋은 기회가 될 수 있다. 문학작품의 경우에는 저자의 생각대로 글이 이어지기 때문에 첫 문단만 읽고 전체 내용을 파악하기가 쉽지 않다. 그러나 설명문이나 논설문은 글의 요지가 분명한 글이어서 첫 문단을 읽고도 뒤의 내용을 얼마든지 추론할 수 있다.

💬 둘째, 배경지식을 동원하여 연결하라.

글속에 모르는 어휘가 70% 이상 있다면 그 글을 정확하게 이해하기 어렵다. 따라서 모르는 어휘는 그냥 지나치지 말고 뜻을 찾아보고 그 의미를 파악하며 읽어야 한다. 모르는 어휘가 나올 때마다 예측하고, 문맥을 살펴 뜻을 유추해보고, 사전을 이용해 정확한 뜻을 찾아보자. 어휘력이 높다는 것은 배경지식을 동원하기 쉽다는 뜻이기도 하다. 아이가 글을 이해하는 데 필요한 배경지식을 가지고 있지 않다면 부모가 미리 정보를 제공하여 새로운 글을 읽는 데 어려움을 겪지 않도록 해야 한다. 글을 읽기 전 주제에 대해 이미 알고 있는 것을 떠올리고, 이 글을 통해 알고 싶은 것을 정리하고, 자신이 알고 있는 것이 맞는지 확인하자.

부모는 아이가 읽는 책을 관찰하여 관심사를 알아내고 대화의 소재로 활용해야 한다. 특히 설명문에서는 단어의 의미를 정확하게 파악하고 전후 관계를 연결시켜 읽어야 하며 정확하게 이해했는지를 반드시 확인해야 한다. 그림책뿐만 아니라 음악과 예술, 연극이나 영화에 이르는 다양한 분야에서 동일한 주제를 다룬 작품을 감상하고 비교해 배경지식을 쌓자.

💬 셋째, 중요한 것을 찾아라.

아이의 추론력을 높이는 가장 효과적인 방법은 다방면의 책을 많이 읽는 것이다. 그러나 책을 무작정 많이 읽는다고 추론력이 키워질까? 대부분의 아이들은 글을 읽을 때 그냥 책의 내용을 이해하는 것으로 끝난다. 저자의 생각을 그냥 수동적으로 받아들이고 적극적인 사고를 하지 않는다. 아이는 책을 읽으면서 저자가 이렇게 생각한 이유가 무엇인지 답할 수 있어야 하고, 저자가 어떤 과정을 통해 이렇게 생각하게 되었는지 그 과정을 생각해보아야 한다. 따라서 책을 선택한 목적을 염두에 두면서 핵심어와 기능어를 찾아가며 읽어야 한다. 의문점에 대한 답을 찾아가며 읽는 것이다. 특히 이탤릭체나 굵은 글씨, 색이 있는 글씨 등에 더욱 더 주의를 두고 읽는다. 저자가 강조하는 개념이나 책을 통해 습득해야 할 정보는 놓치면 안 된다. 중요한 단락은 여유를 가지고 천천히 읽어야 하며, 필요하면 여러 번 반복해서 읽는 것도 좋은 방법이다.

근거가 되는 문장에 밑줄을 긋는 연습을 시키자. 이렇게 하면 아이는 답을 즉흥적으로 찾지 않고, 앞뒤 문맥을 잘 보고 근거를 찾아 추론하기 때문에 실수로 오답을 적는 일이 적어진다. 추론은 자기 생각이 아니라, 주어진 지문을 꼼꼼히 읽고 그 지문을 바탕으로 생각해야 함에도 불구하고, 자기 생각으로 추론을 하고 문제를 대하는 아이들이 많다. 추론은 기발한 아이디어와 풍부한 상상력이 아니라 사실에 대한 정확한 이해에서 출발한다.

🔴 넷째, 질문을 통하여 사고력을 높여라.

추론력을 향상시키는 독서가 되려면 저자가 그렇게밖에 생각할 수 없는 이유를 파악해야 한다. 제목을 보고 어떤 느낌이나 생각이 드는가, 라는 단순 질문에서부터 배경지식을 동원한 어려운 질문까지 어떤 종류의 질문이라도 관계없다. 아이는 의문점이 생기면, 자기가 알고 있는 모든 지식과 외부정보를 동원해 그것을 해결하려고 의식적·무의식적으로 노력하게 되는데, 그 과정에서 지식은 더 깊어지고 분명해진다.

추론력을 키울 때 논리적 모순을 찾아내는 훈련은 매우 중요하다. 객관식 문제를 푸는 경우 선택지에서 2개의 답을 가지고 고민하는 일이 많다. 이럴 때는 논리적인 모순을 잘 찾아내는 아이라면 쉽게 답을 찾을 수 있다. 쉽게 풀어쓴 다양한 논리 책을 활용하여 연역법과 귀납법, 삼단논법 등의 개념을 익히게 하자.

특히 논설문에서는 글의 목적이 무엇인지 파악하고 주장에 대한 타당한 근거가 제시되었는지 확인하며, 필자의 주장에 대해 비판적으로 검토한 후, 수용 여부를 결정해야 한다.

🗨 다섯째, 등장인물의 심정을 헤아려보자.

이야기 속 등장인물이 처한 상황이나 심정을 헤아리는 연습을 하면 추론에 많은 도움이 된다. 등장인물의 심정을 헤아리는 추론을 능숙하게 할 줄 알면, 중학교에 가더라도 고전이나 소설과 같은 이야기 중심의 추론 문제를 다룰 때 쉽게 해결할 수 있다. 추론문제는 시간이 많이 걸리는데 이런 훈련이 되면 쉽게 문제를 풀 수 있다.

특히 문학작품을 읽을 때는 열린 마음을 가지고 읽어야 하며, 사전을 찾듯이 단어를 분석하기보다는 다양한 의미를 탐색해야 한다. 문학작품이라면 주인공이나 등장인물과 나를 동일시하고 읽으면서 카타르시스를 경험하고, 이를 글이나 말로 표현할 수 있다.

추론력을 키우기 위해서는 주어진 지문의 내용을 구체화하여 자기 자신이 마치 그 상황에 처한 것처럼 생각하는 것도 중요하다. 시나 소설을 읽고 작가나 주인공이 처한 상황을 이해하지 못하면 내용을 추론할 수 없기 때문이다. 아이는 시를 공부할 때 시인의 정서에 공감하기보다는 참고서에 나온 설명을 외워버리는 경우가 많은데, 이렇게 되면 배우지 않은 시가 나오면 추론이 안 된다. 시 한 줄을 읽고서도 감동하고 핵심을 파악할 수 있어야 한다.

내가 예술가라고 가정하고, 타인에게 표현하고 싶은 나의 생각이나 감정을 떠올려 본다. 일상 속에서 평범하게 스쳐 지나가던 감정을 주제로 잡아 되돌아보고 당시 내 마음을 깊이 있게 관찰한다. 고독을 주제로 한다면, 혼자 느꼈던 고독한 순간을 떠올린다. "환한 낮에 교실에서 친구들과 공기놀이하다 순간적으로 따돌림을 당한다고 느꼈어요. 외롭고 고독했어요." 더 나아가 자기의 생각이나 경험을 바탕으로 저자의 생각을 결합하여 새로운 생각을 만들어, 저자의 생각을 바꿔보는 과정이 필요하다. 이것이 바로 창의적 책 읽기이다.

여섯째, 요약하라.

추론력을 높이는 가장 좋은 방법은 '요약하기'이다. 저자의 의도를 정확하게 파악하지 않고서는 제대로 요약할 수 없기 때문이다. 제대로 된 요약은 저자의 의도를 정확히 이해하고 난 후 그것을 자기의 용어로 바꾸어 표현하는 것이다. 앞 단계에서 얻은 정보를 기초로 하여 책을 보지 않고 자신의 말이나 글로 요약을 하거나 질문에 답을 하라. 머릿속에만 있는 지식은 불완전한 경우가 많고 쉽게 기억에서 사라진다. 머릿속 지식을 어떤 형태로든 표현하게 되면 표현하는 과정 중에 지식이 더욱 공고해지며 장기기억으로 넘어간다.

43. 말하기는 피드백이 중요하다

　듣기와 말하기는 문자언어와 구별되는 구두 언어적 의사소통의 특성을 지닌다. 즉 듣기와 말하기에서는 문자 대신 음성을 통한 의사소통과 몸짓, 상황언어 등에 의해 의사소통이 이루어진다. 한편 말하는 이와 듣는 이는 시공간을 공유하고 상황맥락에 의존하여 정보 기능에서의 감정 표현과 감정 이입이 강하게 드러난다.

　또한 듣기와 말하기는 문자언어보다 인지적 부담은 덜한 편이지만, 작업기억력과 장기기억력이 요구된다. 또한 메타인지적인 점검과 조정의 기회가 된다. 메타인지(meta-cognition)란 아이들이 자신의 인지에 대해 아는 것 그리고 자신의 인지를 통제할 수 있는 능력이라 할 수 있다. 음성언어 의사소통 활동을 하면서 표현과 이해의 과정과 전략을 객관화하여 평가하고 비판하는 과정, 즉 메타인지적 경험을 많이 할수록 의사소통상의 특성과 문제점을 인식하여 이를 실제 의사소통에 효과적으로 반영할 수 있다.

✏️ 경청하는 활동

초등학교 때에는 우선 경청하는 버릇을 들이자. 국어의 궁극적인 목적은 의사소통이고, 의사소통은 듣기에서 출발한다. 듣기가 잘 이루어지면 말하기도 잘할 수 있고 토론도 잘할 수 있다.

 1) 듣기

듣기를 잘하려면 청각적 예민성과 양 귀를 적절히 사용할 수 있는 능력이 있어야 한다. 청각적 예민성은 소리의 어조와 크기 등을 들을 수 있는 능력을 말하고, 양 귀의 사용 능력은 양 귀를 동시에 활용하여 소리를 적절히 들을 수 있는 것을 말한다. 듣기와 관련해서는 주로 청각집중력이 필요하다. 들어야 할 소리와 소음을 구별하는 것도 이 단계에서 이루어져야 한다.

 2) 정보 확인

정보 확인은 말하는 이가 말한 내용에 주의를 기울여 그 내용을 기억하는 것이다. 단어의 의미를 확인하고 모르는 단어의 의미를 문맥이나 상황으로 추론하고 구체적으로 언급된 사실, 사건, 세부내용을 회상하고, 말의 내용을 쉽게 풀어 이해하는 것이다.

 3) 내용 이해

내용 이해는 들은 내용 속에 포함된 여러 가지 생각들 사이의 관계를 파악하는 것으로 듣는 이는 들은 내용을 이해하기 위하여 단편적인 정보들 사이의 관계를 구성하고, 때로는 자신의 경험이나 지식을 동원하여 비교, 검토하는 과정을 통해 해석하기도 한다. 여기서 정보나 생각들을 서로 결합하고, 들은 내용을 자신의 경험이나 지식과 연결시켜 이야기 속의 원인과 결과를 파악하고, 들은 내용을 요약하고 내용 구조를 파악하여 시간적 순서나 공간적 순서를 이해한다. 또한 언급되지 않은 가정이나 다른 관련 내용을 추론하거나 예상되는 결과를 추측하기도 한다.

 4) 비판과 감상

비판과 감상은 들은 내용을 분석하고 판단하는 활동으로 정보와 정확성, 타당성, 적절성을 평가하고, 사실과 추론, 가정, 의견을 각각 구분할 줄 알고 말하는 이의 함축된 의도나 목적을 파악하는 것이다. 또한 편견, 편향, 과대 선정, 관점의 차이를 알고 결론이나 시사점, 제안 등을 도출한다. 감상은 이해하고 비판한 의미들에 대한 가치 판단이나 반응으로서의 행동, 정서적인 변화 등을 포함한다. 이를 통해 정보의 적합성과 타당성을 판단한다.

 5) 피드백

피드백은 듣는 이가 듣는 도중 혹은 듣고 난 직후에 음성언어나 몸짓으로 피드백하는 것이다. 듣는 이가 말하는 이의 의견에 동의할 경우 고개를 끄덕이거나 박수를 치는 행위, 질문하여 듣기 등의 관심 표명하기와 차례 바꾸기, 끼어들기와 같은 회화능력 등이 포함된다.

 ## 말하기의 조직화 전략

창의적인 학습을 위해서는 늘 자신의 생각과 느낌으로 표현하도록 애써야 한다. 따라서 국어 교과서에 실린 그림이나 사진 하나도 지문과 어울리는지를 따져볼 수 있는 비판적 시각이 필요하다. 이를 바탕으로 하는 토론은 자기주도학습의 핵심이 된다. 저학년에서는 간단한 이야기하기에 초점을 맞출 필요가 있다. 아이들은 이야기를 특히 좋아한다. 따라서 자기가 듣거나 읽은 이야기를 친구들에게 들려주는 활동을 시켜서 말하기 능력을 키울 수 있다. 이야기 들려주기 활동의 연장선에서 대상물과 이야기하거나 이야기의 이어질 내용을 꾸며낼 수 있다.

또한 고학년으로 갈수록 토론하는 말하기를 강조할 필요가 있다. 토론은 나와 다른 생각을 가진 사람들과 생각을 나누는 활동이다. 이런 과정에서 남을 인정하는 태도를 배우고, 남도 나처럼 중요하다는 것을 터득함으로써 상대를 배려하는 마음을 가질 수 있다. 다만 한 가지 주제를 충분히 설명하려면 7분 내외의 시간이 필요한데, 핵심 내용을 정리하여 발표하기 위해서는 초등 고학년 이상은 되어야 가능하다. 초등 저학년엔 무리하게 가르치기보다는 1~2분 이내의 짧은 발표연습을 하도록 권하는 것이 효과적이다.

💬 첫째, 자기를 소개하고 친구를 소개하자.

자신의 취미나 장래희망, 가족이나 일상의 소개를 통하여 자연스러운 말하기 기술을 익히자. 친구 소개하기는 아이가 친구들과 논 뒤 거기서 경험한 친구의 모습을 소개하는 것이다. 예를 들어 친구와 자연탐사를 하였다면, 누구는 지도를 잘 보고 누구는 관찰을 잘하더라는 등 아이의 느낌과 생각을 말하게 한다. 평소에 말을 잘하지 못하는 아이라도 이렇게 말할 거리를 만들어주면 유창하게 할 수 있다.

💬 둘째, 질문하고 대화하고 토론하자.

질문과 토론에 강한 유대인들에게는 '하브루타(havruta)'라는 공부법이 있다. 하브루타는 짝을 지어 질문하고, 대화하고, 토론하는 것을 말하는데, 유대인 가정에서는 식탁에서 아빠와 대화를 나누고 토론하는 것이 일상화되어 있다. 유대인들은 '왜'라는 질문이 끊이지 않게 하는 것을 가장 좋은 교육이라 믿는다.

질문은 지적 호기심을 키워주고, 새로운 것을 발견하게 하는 에너지가 된다. 질문력을 키우기 위해 즐겁게 할 수 있는 활동이 골든벨 퀴즈이다. 아이가 한창 야구에 빠져 있을 때 야구와 관련된 책과 기사들을 같이 읽으면서 서로 문제를 만들어 맞혀보는 활동을 한다. 그리고 같이 '야구 골든벨 퀴즈' 문제를 만들어 온 가족이 함께 맞혀보는 시간을 갖는다. 이렇게 질문 만들기 활동을 하면서 이따금 어떤 질문이 좋은지에 대해 설명해준다.

💬 셋째, 친구들과 말하기 소모임을 만들자.

말하기는 듣는 이의 피드백이 중요하다. 말할 수 있는 친구와 자기의 말하기를 평가해줄 수 있는 친구만 있으면 말하기는 충분히 계발된다. 반 친구 앞에서 3분간 말하는 3분 스피치는 말하기의 내용보다 말하기의 구성과 조직이 더 중요하기 때문에 머릿속에 생각한 것을 자연스럽게 발표하게 해야 한다. 친구들과 책 한 권을 정해 읽은 후 느낌이나 생각을 시간 날 때마다 함께 이야기하는 것도 좋다. 친구들끼리 특정 분야에 대해 발표한 뒤에 들은 아이가 재정리해 요약하는 것도 말하기와 듣기를 모두 계발시킬 수 있다. 복잡한 내용을 자신의 말로 풀어 친구들에게 말함으로써 요약하고 정리하는 능력을 키우고 사고력도 늘어난다.

💬 넷째, 가족과 하나의 주제를 가지고 이야기하자.

부모는 아이와 일상적인 대화뿐만 아니라 지식이 될 만한 주제를 가지고 이야기할 기회를 만들어야 한다. 정기적으로 아이와 토론할 기회를 만들고, 추상적인 개념이나 시사적인 주제를 중심으로 대화하는 시간을 가져야 어휘력이 늘어나고 배경지식도 풍부해진다.

처음에는 아이가 좋아하는 주제를 중심으로 말하자. 야구를 좋아하는 아이라면 야구전문가가 되어 부모에게 해설을 하거나 아나운서처럼 중계를 하게 하면 아이의 말하기가 자연스럽게 늘 것이다.

말하기를 향상시키기 좋은 시간은 식사시간, 잠자리에 드는 시간 그리고 차 안에 있는 시간이다. 적어도 이 시간에는 텔레비전을 보거나 라디오를 듣거나 핸드폰을 사용하지 말고 대화에만 열중하자. 이런 기계들은 아이의 사고력을 떨어뜨리고 언어발달을 방해할 수 있다.

💬 다섯째, 말할 내용을 조직적으로 하자.

말하는 내용을 조직적으로 하지 않으면 아이들이 이해하기가 쉽지 않기 때문에 아이의 이해에 중요한 영향을 미치는 조직하기를 잘해야 한다. 말하기도 한 편의 텍스트를 생산하는 행위이므로 말할 내용의 틀을 미리 구조화해야 한다. 능숙한 화자는 처음 부분에서 동기 유발과 주의집중을 위한 분위기를 조성하고, 가운데 부분에서 중요한 내용을 말하며, 끝 부분에서 정리를 하는 구조로 말을 한다.

학년별로는 시간 순서(1학년), 원인과 결과(3학년)의 내용 조직 방법이 제시되어 있다. 다발짓기(clustering)나 마인드맵처럼 시각적인 방법을 사용하여 조직할 수도 있다. 중요한 생각이나 아이디어를 조직하는 전략으로 연대기 조직, 공간적 조직, 인과적 조직, 문제해결식 조직 등을 사용할 수 있다.

💬 여섯째, 말하기 연습으로 심리적 부담을 해소하자.

말하기에는 심리적인 요인도 작용한다. 특히 많은 사람들 앞에서 말하기를 힘들어하는 아이는 자신감이 부족하거나 내성적인 성격에서 오는 소극적 태도가 문제가 된다. 부모는 아이에게 여러 사람을 만나 말할 수 있는 기회를 많이 만들어주어야 한다. 현실적으로 말하기만을 연습할 수 있는 공간과 시간이 부족한 것이 사실이지만 연습할 수 있는 기회를 부모가 만들어준다면 말하기 능력은 빠르게 향상될 수 있다.

물론 아이에 따라서는 여러 사람 앞에서 발표를 할 때 심박수가 높아지거나 호흡곤란이 있는 등의 신체적인 증상을 보이기도 한다. 발표하기 며칠 전부터 소화가 안 되고 잠을 못 잔다면 발표불안이 있을 가능성이 있다. 많은 사람들 앞에서 말하는 훈련을 통해 발표불안을 고쳐야 한다.

44. 글쓰기 싫어하는 아이, 쓰게 하는 법

 말은 잘하는데 글은 못 쓰는 아이

아이들 중에는 말도 잘하고 자기주장도 확실한데, 글로 써보라고 하면 못하는 아이가 있다. 학교 시험에서 서술형 문항의 비중이 높아지기 때문에 글쓰기는 학년이 올라갈수록 중요하다. 아이들은 현장에서 직접 가르치면 무엇이든지 쉽게 배우고 배운 내용을 말로 표현하는 데도 아주 능하다. 그러나 글로 쓰라고 하면 위축이 된다. 아이가 글쓰기를 어려워하는 것은 글로 표현하려면 순차적이고 체계적인 뇌의 기능이 필요하기 때문이다.

공부하라고 잔소리를 하지 않던 부모도 아이가 초등학교에 입학하면 최소한 받아쓰기는 준비시킨다. 틀린 문제도 몇 번씩 반복해서 쓰게 한다. 따라서 초등학교 1학년 아이에게 글쓰기는 지겨운 일이지 즐거운 공부가 아니다. 이 때문에 쓰는 것을 과민하게 싫어하는 아이도 많다.

독서록도 마찬가지이다. 책 읽기를 싫어하는 아이도 있고 자기가 좋아하는 책만 읽는 아이도 있다. 학교에서 독서록을 써 오게 하면서부터 책 읽기는 일이 된다. 필독도서를 읽었는지 안 읽었는지 부모가 챙기고, 책 읽는 양을 정해주고 확인하기 시작하면, 책 읽기가 즐거운 것이 아니라 지겨운 숙제가 된다.

글쓰기 뇌

뇌과학자들은 철자법의 규칙과 예외를 확실하게 가르쳐야 한다고 주장한다. 단어를 구성하는 소리와 철자의 관계를 아는 것이 읽기 이해력과 직접적인 상관관계가 있기 때문이다. 올바른 철자법으로 글을 씀으로써 언어를 숙달하게 된다는 것이다. 아이들은 머릿속에서만 따졌던 소리를 문자로 쓰기 시작하면서 글을 쓰기 위해 적절한 단어를 고르고 단어의 의미를 생각하게 된다. 따라서 읽기를 할 때 글쓰기를 위한 철자 체계도 함께 익히는 것이 뇌 발달에는 유리하다.

아이들은 철자법을 배우면서 뇌가 글쓰기와 읽기를 하나의 의미 생성 시스템으로 통합한다. 부모들은 철자법 교육이라고 하면 흔히 단어를 반복해서 외우고 쓰면서 기계적으로 암기하는 암묵기억을 떠올릴 것이다. 하지만 아이들이 철자를 익힐 때 소리와 철자 사이의 관계는 배우지 않은 채 단어 전체를 하나의 그림처럼 인식하고 단순 반복적으로 쓰면서 익히면 어른이 되어서도 철자가 서투른 사람으로 남게 된다.

사실 읽고 쓸 때에는 말할 때보다 훨씬 많은 어휘를 활용한다. 읽고 쓸 때 뇌가 내비게이터(navigator)로 조종되는데 이때 뇌는 장기기억에 저장된 방대한 어휘사전에 접근할 수 있다. 하지만 말할 때는, 알고 있는 어휘 중에 발음이 가능한 어휘에만 뇌가 접근할 수 있다. 말하는 동안에는 듣는 사람이나 관계의 피드백을 해석하느라 뇌가 고난도의 단어를 찾을 여력이 없기 때문이다. 따라서 말하기보다는 읽고 쓸 때 더 많은 작업기억과 장기기억이 동원된다.

뇌 과학적으로는 뉴런과 신경회로가 만들어졌다고 특정 신경체계가 잘 작동하는 것은 아니다. 신경체계가 효율적으로 작동하려면 신경회로를 구성하는 뉴런에서 정보를 전달하는 축색돌기가 지방질로 수초화되어야 한다. 이 수초화는 선천적으로 프로그램이 되어 있기는 하지만 반복적인 경험으로도 성숙한다. 수초화가 이루어지면 신경회로의 속도가 50배 이상 빨라진다. 따라서 읽기 해독 경로는 수초화가 성숙된 축색을 가지면, 읽기가 자동화된다. 소리 내거나 조용히 읽으면서 읽기를 연습하고, 발음과 철자법 프로그램으로 철자법을 익히고, 단어와 구에 규칙과 예외 사항을 적용해보고, 시각기억을 통해 시각 단어를 연습하면서 글쓰기와 읽기가 하나의 의미 생성 시스템으로 통합하는 것이 가능해진다.

학년별 글쓰기의 발달

임천택 교수의 연구에 따르면, 초등학교 각 학년별로 글 쓰는 수준이 다르다.

1학년 아이는 과제에서 제시된 표면적인 목적은 고려할 수 있으나 스스로 적극적인 동기를 부여하거나 목적을 설정할 수 있는 단계가 아니다. 그리고 화제와 관련된 아이디어를 생성하는 능력, 알맞은 아이디어를 선정하는 능력이 부족하며, 내용을 전개하고 조직하는 전략이나 기능이 없다.

2학년 아이는 쓰기의 목적이나 동기를 명확하게 제시하지 못한다. 이전 학년에 비하여 글감이나 화제는 비교적 다양하게 생성할 수 있지만, 일관성 있고 체계화된 내용 조직이나 전달효과를 높이기 위한 다양한 표현 구사는 1학년과 크게 다르지 않다.

3학년 아이는 쓰기의 목적이나 동기를 스스로 인식할 수 있고, 특히 중심 글감과 관련된 화제를 풍부하고 적합하게 생성하고 선정할 수 있는 능력을 가지고 있다. 또 어떤 단어가 제공될 경우 내용을 기준에 맞게 배열하고, 소수이긴 하지만 중심 문장에 대한 뒷받침 문장을 제시할 수 있다. 그러나 독자에 초점을 둔 내용 선정은 부족하다.

4학년 아이는 표면적인 쓰기의 목적과 중심내용을 명확히 한다. 화제나 내용을 초점화하려는 경향이 뚜렷이 나타나며 하나의 화제에 대해 비교적 자세하게 표현하는 편이나 정보성이 높은 화제나 내용을 선별하는 능력은 여전히 부족하다. 그리고 처음, 가운데, 끝의 구조를 가진 글을 쓰기 시작하며, 단락이나 의미를 연결하는 연결 표지를 사용하고, 전달 효과를 높이기 위해 비교 표현을 사용하는 점도 주목할 만하다.

5학년 아이는 쓰기에 대한 목적을 분명하게 드러내며 글감과 관련하여 다양하면서도 풍부한 내용을 생성할 수 있다. 내용의 선정이나 표현에 있어 독자를 더 많이 고려한다는 점, 전달효과를 높이기 위해 몇 가지 표현방식을 구사할 수 있으며 개성적인 문체나 어조를 구사할 수 있다는 점에서 그 특징을 찾아볼 수 있다. 그러나 단락을 만들거나 화제나 내용을 조직화하는 일은 약간 부족하다.

6학년 아이는 쓰기에 대한 목적이나 동기를 명확히 한다는 점, 단락 간, 단락 내 구성을 이전 학년보다 좀 더 체계화한다는 점, 제한적이긴 하지만 몇 가지 문장 표현을 구사한다는 점, 창의적이고 개성적인 문제나 어조를 살릴 수 있다는 점에서 글쓰기가 많이 발전한다.

따라서 초등학교 1~2학년 아이들은 글자를 익혀 자신의 생각과 느낌을 간단한 글로 표현하고 쓰기가 유용한 방법임을 아는 정도로 교육하면 된다. 초등학교 3~4학년 아이들은 쓰기로 규범과 학습을 익혀 두세 문단 정도의 글을 쓰고, 일상생활에서 즐겨 쓰는 습관을 기르도록 하자. 또 글을 짜임새 있게 조직하는 방법과 효과적으로 표현하는 방법을 익혀야 한다. 초등학교 5~6학년 아이들은 쓰기 과정에 따라 알맞은 핵심적 전략을 체계적으로 익혀 다양한 목적의 글을 쓰고, 이를 통해 쓰기의 가치를 인식하고 글쓰기를 생활화해야 한다.

45. 국어, 글쓰기로 사고력을 향상시키자

국어력은 모든 학습력의 기본인 만큼 초등학교 때 점검해야 한다. 시험 때면 늘 책상 앞에 앉아 열심히 공부하는데 성적이 오르지 않는 아이가 있다. 그렇다면 아이의 국어력을 점검해야 한다. 답을 찾는 것보다 문제를 이해하는 게 더 어려운 아이가 많기 때문이다.

쓰기는 문자 언어에 의한 표현행위 외에도 문제를 해결하는 일련의 사고 과정, 자신의 의미를 구성하는 과정, 지식을 정교화하는 과정 등으로 설명된다. 즉 다양한 의미 구성 행위라 볼 수 있다. 이제 쓰기가 의미 구성 행위라는 인식은 쓰기를 연구하는 학자들뿐만 아니라 쓰기가 가능한 사람이면 누구나 할 수 있게 되었다. 아이가 쓰기를 하면서 갖게 되는 모든 사고 과정이 매우 고차적인 사고력을 유발하게 되고, 글을 쓰면서 또 쓴 후에도 앞서 말한 다양한 과정들이 반복되기 때문이다.

 받아쓰기

아이가 받아쓰기를 잘하려면 아이 스스로 흥미를 느껴야 한다. 부모가 가장 많이 사용하는 방법은 외적보상이다. "받아쓰기 열 번 연습하면 팽이 사줄게" 하는 식이다. 이런 외적보상은 공부하는 의욕을 일으키는 데 상당히 중요하지만 잘못하면 외적보상이 없으면 받아쓰기를 하지 않겠다고 떼를 쓸 수가 있다.

중요한 것은 받아쓰기 자체에 흥미를 갖게 하는 것이다. 그러기 위해서는 받아쓰기를 일종의 놀이나 게임으로 만들어야 한다. 남아의 경우 승부욕이 있으므로 받아쓰기로 게임을 할 수 있다. 받아쓰기 범위 내에서 아이가 100점을 맞으면 부모가 아이의 심부름을 하나 해주고 틀리면 아이는 부모가 원하는 것을 하나 들어주는 식이다. 초등학교 저학년 아이와 공부할 때는 부모가 가벼워질 필요가 있다.

받아쓰기의 목적은 글자를 단계적으로 익히는 것이다. 받아쓰기는 단순히 숙제를 체크하는 의미로 활용되어야 한다. 따라서 받아쓰는 내용은 책에 있거나 수업시간에 공부한 것으로 한정하는 게 좋다. 아이는 받아쓰기를 하면서 말을 글로 쓸 때 소리 나는 대로 쓰는 것만은 아니라는 사실을 알게 된다.

글쓰기

글쓰기는 오랜 시간 동안 많은 글을 직접 써서 감을 익혀야 잘할 수 있다. 실제로 평소에 글을 많이 써본 아이는 주제를 받으면 바로 어떤 내용을 어떻게 전개해야 할지를 머릿속에 떠올린다. 그에 반해 글쓰기 경험이 없는 아이는 무엇을 어떻게 써야 할지 감을 잡지 못해 한두 줄 쓰는 것도 힘들어한다. 글쓰기는 사고력을 키우는 데 매우 효과적인 학습법이다.

한 편의 글을 쓰기 위해서는 많은 생각을 해야 하며, 고심 끝에 써낸 글을 검토하고 수정할 때도 사고력이 필요하다. 글을 수정하는 일은 단순히 글자를 바꾸는 것이 아니라 더 적절한 표현, 논리에 맞는 내용을 생각해내어 고치는 일이기 때문에 사고력 향상에 많은 도움이 된다. 또 글쓰기를 하게 되면 아이가 글을 쉽게 읽는 것은 물론 그 구조를 어렵지 않게 파악하고 글의 논지를 정확하게 알게 된다. 즉 통찰력이 생긴다. 그뿐만 아니라 머릿속에 한꺼번에 쏟아지는 수많은 정보와 지식을 이해하기 쉽게 잘 정리한다.

수업 시간에 어떤 주제를 배우면 글쓰기 경험이 풍부한 아이는 교사의 설명을 듣는 것과 동시에 머릿속에 핵심 내용과 주변 설명, 중요한 내용과 참고할 사항 등을 빠른 시간 내에 정리해 곧바로 노트에 옮겨 적는다. 한마디로 구조화를 잘하는 것이다. 이렇게 핵심도 잘 파악하고 구조화도 잘하는 아이가 추론을 쉽게 하는 것은 당연한 일이다.

글쓰기 과정은 자기 조정의 과정이라고 할 수 있다. 글쓰기를 의미 구성의 과정으로 정의할 때, 이 의미 구성의 과정에는 필연적으로 자기의 인지행위를 점검하고 통제하는 초인지적 행위가 필요하다. 이것이 곧 자기 조정의 과정이다. 글쓰기에서 조정하기 능력은 각 단계에서 개개의 전략을 제대로 활용할 수 있게 하기 위해서도 필요하지만, 글쓰기와 전체 과정을 점검하고 통제해 나가게 하는 데에도 필요하다. 조정하기란 말은 사람에 따라 점검하기, 통제하기, 모니터하기 등으로 쓰인다.

국어 교과서에는 글 내용과 비슷한 경험 쓰기, 글 내용을 나의 상황에 비추어 쓰기, 시로 표현하기, 뒷이야기 상상하여 쓰기, 그림 보고 말풍선 달기, 인물의 말이나 행동을 통해 알게 된 성격을 생각하며 쓰기, 공통점과 차이점이 드러나게 쓰기, 이야기 새롭게 꾸며 쓰기, 원인과 결과가 잘 드러나게 쓰기 등등 수십 가지 형태의 글쓰기 활동이 나온다.

✏️ 일기쓰기

초등학교 저학년 때의 일기쓰기는 학습력을 키우는 데 도움이 된다. 일기를 꾸준히 쓰면 다른 글을 쓰는 데 자신감이 생길 뿐 아니라 이해력, 추론력, 상상력 등의 사고력이 향상되고 어휘력과 표현력도 좋아진다. 초등학교 1학년 때에는 아이가 일기를 통해 자신의 생각을 마음껏 표현할 수 있도록 하자. 일기는 생각을 표현하는 것이 중요하지 맞춤법이나 띄어쓰기를 잘하는 것이 중요하지는 않다. 이렇게 생각을 글로 써나가면서 아이의 사고력과 창의력이 키워진다. 그래서 초등학교 저학년 때에는 일기가 중요하다.

💬 첫째, 쓸거리를 만들자.

아이가 일기를 쓸 때 어려워하는 것은 쓸거리가 없기 때문이다. 쓸거리를 만들기 위해서는 일기는 하루에 일어났던 일을 쓴다는 생각부터 없애자. 뉴스나 신문 기사, 책, 교과서, 놀이 등에서 다양한 소재를 찾아야 한다. 다만 일기의 소재는 반드시 아이가 보고 듣고 느끼고 생각하는 것 안에서 찾자. 부모가 일기의 소재를 정해주다보면 당장은 편할지 모르지만 습관이 되면 혼자 일기를 쓰지 못하게 된다. 아이의 사고력을 키우려면 아이 스스로 소재를 찾아 생각과 느낌을 글로 표현할 수 있도록 격려해야 한다.

💬 둘째, 칭찬하고 격려하자.

칭찬과 격려로 아이가 자유롭게 생각을 말로 엮어낼 수 있게 분위기를 조성해야 한다. 쓸거리가 있다 하더라도 아이가 일기를 길게 쓰는 일은 쉬운 일이 아니다. 따라서 처음에는 일기장에 동화책이나 교과서 등을 베껴 쓰기부터 하면 좋다. 베껴 쓰다보면 일기 한 장 정도는 쉽게 써낼 수 있는 엄두가 난다. 또한 책을 옮겨 쓰면서 맞춤법과 띄어쓰기도 익힐 수 있어 효과적이다.

💬 **셋째, 글씨체를 지적하거나, 맞춤법이나 띄어쓰기를 고쳐주지 마라.**

글씨체를 지적하거나, 맞춤법이나 띄어쓰기를 수시로 고쳐주면 아이가 위축이 되어 자유롭게 자기의 생각을 써내려갈 수 없으며 일기쓰기를 싫어하게 된다. 아이에 따라서는 하루 동안 있었던 일을 나열하는 식으로 일기를 쓰기도 하는데 한 가지 주제로 일기를 쓸 수 있도록 부모가 도와주어야 한다. 이때에도 가능하면 깊이 관여하기보다는 적절한 질문을 하여 지도한다.

✏️ 요약하기

아이들이 학습한 내용을 요약정리하게 하자. 요약 기술은 정보를 분석하면서 요점을 찾아내어 간추리는 것이다. 학습 도중이나 수업이 끝나기 전에 정보를 꼼꼼하게 살펴 간추리면 이해도가 높아진다. 배운 내용을 완성된 짧은 문장으로 만드는 방식만 고집할 필요는 없다. 그날 공부한 여러 개념을 서로 연결시키거나, 그날 다룬 내용을 요약하는 신문 헤드라인을 쓰거나, 다음 시간에 무엇을 배울지 예측하는 방식도 좋다. 아이디어들 사이의 관계를 파악하기 위하여 무엇보다 중요한 것은 이를 시각화해 보게 하는 것이다. 대표적인 것이 다발짓기와 마인드맵이다. 다발짓기는 생성한 아이디어를 관련 있는 것끼리 묶는 활동이고, 마인드맵은 중심 개념에서부터 관련된 아이디어를 시각적으로 표시해 나가는 활동이다. 다발짓기와 마인드맵을 활용하면 아이디어들 사이의 관계를 파악하는 데 도움이 된다.

얼개짜기(outlining)도 이러한 시각적 전략을 이용하여 아이디어를 적절히 배열하면 효과적이다. 얼개짜기는 전통적으로 해오던 것으로 글의 뼈대를 만드는 활동이다. 얼개는 글의 전체적인 흐름을 말해주는 것으로 조직적인 글을 쓰는 데 매우 필요한 활동이다. 얼개를 짜는 활동은 초고를 쓰는 데에도 필요하지만 그 자체도 중요하며, 이는 조직적인 사고를 기르는 데 도움이 된다. 개요를 작성할 때에는 그냥 서론, 본론, 결론으로 하지 말고 자기가 쓸 글의 주제나 조직방식을 생각하여 다양한 방법으로 시각화해 보게 하면 글의 전체 구조를 좀 더 쉽게 이해할 수 있고, 초고를 쓸 때 실질적인 도움을 받을 수 있다.

글을 쓰기 전에 친구나 교사와 대화를 나눔으로써 자신의 생각을 좀 더 정교화하는 방법도 있다. 아이디어를 생성하는 단계부터 수정하는 단계에 이르는 모든 과정에서 협의하기를 통해 글쓰기를 향상시킬 수 있다.

노트 정리

노트 정리라고 하면, 대다수 아이들이 교사가 칠판에 적은 내용을 받아쓰거나 책에 있는 내용의 일부를 옮겨 쓰는 정도로만 생각한다. 그래서 이해력이 빠른 아이는 다 아는 내용을 굳이 노트에 또 쓸 필요가 있느냐고 반문하기도 한다. 그러나 노트 정리는 단순한 베끼기가 아니라 자기의 생각을 정리하는 과정이며, 이를 통해 생각이 정리되고 기억이 견고해지기 때문에 시험을 볼 때도 도움이 된다. 즉 노트 정리는 결과물을 얻기 위한 것이 아니라 생각을 정리하는 하나의 과정이다. 노트 정리는 수업시간에 보고 들은 내용을 손으로 기록함으로써 구체화하는 장점이 있다. 지식이라는 추상적 개념을 노트라는 공간 배경으로 옮기는 작업을 통해 아이가 가지고 있는 배경지식과의 관련성을 찾음으로써 단순한 암기가 아니라 이해로까지 그 범위를 확장시켜 공부할 수 있다.

따라서 노트 정리를 잘하는 아이들이 공부도 잘한다. 머리가 아무리 좋은 아이라도 노트 정리를 잘하지 않으면 성적이 잘 나오지 않는 예가 많다. 특히 신체운동형 학습자의 경우에는 노트 정리를 하면서 학교수업에서 배운 내용이 장기기억으로 넘어갈 수 있다.

최근 학습의 주안점은 기존 지식의 습득보다는 새로운 지식 창출에 있다. 창의적인 아이를 만들려고 하는 것이다. 이를 위해서는 여러 단원 또는 여러 과목의 지식을 통합하는 능력이 필요한데 노트 정리는 그 작은 실천이라고 하겠다.

💬 첫째, 학교 수업을 잘 듣자.

학교 수업은 노트 정리의 1차 자료가 된다. 학교 수업을 제대로 듣지 않고서는 노트 정리를 잘할 수 없다. 아이는 수업 시간에 교사가 교과서에 나오는 용어의 개념을 어떻게 설명하고, 또 강조하는 내용이 무엇인지 확인하고 정리해야 한다.

💬 둘째, 복습하면서 정리한다.

수업에서 교사가 설명하는 내용과 교과서에 등장하는 개념을 알기 쉽고 기억하기 쉽게 정리해야 한다. 친구들의 노트 정리를 참고는 할 수 있어도 무조건 따라하는 것은 좋지 않다. 노트 정리는 본인이 이해하고 기억하기 쉽게 정리하는 것이 최고이다. 한 번 정리하면서 복습하고, 추가로 정리할 내용이 있으면 보충하여 정리한다.

💬 셋째, 노트 정리 할 때 도표를 활용하라.

글줄로만 정리하면 단조롭고 보기에도 지루하여 노트 정리의 맛이 떨어진다. 가능하면 이미지, 즉 그림이나 도표를 과감하게 사용하는 것이 좋다. 특히 도표는 글 내용을 알기 쉽고 명확하게 정리해주는 장점이 있다. '아, 이 내용은 도표로 정리해 놓으면 좋겠구나'라는 생각이 들면 그에 맞는 도표를 활용하라고 지도하라.

Chapter 2
영어두뇌 만들기

영어를 잘하기 위해서는 영어의 시작 시기보다 언어적 환경, 교육여건, 노출시간, 학습동기 등이 더 크게 작용한다. 언어 처리의 과정에서 동원되는 뇌 영역은 언어습득 시기뿐만 아니라 언어의 유창성, 언어에 대한 노출 등 복잡하게 얽혀있는 원인들에 의해 영향을 받으므로, 언어별로 관장하는 뇌 영역이 다르게 나타나는 현상의 원인을 언어습득 시기로 한정하는 것은 부적절하다.

"모국어를 제대로 읽고 써야 영어도 수월하다"

46. 영어는 시작시기보다 노출환경이 더 중요하다

영어를 배우기 시작하는 시점이 어릴수록 더 잘할 것이라는 믿음은 과학적 근거가 없다. 외국어의 뇌는 모국어의 뇌와 영역이 비슷하지만, 활성화 영역이 더 넓고 모국어에 비해 우뇌의 활동이 더 많다. 따라서 영어를 모국어처럼 능숙하게 구사하기란 결코 쉽지 않다.

영어 습득의 결정적 시기도 모국어 습득의 감수성기와 다르다. 많은 학자들은 모국어 습득의 감수성기가 12세까지라고 생각하는데, 이는 모국어의 습득마저도 12세 이후에는 점점 힘들어진다는 뜻이다. 하지만 이미 모국어를 익힌 경우라면 영어와 같은 외국어를 습득함에 있어서 12세라는 기준은 문제가 되지 않는다. 영어를 외국어로서 습득하는 경우 발음은 대개 6세 전후가 좋으며, 영어 문법은 15세 전후에 습득해도 문제가 되지 않는다.

 브로카 영역과 베르니케 영역

　이렇게 모국어의 뇌와 외국어의 뇌가 다르므로 언제 영어를 시작했느냐에 따라 영어를 담당하는 뇌 영역이 달라질 수 있다. 아이의 뇌는 좌뇌와 우뇌로 구성되어 있는데, 듣거나 읽는 언어의 인지적 요소는 좌뇌 측두엽이 있는 좌뇌에서 처리하고, 말의 음색, 리듬, 높낮이 및 억양 등의 정서적 요소는 우뇌 측두엽이 있는 우뇌에서 처리한다. 말이나 글에 사용되는 단어의 의미를 이해하고 식별하는 역할은 좌뇌 측두엽에 있는 베르니케 영역에서 하며, 아이가 말을 할 때나 글을 쓸 때 단어를 문법에 맞게 사용하도록 도와주는 역할은 좌뇌 전두엽의 브로카 영역에서 한다.

　뇌의 운동피질은 손을 움직여 글을 쓰게 하거나 보디랭귀지를 하게 하고, 성대를 조절하여 말을 하게 한다. 두정엽의 감각피질은 아이의 감정 상태를 말로 표현하게 하고, 말에 담긴 감정을 이해하는 데 필요한 정보를 제공하기도 한다.

　한 연구 결과에 의하면, 12세 이후에 영어를 배운 후기 이중언어 구사자의 경우 브로카 영역에서 모국어와 영어가 처리되는 뇌 영역이 공간적으로 분리되어 있는 반면, 12세 이전에 영어를 배운 조기 이중언어 구사자의 경우에는 모국어와 영어가 거의 동일한 브로카 영역에서 처리된다고 한다. 베르니케 영역에서는 후기 이중언어 구사자와 조기 이중언어 구사자 모두가 모국어와 영어를 처리하는 범위의 구분이 뚜렷하지 않았다. 즉 영어를 배우는 시기에 따라, 특히 말하기나 문법을 담당하는 브로카 영역의 경우에는 담당하는 뇌 영역이 달라진다는 것이다. 언어의 습득 시기가 브로카 영역의 기능적 조직화에 지대한 영향을 미친 것이다. 갓난아기일 때는 특정 언어에 지속적으로 노출되는 과정에서 기능적으로 조직된 브로카 영역의 일부가 이후에 변형되기 어려워짐으로써 성인이 된 후에 습득한 영어의 경우 이 부위가 아닌 주변부의 피질 영역을 동원할 필요가 생긴다.

또 다른 연구 결과에 따르면, 만 7세 이전에 이주한 아이는 현지 주민과 같은 정도의 영어를 할 수 있으나, 만 8세가 지나서 이주하면 영어 습득의 능력이 급속히 떨어지는데, 15세가 지나면 어느 연령에 이주하건 영어 습득의 능력이 같아지는 것으로 알려져 있다. 결국 영어의 감수성기는 8세 정도까지가 최고이고 15세쯤에 급속히 감소하며 이후에는 별로 변하지 않는다.

그럼에도 불구하고 영어를 잘하기 위해서는 영어의 시작 시기보다 언어적 환경, 교육여건, 노출시간, 학습동기 등이 더 크게 작용한다. 언어 처리의 과정에서 동원되는 뇌 영역은 언어습득 시기뿐만 아니라 언어의 유창성, 언어에 대한 노출 등 복잡하게 얽혀 있는 원인들에 의해 영향을 받으므로, 언어별로 관장하는 뇌 영역이 다르게 나타나는 현상의 원인을 언어습득 시기로 한정하는 것은 부적절하다.

모국어처럼 쉽게 영어 말하기

눈을 통해 입력되는 시각정보 중에서 특정 사물에 선택적으로 주의를 집중하고, 귀를 통해 입력되는 다양한 청각정보 중에서 특정 소리에 선택적으로 주의를 집중하면, 뇌의 베르니케 영역이 수용언어로서 인지한다.

실제로 2~4세 아이가 모국어를 습득할 때는 일부러 단어를 암기하거나 문법을 배우지 않을 뿐더러 글자를 배우지도 않는다. 단지 호기심을 가지고 눈으로 특정 사물에 주의를 집중하고, 귀를 통해 특정 소리에 주의를 기울여 들으면서, 아이의 뇌는 시각적 자극과 소리의 관계를 파악하여 수용언어로 인지하는 것이다. 이런 방식으로 아이들은 불과 2~3년 사이에 수백 개의 단어를 사용하여 모국어를 정확하고 유창하게 말하게 된다. 뇌가 단어를 인지하는 데는 선택적 주의집중이 중요한 것이다.

조기유학을 가서 영어 말하기를 쉽게 배우는 이유는, 매일 영어에 선택적 주의집중을 하고, 눈으로 특정 사물에 선택적 주의집중을 할 수 있는 여건을 만들어주기 때문이다. 따라서 아이의 뇌가 모국어를 습득하듯이 특정한 시각적 자극과 영어에 선택적 주의집중을 하도록 만들어주면, 누구나 영어를 유창하게 말할 수 있다. 하지만 책을 읽는 방식으로만 영어공부를 한다면, 유창한 영어 말하기의 목표는 이룰 수가 없다. 아이가 책을 읽을 때는 눈으로 물체나 사람 대신 특정 글자에 선택적 주의집중을 하고, 동시에 소리에 선택적 주의집중을 하여 글자와 소리의 관계를 인지하기 때문이다.

아이의 뇌는 태어나서 글자를 전혀 모르는 상태에서 듣기와 말하기를 먼저 습득하고, 2~4세가 되면 모국어를 유창하게 듣고 말하게 된다. 또 5~6세가 되면 글을 읽고 쓰는 법을 배우게 된다. 하지만 한국에서는 영어를 사용할 기회가 많지 않기 때문에, 영어 말하기를 습득하는 데 어려움이 많다.

아이가 영어를 잘 듣고 유창하게 구사하려면 영어를 많이 사용할 수 있는 환경이 조성되어야 한다. 외국으로 조기유학을 보내 영어를 많이 사용하는 환경을 만들어줄 수도 있지만, 국내에서 영어를 사용하는 원어민과 매일 영어로 대화하게 할 수 있다. 중요한 것은 이처럼 매일 영어를 사용하여 대화할 수 있는 환경이다.

아이의 뇌는 모국어를 쉽게 습득하고, 이중언어를 사용하는 환경에서 자랄 경우 2가지 언어를 동시에 습득하여 유창하게 말할 수 있다. 예를 들면, 홍콩에서는 영어와 중국어를 모국어처럼 사용하는 아이가 비교적 많다. 노출환경이 시작시기보다 더 중요함을 알려준다.

미국외교연구소의 연구에 의하면, 외국인을 영어업무 수행이 가능한 영어 전문가로 양성하기 위해서는 적어도 4,300시간 이상의 교육이 필요하다고 한다. 그러나 우리나라의 경우 중등학교 영어 시간과 대학의 교양영어 시간을 모두 합해도 900여 시간에 불과하다. 이 정도의 영어 시수로는 혹여 효과적인 영어교육이 실시된다 하더라도 영어능력이 우수한 전문가를 양성할 수 없기 때문에, 초등영어교육을 통한 영어시수 확대가 필요하다.

47. 국내에서 모국어처럼 영어 습득하기

　언어라는 것은 다른 사람과 의사소통을 하기 위해 생겨났다. 따라서 모국어든 영어든 언어를 익히는 데는 상호작용이 가장 중요하다. 예를 들어 유아가 처음 사과를 보고 호기심이 발동해 뭔지 물어볼 경우 부모가 아이 곁에서 그게 무엇인지를 모국어로 말해주면 아이는 실물과 소리의 관계로 그것을 인지하게 된다.

　이런 일이 반복되면 아이의 수용언어가 점차 늘어나 아이는 36개월 이후에 문법을 이해하고 단어나 문자를 활용하여 문장을 말하는 데 적용하게 된다. 이처럼 아이는 학교 교육을 받거나 문법 규칙을 학습하지 않아도 자연스러운 상호작용을 통해 모국어를 쉽게 습득할 수 있다.

　마찬가지로 영어도 모국어 방식으로 해야 쉽게 습득할 수 있지만, 조기유학을 가지 않는 한 국내에서 원어민과 상호작용을 하며 영어를 습득하기란 현실적으로 쉽지 않다. 조기유학을 가더라도 한국인 친구가 없는 영어 환경에서 오직 원어민과 영어로만 매일 대화해야 비로소 영어를 자연스럽고 쉽게 습득하게 된다.

조기유학 없이 상호작용으로 습득하기

조기유학을 가지 않고도 국내에서 영어를 모국어처럼 쉽게 습득할 방법은 없을까? 아무래도 유일한 방법은 원어민과 매일 영어로 대화할 수 있는 환경을 만들어주는 것이리라.

대부분 아이들이 영문법을 공부하고 영어책 읽기와 듣기에 많은 노력을 기울이지만, 이건 상호작용이 아니기 때문에 영어 습득에는 별로 도움이 되지 않는다. 또 원어민이 여러 명의 아이를 대상으로 강의하는 것 역시 상호작용이 아니기 때문에 말하기에는 별로 도움이 되지 않는다. 원어민과 매일 상호작용하면서 영어에 노출되어야 영어를 잘할 수 있다.

모국어를 습득할 때 아기의 뇌는 자발적으로 강한 호기심을 가지고 사물을 바라보며, 부모의 말을 이해하고 상호작용에 의한 의사소통에 몰입하게 된다. 하지만 모국어를 습득한 아이가 영어를 습득하는 경우에는 호기심이 이미 충족되었기 때문에 몰입하기가 사실상 어렵다. 그럼 영어공부에 어떤 방법을 이용하면 좋을까?

● **첫째, 호기심과 소통하려는 열망을 자극하라.**

출생 후 사물을 명확하게 구별하고 소리의 차이를 구별하게 되면, 아이는 눈에 보이는 새로운 것들에 대한 호기심과 함께 소통하려는 자연스러운 욕구가 생겨 스스로 특정 물체나 소리에 몰입하게 된다. 몰입한다는 것은 뇌가 선택적 주의집중을 한다는 것으로, 아이가 눈에 보이는 수많은 자극 중에 특정 자극에 호기심을 가지고 눈의 초점을 정확하게 맞추고, 귀로는 특정 소리에 선택적 주의집중을 하는 것을 뜻한다. 이렇게 할 경우 뇌로 시각적 자극과 소리의 관계를 인지하여 수용언어가 발달되는 것이다.

🗨 **둘째, 놀이하듯 영어를 하자.**

아이들은 놀이를 본능적으로 좋아한다. 친구들과 함께하는 가운데 재미를 발견하거나, 이런 종류의 재미를 만들어내는 능력이 뛰어나다. 아이들은 어떤 일에 빠지면 거기에서 흥미를 발견하고 집중하는 특성을 가지고 있다. 성인들의 눈으로 보면 실제 존재하지 않고 실용적인 가치가 없는 가상적인 상황에서의 놀이라도 아이들의 눈에는 현실처럼 보이고 재미있는 경우가 흔하다.

🗨 **셋째, 풍부한 상상력을 활용하라.**

아이는 항상 상상할 준비가 되어 있어 상상과 환상에 젖으며 큰 기쁨을 느낀다. 따라서 공룡이나 반인반마와 같은 괴물을 묘사하는 것이 실생활에서는 있을 수 없지만, 아이는 상상 속의 대상을 그들의 언어로 표현할 수 있다. 이처럼 아이는 행동과 실제로부터 사고를 분리하여 실물의 의미나 기능과 전혀 다른 의미나 기능을 부여한다. 가령 막대기로 총을, 벽돌로 전화기를 흉내 내는 가상놀이를 통해 추상적인 사고가 발달하기도 한다. 한편 초등학생 아이들은 자기 주변의 세계를 이해하고 나름대로의 의미를 찾느라 매우 분주하다. 그들은 주변에서 일정한 패턴을 찾아내는 것뿐만 아니라 패턴에서 벗어나는 일도 찾아낼 줄 안다.

🗨 **넷째, 움직이면서 하는 활동을 활용하라.**

아이는 또래들과 활동하고 함께 말하기를 본능적으로 좋아하며 끊임없이 말하고 움직인다. 이런 아이의 움직임이 지극히 정상적인 현상임에도 보통 부모들은 이를 학습의 방해 요소로 인식하여 억제시켜 왔다. 하지만 움직임은 아이의 본능적인 특성이기 때문에 이를 억제하기보다는 긍정적으로 받아들여 학습에너지원으로 승화시키려는 노력이 필요하다. 아이가 참다못해 움직이게 하기보다는 짧은 주의집중 시간을 고려하여 움직이면서 하는 활동을 적절히 활용하면 주의집중이 요구되는 활동을 할 때에도 효과적이다.

💬 다섯째, 경쟁심리를 자극하라.

아이가 게임에 빠져 몰입하는 것은 자기 수준보다 한 단계 어려운 과정을 극복하는 성취감과 다른 아이와의 경쟁 심리와 관련이 있다. 아이의 성취욕과 경쟁심리를 이용하여 영어에 몰입하도록 할 수 있다. 몰입해서 정확하게 발음하면 자신의 발음을 들려주고, 몰입하지 않아 정확한 발음을 하지 못한 경우에는 다시 발음하도록 페널티를 주는 식이다. 아이에게 영어에 대한 흥미와 자신감을 주는 것 역시 중요한데, 2~3주 정도 영어 몰입 학습을 하고 나면, 영어로 말할 수 있는 기회를 주어 자신감을 키워주어야 한다.

💬 여섯째, 반복해서 학습하라.

아이가 모국어를 습득할 때 단어나 문장을 한두 번 듣고서 곧바로 말하는 것이 아니다. 모국어라도 의미 있는 단어 한마디를 하기까지 12개월이 걸린다. 반복해서 듣고 말하는 과정을 일정기간 거쳐야 모국어도 유창하게 할 수 있다. 반복학습을 하는 것은 장기기억을 강화하는 데 도움을 주는데, 기억 속에서 사라지기 전에 배운 내용을 반복해야만 영어를 유창하게 말할 수 있다. 뇌는 배운지 24시간 내에 배운 내용의 80%를 잊어버리게 되므로 매일 영어를 사용하지 않으면 영어를 익히기란 쉽지 않다. 영어에 노출되는 시간이 길수록, 반복 횟수가 많을수록 영어의 신경회로가 강화되어 장기기억으로 저장된다.

✏️ 초등학교 1~2학년 지침

초등학교 저학년 아이는 듣고 말하는 기능이 발달하여 좋은 모델을 따라 발음과 억양을 따라하며, 역할놀이나 처음과 중간과 끝이 분명한 이야기를 통하여 잘 배우게 된다.

그러나 아이들은 주의집중력이 짧고 싫증을 쉽게 내기 때문에 부모는 다양하고 큰 움직임을 요하는 활동을 준비해야 한다.

 초등학교 3~4학년 지침

이 시기의 아이들은 주변 상황과 사람들에게 매우 개방적이므로 여러 나라의 정보를 습득해 활동할 기회를 갖게 되는 이들에게 세계화는 중요한 의미를 지닌다. 아이들은 인과관계를 이해하기 시작하고 그룹활동을 좋아한다. 또한 3~4학년 아이들은 언어학습에 체계적인 접근이 가능하지만, 여전히 출발점에서는 기초적이고 구체적인 경험이 요구되므로 맥락 속에서 학습을 받아야 한다. 아이들은 여전히 상상과 환상적 체험, 대립적인 구조의 강조, 시작과 중간과 끝이 분명한 이야기, 놀라운 자질로서 현실적인 삶의 어려움을 극복하는 살아있는 영웅들의 이야기를 좋아한다.

초등학교 5~6학년 지침

초등학교 고학년 아이들의 교육목적은 긍정적인 인관관계와 긍정적인 자아상을 정립하는 것이며, 그러기 위해서는 여러 교과목에 대한 공부뿐만 아니라 폭 넓게 탐구할 기회를 주어야 한다. 고학년 아이들은 위험을 초월한 영웅적인 인물들을 좋아하고, 정의감을 강하게 자극하는 학습경험을 요구하며, 현실 세계에서 특별하고 극단적인 것에 대한 강한 관심을 표명한다.

48. 영어, 듣기부터 시작하자

초등학교 1학년이 되면 영어에 자신이 없는 아이는 많이 긴장하게 된다. 부모까지 덩달아 당황하거나 초조해지는 경우가 많고, 뒤처지면 안 되겠다는 강박관념마저 생긴다. 그전까지 영어 공부를 하지 않았던 아이와 부모는 점점 마음이 조급해지고 스트레스를 받게 된다. 이럴 땐 남들보다 늦었다고 걱정하기보다는 자신감을 갖고 듣기에서부터 시작해보자.

듣기 기능을 단순히 들려오는 소리만을 듣는 수동적인 기능으로 여길 수 있지만 이는 듣기를 지나치게 단순화한 것이다. 듣기는 말하는 이가 말하는 물리적인 소리를 듣는 것이 아니라 그 소리가 말하는 이의 세계, 듣는 이 자신의 세계, 그리고 그들이 처해 있는 장소와 시간 속에서 엮어지는 의미를 이해하는 것이다. 따라서 듣는 이는 자신의 세계는 물론 말하는 이의 세계와 그들이 처한 시공간과의 상호작용을 통해서 의미를 추출해내어야 한다. 듣기가 이처럼 능동적인 행위가 되도록 하기 위해서는 듣기상황을 구체적으로 설명해주어 관심과 흥미를 갖게 하고 어떤 상황이 일어날 것인가를 예측할 수 있게 도와주어야 한다.

 **낱말의 소리**

낱말을 구성하는 소리는 '음소'라는 언어의 최소단위로 서로 다양하게 결합해 낱말을 만든다. 서로 다른 음소의 미묘한 차이를 구별하는 능력은 개인차가 많은데, 청각주의력이 뛰어난 아이는 서로 다른 소리를 완벽하게 구별한다.

영어도 마찬가지이다. 개인차에 따라서 실마리가 될 만한 문장 없이도 오직 낱말만 듣고 이를 명확히 구별해내는 아이가 있는가 하면, 말소리의 차이를 명확히 구분하지 못하는 아이가 있다. 후자의 경우 구별이 확실한 낱말들까지도 비슷하게 들리기 때문에, 학년이 올라갈수록 낱말을 파악할 때 문맥에 지나치게 의존하고, 알아듣지 못한 단어를 상황에 맞는 그럴듯한 다른 단어로 끼워 맞추려고 애를 쓴다. 이렇게 되면 시간이 많이 걸릴 뿐 아니라 수업내용이 일상적인 주제에서 벗어나면 수업이 힘들어진다. 그밖에 읽기, 철자법, 쓰기에서도 어려움을 겪게 된다.

영어 집중듣기

알파벳도 모르는 아이가 책을 읽는다는 것은 엄두를 내기 어렵다. 아직 책을 제대로 읽지 못하는 아이라면 초등학교 1학년에는 듣기에 집중하는 것이 좋다. 듣기를 꾸준히 하면 영어책을 읽는 것도 가능해지기 때문이다.

우선 쉬운 책을 하나 고르자. 한쪽에 문장 하나만 있어도 좋으니 성취감을 느낄 수 있는 쉬운 책을 고르자. 다만 원어민 테이프나 CD가 있어야 한다. 내용도 재미있고 그림도 풍부한 책을 고른 후, 책을 보면서 일주일 동안 테이프와 CD로 매일 듣다 보면 아이는 글자를 몰라도 흉내를 낼 수 있다. 이때 칭찬과 격려를 해주라.

일단 듣기가 습관화되면 읽기는 자연스럽게 따라온다. 아이에 따라서는 매일 같은 내용을 듣는 것을 싫어할 수도 있고, 너무 쉽다고 고개를 돌릴 수도 있다. 아이의 흥미를 불러일으킬 수 있는 책을 고르고, 한 권씩 읽어내는 책이 늘어날 때마다 칭찬해주면서 동기를 부여하자. 책을 몇 권 읽느냐가 중요한 것이 아니라 영어책을 듣고 보는 데 재미를 느껴야 한다.

테이프나 CD로 식사시간이나 취침 전에 자연스럽게 영어를 흘려듣고, 영어책을 소리에 맞춰 눈으로 짚어가며 30분 정도 집중듣기 하는 식으로 꾸준히 초등학교 3학년까지 해나가면 영어가 들리기 시작한다.

아기가 태어나서 의미 있는 단어를 말하는 1년 시점을 기준으로 한 노출 시간은 2,200시간이다. 초등학교 때는 3년 정도 듣기 중심의 영어 공부를 진행하는 것이 좋다. 먼저 DVD나 영어방송 등 다양한 미디어 매체를 활용하고, 리더스북 같은 쉬운 영어책이나 챕터북 등으로 집중듣기나 흘려듣기를 하면서 영어듣기 실력을 키워주자.

유치원에서 영어를 접한 적이 있는 아이라면 원어민 테이프나 CD가 딸린 영어 그림책으로 영어의 재미를 느끼게 해줄 수 있다. 스토리북으로 부모가 직접 영어를 공부시킬 수 있으며, 부모가 꾸준하게 관리하기 힘들다면 방문학습을 이용하는 것도 괜찮다. 유아나 초등 전담 교사가 파견되기 때문에 즐겁게 수업을 진행한다는 장점이 있다.

영어의 리듬을 타자

영어를 잘하려면 우선 듣기를 잘해야 하며, 듣기를 통해 의미를 이해하는 훈련이 가장 먼저 이루어져야 한다. 'P'와 'ㅍ', 'L'과 'ㄹ'이 비슷한 것 같지만 다른 발음 체계를 가지고 있어서 듣기만으로는 의미를 파악하기가 쉽지 않다. 또한 개별적인 음가만 차이 나는 것이 아니라 전체적인 억양도 다르다. 그리고 영어는 중요한 부분에만 강세를 두고 그 외의 단어는 분명하지 않게 슬쩍 발음해 버린다. 따라서 단어보다는 영어 특유의 리듬에 친숙해져서 영어를 전체적으로 받아들일 수 있으면 좋다.

다음은 아이에게 영어의 흥미를 높여주기 위한 방법이다.

💬 첫째, 자주 들을 기회를 주어라.

지각체계가 정보를 흡수하는 데는 한계가 있을 뿐만 아니라 지각 과정에서 연속적으로 많은 정보들이 한꺼번에 유입되면 반복 재연이 불가능하기 때문에 단기기억 속에 사라지게 되어 인지는 하더라도 기억할 수 없게 된다. 영어를 배우는 아이는 이렇게 유입되는 정보에 대한 처리 속도가 느리기 때문에 의미를 파악하기 쉽지 않다. 하지만 영어에 많이 노출되어 듣기에 익숙해지고 보다 많이 알게 되면 자주 듣는 것은 자동적으로 처리되고 어렵거나 생소한 것에는 보다 많은 시간을 할애할 수 있는 여유가 생겨 의미를 성공적으로 파악할 수 있다.

언어를 배우는 좋은 방법은 언어를 실제 의사소통의 수단으로 사용하며 경험하는 것이다. 부모가 가정에서 아이에게 지시를 하거나 심부름을 시킬 때 고마움을 나타내는 말, 부탁 또는 칭찬하는 말 등을 영어로 하게 되면 실제적인 영어 사용의 경험을 제공하게 되는 것이다. 이런 말을 할 때에는 학습자가 익숙해질 때까지 말과 함께 표정이나 몸짓을 과장되게 사용하도록 하자.

💬 둘째, 듣기 자료는 학습자의 인지능력을 고려하여 흥미 있고 쉬운 것이어야 한다.

초등학생의 듣기 자료는 평이하고, 직선적인 내용이어야 한다. 초등학생들의 인지능력을 고려하여 추상적인 개념보다는 구체적인 내용으로 아이가 관심을 기울일 수 있게 해야 한다. 재미있는 이야기와 영어그림책 읽어주기는 아이들에게 듣고 싶은 동기를 불어넣는다. 듣기 자료의 수준은 아이의 현재 언어 수준보다 약간 높은 수준을 선택하는 것이 적절하다. 이미 학습해 알고 있는 자료에 새로운 학습 내용이 추가되면 학습자에게 도전감을 주어 적절히 반응하게 할 것이다.

🔴 셋째, 모든 단어를 다 들어야 한다는 강박관념에서 해방시켜라.

듣기는 수동적인 행위가 아니다. 아이는 듣는 동안 목적 행위에 동기화되어 적극적으로 참여할수록 주의집중을 잘하고 효과적으로 이해하게 된다. 아이에게는 모든 것을 다 듣지 않고도 전체의 의미를 파악하는 능력이 있다. 부분적인 것을 듣고 전체를 이해하는 것은 효과적인 듣기 능력이다. 효과적인 듣기란 불필요하거나 중요하지 않은 것을 무시하고 중요한 것만을 가려내어 이해하는 것이기 때문이다. 모든 것을 다 이해하기를 바라는 것은 가능하지도 않을 뿐만 아니라 무작정 시도해서도 안 된다. 들려오는 모든 것에 지나치게 주의집중을 하다 보면, 아이를 계속적으로 긴장하게 만들어 지나친 부담감만 안겨주어 끝내는 학습에 흥미를 잃게 만든다.

🔴 넷째, 아이에게 들어야 하는 이유를 분명히 하자.

일방적으로 들려오는 것을 수동적으로 듣는 것은 따분한 일이다. 아이에게 왜 그것을 들어야 하는지, 즉 무엇을 들어야 하는지를 분명히 해주는 것이 중요하다. 아이는 듣기 전이나 듣는 중이나 들은 후에 무엇을 해야 하며 어떤 부분에 주의를 집중해야 하는지를 알고 있어야 한다. 예를 들어 듣는 중에 무언가를 그리게 할 때는 아이가 그려야 할 구체적인 대상을 뜻하는 단어에 주의를 기울여야 할 것이며, 또 대상을 설명하고 색깔, 크기, 모양, 위치 등을 나타내는 말에 주의를 집중시켜야 한다. 이로써 아이들로 하여금 다음에 이어질 내용이 무엇인지를 예측하게 하는 것이다. 부모는 아이들의 예측과 실제 들은 것을 비교해보게 하여 점점 성공 경험을 제공함으로써 자신감을 갖게 한다.

💬 다섯째, 몸짓, 표정 그리고 시청각 자료를 많이 활용하라.

초등학교 아이들도 영어를 처음 들으면 단지 소음으로 인지할 것이다. 아이들이 영어 소리에서 아무런 의미를 끌어낼 수 없기 때문이다. 그러므로 말하는 이의 강세, 억양, 표정이나 몸짓과 같은 신체어 등에 주의를 기울임으로써 말하는 이의 의견이나 태도를 추론하고 그가 전하고자 하는 의미를 이해하게 한다. 특히 들려주는 이야기나 대화에서 많이 활용할 수 있다. 부모가 말과 함께 얼굴표정, 몸짓을 크게 하고 영상매체를 이용한 비디오를 사용하는 것 역시 같은 맥락에 해당된다. 같은 내용을 녹음테이프를 이용해 듣는 것보다 직접 얼굴을 대하고 듣는 것이 이해가 쉬운 이유도 마찬가지이다. 오디오북, 익숙한 영어 애니메이션, 영어DVD 등을 활용해도 영어에 친숙해질 수 있다.

💬 여섯째, 신체를 이용한 다양한 활동을 하라.

특히 아이들은 신체적인 움직임을 통한 활동을 좋아하기 때문에 듣기에서도 신체의 움직임을 통한 여러 다양한 활동을 부과하는 것이 효과적이다. 이런 활동으로는 그리기, 색칠하기, 행동하기, 짝짓기, 순서 맞추기, 만들기, 완성하기, 변형하기 등이 있다.

영어동요부터 시작하자. 처음 영어를 시작하는 경우 알파벳을 외우게 하는 것보다 자연스럽게 영어 발음을 익히게 해주는 편이 좋다. 영어동요를 들려주는 것이 리듬을 타고 자연스런 영어 발음을 익히는 데 효과적이다.

49. 영어 말하기에 실패할 때

영어에 노출되는 시간이 5,000시간 이상은 되어야 영어를 유창하게 구사하게 된다는 주장이 있다. 하지만 단순히 시간, 횟수가 많다고 하여 기억이 잘되는 것은 아니다. 단순히 수동적으로 보거나 듣거나 하는 식으로 노출된 총 시간은 중요하지 않으며, 선택적 주의집중과 몰입을 할 경우에만 장기기억으로 넘어간다.

따라서 상호 작용을 통해 원어민과 모국어 방식으로 영어를 훈련하게 하고, 매일 반복해서 듣고 말하도록 해주면 2,400시간만 노출되어도 영어를 자유롭게 말할 수 있다. 초등학생에게 이 방식으로 매일 3시간씩만 영어로 듣고 말하기를 훈련시키면, 2~3년 내에 유창한 영어를 말할 수 있다.

영어 교육의 목표를 어디에 두느냐 역시 중요하다. 해외여행을 가거나 외국 관광객을 만났을 때 무리 없이 대화할 정도의 수준을 목표로 하면 생활영어로도 충분하지만, 글로벌 인재가 되려면 발표와 토론 등 생각과 의견을 논리적으로 말할 수 있는 고급 영어가 필요하다. 고급 정보는 영어로 된 게 많아 읽기의 비중이 여전히 높다. 언어의 네 가지 기능, 즉 읽기, 듣기, 말하기, 쓰기가 모두 중요한 시대로 접어들었다.

모국어를 제대로 읽고 써야 영어도 수월하다

많은 부모는 아이가 적어도 두 가지 언어를 구사하길 기대한다. 많은 아이들은 영어를 잘 받아들일뿐더러, 두 가지 언어에 지속적으로 노출되는 상황에서도 잘 적응한다. 두 가지 언어 코드를 무리 없이 소화하는 뇌 덕분이다.

그러나 반대로 영어공부가 재미도 없고 효과도 없는 고역일 뿐이라고 받아들이는 아이들도 많다. 영어에 적응이 안 되는 아이는 모국어에서도 알게 모르게 신경발달 기능에 이상이 있을 가능성이 있다. 국어의 음운, 의미론, 문장구조 등을 완전히 이해하지 못한 아이라면 영어를 배우기는 더욱 어렵다. 이런 아이는 국어를 집중적으로 익히고 훈련하는 것이 더 중요하다. 그렇다고 영어를 접할 기회를 완전히 차단하거나 영어공부를 포기할 필요는 없다. 이중언어를 하는 아이는 밖에서 영어에 중점을 두어 공부하고, 집에서는 일상 대화를 통해 날마다 조금씩이라도 모국어를 연습하는 것이 좋다.

언어력이 떨어지는 아이는 국어 실력이 상당히 좋아지지 않고서는 영어 학습도 늦어질 수밖에 없다. 하나의 언어를 제대로 읽고 쓰기 전까지는 다른 언어로 말하기가 아주 어렵다. 영유아가 중학생이나 고등학생보다 영어를 빨리 배운다고 생각하는 것은 잘못이다. 최근 연구에 의하면 14세 아이가 5~6세 아이보다 발음만 제외하고 영어를 더 빨리, 더 효과적으로 배운다고 한다.

 뇌의 운동피질과 영어 말하기 훈련

말을 하는 데 필요한 정보는 뇌 전두엽의 일부인 브로카 영역에 의해 관리된다. 말할 때나 글을 쓸 때는 브로카 영역에서 단어를 조합하여 문장 형태로 만들고, 운동피질에서는 성대를 조절하여 인출한 정보를 말로 표현하게 한다. 의사소통에는 손이 담당하는 역할도 있지만, 대개 입이 주된 역할을 하며 운동피질의 반 이상은 의사소통 기관을 조종하는 데 사용된다.

장기기억에 저장된 정보를 인출하여 말로 표현하는 과정은 그리 단순하지 않다. 평상시에는 잘 생각나던 영어 단어나 문장도 원어민과 영어로 말해야 할 때는 생각나지 않는 경우가 많다.

뇌의 장기기억에 저장되어 있는 영어단어나 문장이 필요할 때 순간적으로 말로 나오지 않는 이유는 무엇일까? 브로카 영역이 말을 하려면 장기기억으로 저장된 정보를 꺼내는 데 필요한 실마리가 있어야 하는데, 언어를 인지하여 장기기억에 저장할 때의 실마리와 인출하여 꺼내려 할 때의 실마리가 일치해야 한다. 읽기, 쓰기를 통해 단어나 문장을 암기 방식으로 인지하여 장기기억에 저장했는데, 그 정보를 원어민과 대화중에 말하는 방식으로 꺼내려 하면 저장할 때와 인출할 때의 실마리가 일치하지 않아서 필요할 때 즉시 말로 나오지 않는 것이다.

말을 유창하게 하는 데는 다른 요인들도 영향을 미친다. 목소리의 어조는 지금 기분이 좋은지, 흥분해 있는지, 따분한지, 급한 일이 있는지, 화가 나 있는지, 슬픈지, 놀랐는지 등에 따라 다르고, 더 나아가 그런 감정 상태가 어느 정도인지도 나타낼 수 있다. 뇌의 감각피질에서는 말에 담긴 감정을 이해하는 데 필요한 정보를 제공한다. 영어로 의사소통을 하려면 뇌의 여러 영역이 동시에 작용해야 한다.

💬 첫째, 말하기는 대화를 통하여 익히도록 하라.

영어를 유창하게 말하려면 읽기, 쓰기를 통한 암기 방식이 아니라, 아이가 모국어를 배울 때처럼 원어민과 직접 대화하는 방식으로 영어를 이해하여 장기기억에 저장하도록 해주어야 한다. 그렇게 해야만 원어민과 대화할 때 필요한 상황에서 영어가 모국어처럼 즉시 튀어나올 수 있다.

💬 둘째, 설명보다는 경험을 통하여 이해하게 하라.

부모는 말할 때에 많은 몸짓을 함께 사용하되, 말한 내용을 아이가 모두 이해하기를 기대해서는 안 된다. 다만 아이가 그 상황을 경험함으로써 내용을 이해하도록 이끌어야 한다. 부모는 아이의 이해를 돕기 위하여 때로는 아이가 모르는 단어도 사용할 수 있다. 중요한 것은 말하는 내용이 얼마나 명확하냐이다.

💬 셋째, 가르치지 말고 자연스런 상황을 이용하게 한다.

설명 대신 이전에 학습한 단어와 문법을 활용하여 경험하게 한다. 듣기 훈련을 많이 하여 웬만큼 알아들을 수 있음에도 불구하고 영어로 말하려 하지 않는다고 불안해 할 필요는 없다. 자연스럽게 영어를 말할 수 있도록 하여야 한다. 집에서 가족이 대화할 때 간단한 회화를 섞어서 하는 것도 좋은 방법이다. 영어를 처음 시작할 때는 꼭 원어민 교사를 고집하기보다 한국어와 영어를 모두 구사할 수 있는 교사와 함께 공부시키는 것이 아이의 부담을 줄일 수 있다.

💬 넷째, 예를 들 때는 옳고 사실적인 것으로 한다.

하나의 질문에 긍정과 부정의 대답을 동시에 요구하지 말아야 한다. "Do you like apples?"에 대한 대답에서 사과를 좋아하면 "Yes, I do.", 좋아하지 않으면 "No, I don't"라고 둘 중에 하나만 하게 한다. 아이에게 두 가지 답을 하게 하면 사과를 좋아했다 좋아하지 않는다는 뜻이 되어 실제성을 잃었기에 유의미한 의사소통이 이루어지지 못한다.

🔴 다섯째, 대화 상대자를 바꾸어라.

같은 말을 같은 사람끼리만 되풀이하면 의사소통적인 언어 사용이 되기 어렵지만 사람이 바뀌면 상황이 바뀌기도 한다. 엄마와 아빠 모두 아이와 마주보고 대화하는 시간을 가져라. 같은 질문이라도 사람이 다르기 때문에 구조를 익히기 위해 단순히 반복하는 것과는 달리 의미 있는 대화가 될 수 있다.

🔴 여섯째, 말하기 활동 중의 오류는 수정하지 않는다.

말하기는 말을 실제로 사용하면서 배워야 하는 만큼 말하는 동안 아무리 주의를 기울여도 오류가 생기기 마련이다. 말하기 활동에서 오류를 허용하지 않으면 말할 기회를 주지 않는 것이나 다름없다. 따라서 말하기 활동 중에는 실수에 대한 부담감 없이 영어 말하기에 몰입하게 만드는 것이 중요하다. 즉 말하기 활동에서는 문법적인 문장을 생성하느냐보다 과제를 얼마나 성공적으로 해결하느냐에 관심을 두어야 한다. 이를 위해 부모는 가정 분위기를 허용적으로 조성하고, 적어도 말을 배우는 데서는 완벽한 한마디의 말보다 어설픈 열 마디가 훨씬 가치 있음을 느끼게 해야 한다.

50. 영어읽기 발달을 위해 부모가 할 일

　초등학교 때 영어를 시작하면 유아기보다 습득 속도가 빠르므로 듣기에 익숙해지면 읽기도 시도해볼 만하다. 이때는 알파벳의 각 음가를 충분히 인식하고 구별할 수 있는 능력을 키워야 한다. 또한 법칙을 가르치기보다 한글을 익힐 때 통문자 학습을 하는 것과 마찬가지로 흔하게 나오는 영어 단어들을 눈으로 보고 바로 읽을 수 있도록 외우게 해야 한다. 조금씩 영어 읽기에 자신감이 생기면 음운의 최소 단위인 음소를 자연스럽게 인식하는 훈련으로 넘어간다. 규칙을 가르치는 것보다 영어책을 다양하게 보여주는 것이 더 중요하다.

교재 고르기

　책은 많이 읽으면 좋기는 하지만 무조건 읽으라고 하면 오히려 역효과를 낼 수 있다. 책을 고를 때는 무엇보다 아이의 관심사와 흥미를 고려하고, 나이보다는 영어 수준에 맞추어야 한다. 부모 혼자 대형 서점에 가서 선택하기보다는 아이를 데려가 직접 읽을 책을 고르게 하면 공부에 대한 흥미를 자극할 수 있다.

너무 어려운 단어와 복잡한 문장으로 구성되어 있으면 아무리 재미있는 책이라도 몇 줄 읽기가 힘들다. 보통 한 페이지에 모르는 단어가 6~7개 정도 나오는 수준이 적당하다. 미국 국공립학교의 교과서에 적용되고 있는 영어독서지수에 따라 고르는 것도 좋은 방법이다. 영어독서지수는 학년별 독해능력에 맞춰 레벨 200부터 1300까지 수치화되어 있다. 해당 지수를 활용하여 학년별 수준과 여기에 적합한 책을 선택할 수 있다.

영어권 아이에게 모국어를 가르치는 교재를 살펴보면, 레벨1 교재는 한 페이지에 그림 2~3개가 들어 있으며 테이프나 CD를 통해 영어 음성을 듣고 그림과 소리의 관계를 인지하도록 구성되어 있고, 어휘 훈련과 더불어 간단한 문장을 훈련하도록 되어 있다. 레벨이 올라갈수록 페이지당 어휘수가 점점 증가하고 그림이 작아지며, 문장 구성에서도 어휘수가 점점 많아지고 길어진다. 줄거리가 있는 이야기가 아니라 어휘와 문장으로만 구성되어 있다. 이것이 1~3세의 영어권 아이가 모국어를 습득하도록 훈련하는 최적화된 수준이라고 볼 수 있다.

상위 레벨인 레벨 5, 6 교재에서는 레벨 1~4에 없던 줄거리 있는 이야기가 등장한다. 이런 교육을 통해 아이들이 기본 어휘와 패턴을 듣고 말할 수 있게 되면서, 이제는 줄거리가 있는 이야기 및 대화방식을 훈련할 시기가 된 것이다. 처음에는 페이지 절반 정도 길이의 이야기가 나오지만, 마지막 레벨 6 교재에서는 이야기 내용이 더 길어져 1~2페이지 분량의 긴 이야기를 소화해야 한다. 이것이 3~6세의 영어권 아이가 모국어를 습득하는 과정이다.

모국어를 유창하게 듣고 말할 수 있는 수준이 되면, 이제 읽고 쓰기를 학습할 때가 된 것이다. 영어를 유창하게 발음할 줄 아는 아이는 발음중심어학교수법(phonics)을 매우 쉽고 간단하게 배운다. 듣기, 말하기를 습득할 때는 그림을 보며 소리와의 관계를 인지하게 했지만, 이제 그림 대신 글자를 보여주고 소리를 들려줌으로써 글자를 읽고 이해하며 글을 쓸 줄 알도록 학습시키는 것이다.

초등학교 영어의 시작

초등학교 때 영어를 시작하면 유아기부터 영어를 접한 아이보다 영어에 노출된 시기가 짧다는 단점이 있다. 반면에 언어의 4대 영역, 즉 듣기, 말하기, 읽기, 쓰기의 총체적인 학습이 가능하다는 것은 장점이다. 언어는 다양한 영역이 종합적이고 유기적으로 연결되어 있기 때문에 여러 영역을 함께 공부하면 동반 상승효과가 일어난다.

첫째, 부모가 책을 읽어주자.

부모가 책을 읽어주면 영어에 친근감을 느끼게 되므로 자주 읽어주는 게 좋다. 설령 부모의 발음이 좋지 않다고 해도 아이의 발음이 나빠질까 두려워할 필요는 없다. 일정한 수준 이상 학습하게 되면 아이 스스로 오류를 수정할 수 있는 능력이 자연스럽게 형성된다. 부모가 책을 읽어준 후 그 책에 대한 테이프와 CD를 정기적으로 들려주면 아이는 질 높은 발음을 쫓아가게 되어 있다. 아빠가 엄마보다 영어발음이 좋으면 아이는 아빠의 영어발음을 따라하게 된다.

둘째, 읽기의 발달 수준을 파악하자.

읽기의 발달은 우선 단어의 뜻을 아는 데에서 시작된다. 단어 뜻을 알고 나서 글자를 알아보게 되고 동시에 발음에 대한 인식도 생겨난다. 이것이 갖춰지면 그 두 가지 능력을 합하여 눈으로 읽을 수 있게 된다. 다음 과정은 머릿속으로 생각한 발음을 소리로 내는 것이다. 이렇게 하여 읽기의 전 과정이 발달하게 되는

데, 모든 아이의 읽기 발달이 이 경로를 따르는 것은 아니다. 어떤 아이는 눈으로 글자를 알아보는 과정과 단어의 발음을 인식하는 과정이 합해지지 않고 따로따로 서로 다른 속도로 발달하기도 한다. 이런 아이는 읽기에서 다른 아이들보다 어려움을 겪는다.

셋째, 챕터북을 활용하자.

챕터북은 유아부터 초등학생까지 읽을 수 있는 간단한 영어 소설책이다. 본격적인 영문 소설보다는 분량이 짧지만 영어 그림책보다는 길게 구성되어 있다. 챕터북의 내용이 담긴 테이프나 CD는 잘 활용하면 영어를 잘 배울 수 있다. 테이프나 CD를 들으면서 내용을 정독하고 모르는 단어는 사전을 찾아 뜻을 확인하다. 내용이 완전히 파악되면 1~2개의 챕터를 선택해서 큰 소리로 읽는다. 이때 발음이나 어휘가 잘 들리지 않을 때는 반복하여 듣고 억양과 발음을 그대로 따라하려고 노력하면 발음 교정에도 도움이 된다. 챕터북의 문장을 이용하여 내용을 요약하고 스토리텔링을 해보는 것도 말하기에 자신감을 가질 수 있는 좋은 방법이다.

넷째, 스토리북으로 어휘를 늘리자.

모국어 역시 책을 읽으면서 새로운 어휘와 표현을 알아가게 된다. 이렇게 알게 된 어휘는 쉽게 잊지 않으며 자신의 언어가 된다. 영어도 예외가 아니다. 스토리북으로 읽는 과정을 통해 자연스럽게 문장과 단어를 익히고 영어의 어순을 받아들이는 것이 최선의 방법이다.

따라서 읽기를 시키는 이유는 영어를 음성 언어로 인식하게 하고 영어의 어순을 자연스럽게 받아들이게 하기 위함이다. 또한 한 문장 한 문장 읽을 때마다 일일이 아이가 해석하게 하면 영어 어순을 자연스럽게 받아들이는 데 방해가 되기 때문에 내용의 흐름만 알게 하는 것이 좋다.

💬 다섯째, 리딩교재를 이용해 다양한 형태의 글을 접하게 하라.

한 달에 두세 권을 읽을 수 있을 정도로 연습이 되어 있다면, 단계별 리딩교재를 갖고 공부하는 것도 좋은 방법이다. 리딩교재는 픽션, 논픽션, 스포츠, 과학, 광고, 편지글, 설명문 등 다양한 형태의 글을 단편 형식으로 묶어놓은 것인데, 고학년 때부터 활용하면 좋다. 리딩교재도 반드시 테이프나 CD가 있는 것으로 골라서 매일 여러 번 들어야 한다. 리딩교재를 잘 활용하면 듣기까지 동시에 해결하게 되고 단원마다 내용 이해를 묻는 지면이 있어서 작문에도 큰 도움이 된다. 내용이 짤막하기 때문에 책을 보지 않고 글 전체를 써보는 것도 작문에 좋은 방법이 될 것이다.

💬 여섯째, 영어에 대한 거부감을 줄이자.

영어 거부증은 주입식 학습법, 또래 아이들과의 비교, 잦은 레벨 테스트 등 부모의 기대와 조급증에서 기인한다. 아이의 수준에 맞지 않는 과도한 목표를 세우기보다는 장기적으로 수준을 높여가겠다는 생각을 가져야 한다. 또 처음부터 기초를 완벽히 하겠다는 생각보다는 아이가 영어와 친해지게 만들겠다는 마음가짐에서 출발하자. 영어와 서서히 익숙해지도록 애니메이션이나 DVD를 적극 활용하고 영어캠프나 영어마을 등 각종 체험 프로그램에 참여하는 것도 좋다.

51. 영어쓰기는 단계적 학습이 효과적!

초등학교 1학년 정도면 대부분의 아이들이 한글을 완전히 읽을 줄 알기 때문에 조금씩 영어 문자에 노출시키면서 쓰기도 준비할 수 있다. 처음에는 알파벳을 정확하게 쓰고 단어나 간단한 문장을 베껴 쓰는 것부터 시작하자. 눈으로 알파벳을 익히게 한 후 쓰기를 가르쳐야 하며, 컴퓨터 자판을 이용하여 스스로 알파벳을 누르는 과정에서 문자에 흥미를 느낄 수 있다. 어느 정도 단어 쓰기에 익숙해지면 문장을 따라 쓰면서 스스로 문장을 만들 수 있다.

첫째, 아이의 글을 인정해주어라.

부모는 언제나 아이의 입장에서 작품을 대해야 한다. 아이는 부모가 자기의 글을 인정해줄 때 자신감을 갖게 된다. 쓰기에 자신감을 갖게 되면 의미 파악에 문제를 일으키는 중대한 오류만 지적하여 주자. 어떤 내용을 표현했는가를 살펴보고 내용의 창의성에 대해 칭찬해주자. 아이가 쓴 글이 문법적인 잘못이 있어도 내용 전개가 훌륭하고 창의성이 있는 경우에는 내용의 우수성을 인정해준다.

둘째, 문법적 오류는 서서히 고쳐나가자.

모든 오류를 지적하고 고쳐 아이에게 좌절감을 주어서는 안 된다. 동일한 오류라도 아이의 수준에 따라 고쳐주어야 할 것이 있고 고쳐주지 않아야 할 것이 있다. 사소한 문법적인 오류는 서서히 고쳐나갈 수 있는 기회를 제공하자.

셋째, 글 쓸 기회를 많이 제공하여 부담감을 줄이자.

초등학교 때에는 음성언어로 익숙해진 것을 문자로 적어보게 하면서 쓰기에 대한 부담을 줄이는 것이 좋다. 그러기 위해서는 부모가 쓸 거리를 많이 제시하고 다양한 모범 글도 제시해주어야 한다. 실제로 글을 쓸 수 있는 기회도 많이 제공하여야 한다. 부모가 카드 쓰기, 편지쓰기, 초청장 쓰기, 메뉴 만들기, 이야기 짓기 등의 기회를 주고, 또 아이와 협동하여 쓰기 활동을 하자.

넷째, 생각하는 글쓰기를 하자.

단순히 필체만 숙달시키는 기계적인 쓰기 연습을 강요하지 말고, 생각하여 써야 하는 뚜렷한 이유를 제공하는 쓰기 활동을 시킨다. 우리나라 영어교육에서 아이들이 영어에 쉽게 싫증을 느끼는 이유 중 하나가 지나치게 많은 기계적인 쓰기 활동을 부과받기 때문이다. 아이는 의미를 생각할 필요도 없이 혹은 의미를 모르는 상태로 글을 써야 하기에 영어 학습 전체에 대한 흥미를 잃게 되는 것이다. 특정 상황에 대한 자신의 생각을 써볼 수 있는 기회를 주자. 영어 일기쓰기가 대표적이다.

다섯째, 좋은 글을 쓰기 위한 기술들을 익히자.

좋은 글을 쓰기 위해서는 여러 가지를 고려하면서 많은 연습을 해야 한다. 글의 목적과 요지에 초점을 맞추거나, 독자가 누구일지 가늠한다거나, 쓰기 전에 계획을 세우는 등 쓰기를 위한 준비기술이 필요하다. 쓰는 과정에서 사용할 수 있는 처음 떠오른 아이디어를 글속에 쉽게 녹여 넣는다거나, 글을 쓸 때 일반적인 구성을 맞추는 등의 쓰기기술도 익히자. 글은 쓰는 것도 중요하지만 피드백과 수정이 이루어져야 한다. 글에 대한 피드백을 듣고 자신의 글을 언제나 수정하는 기술을 익혀야 한다.

52. 고급영어, 어휘력과 문법을 키워라

초등학교 고학년 때는 독해연습과 함께 듣기, 단어, 문법, 작문 등 고른 영역을 공부해야 한다. 부모는 아이가 문법학원만 다니면 영어성적이 오를 것으로 생각하는 경우가 많은데, 요즘 영어시험은 문법만 따로 나오는 경우는 드물다. 독해나 작문 속에 내재되어 있기 때문에 급하게 문법공부만 한다고 해서 성적이 오르지는 않는다.

자기주도적으로 공부하자

따라서 아이가 자기주도적으로 공부하는 것이 중요하다. DVD를 보고 궁금한 단어도 찾아보고, 문장도 적어보고 할 정도로 흥미가 있다면 그 방법도 나쁘지 않다. 학원에서 공부하는 것을 좋아한다면 학원을 다니는 것도 좋다. 집에서 하는 경우에는 DVD를 통해 영어를 보고 듣기, 책 읽기, 문법 익히기 등 어느 하나를 선택하는 것이 아니라 규칙적인 시간표에 따라 모두 행해져야 한다. 아이가 스스로 하고 그것이 습관이 될 때까지 부모가 관심을 가지고 지켜봐야 한다.

집에서 모두 봐주기가 어렵다면, 집근처 학원에서 문법이나 작문 등만 다지고, 집에서는 읽기 부분만 점검해주는 것도 좋다. 집에서 하든, 학원을 다니든 재미있는 챕터북이나 스토리북 등을 꾸준히 읽을 수 있도록 하라. 영어를 하나의 과목이 아닌, 의사소통을 위한 도구로 접할 수 있는 경험을 반복적으로 해야 한다.

초등학교 고학년인데 아직 영어에 흥미가 없다면, 영어에 대한 호기심을 갖도록 가르쳐주어야 한다. 예를 들어 게임을 좋아한다면 게임 형식으로 된 영어 앱을 사용할 수 있으며, 인터넷수업도 호기심을 끌 만하다. 아이의 성향과 기호를 먼저 파악하여 수업 방법을 정해주라.

학교에서 영어수업을 하고 있다면, 예습을 하는 것도 방법이다. 예를 들어 내일 동물원에 가는 내용을 배운다면 오늘 동물들에 대해 미리 공부를 해보는 것이다. 아이가 자신감을 가지게 되면, 자연히 더 재미를 느끼게 되기 때문에 효과가 있다. 영어는 말이기 때문에 여느 교과와 달리 어떤 방법으로 접근하느냐에 따라 아이가 재미있어하기도 하고 그렇지 않기도 한다.

어휘력의 중요성

문법이 언어의 뼈대를 구성하고 있다면 어휘는 언어를 완성시키는 살과 내장기관에 해당한다. 물론 문법 구조를 제대로 알고 사용할 줄 아는 능력이 영어로 의사소통하는 데 있어 중요한 역할을 한다. 문법적 지식은 우리가 다양한 문장들을 생성해내도록 해주기 때문이다. 그러나 영어로 자신의 의도를 전달하는 데 있어 어휘 지식은 문법지식 이상으로 중요하다. 우리가 표현하고자 하는 의미를 나타내는 단어들을 우리가 알고 있지 못하다면 의사소통은 이루어질 수 없으며, 말하는 이들의 발화를 이해할 수도 없을 것이기 때문이다.

리버스(Rivers) 교수는 외국어를 성공적으로 사용하려면 적절한 어휘의 습득이 필수적이라고 주장하고, 어휘는 영어의 다른 면, 즉 발음, 구문 등과 달리 나이가 들어도 학습 능력이 감퇴되지 않고 오히려 어휘력이 발달함에 따라 새로운 어휘의 습득이 더 용이해진다는 점을 강조하였다.

잘 선별된 1,000개 정도의 단어로 생성해낼 수 있는 문자의 수는 무수히 많으며, 따라서 이 정도만으로도 기본적인 의사소통은 어느 정도 이루어진다고 볼 수 있다. 그러나 기본적인 의사전달을 넘어 말로서 자신의 생각과 의도를 어느 정도 정확하게 전달하기 위해서는 2,500개 정도의 단어가 필요하다. 그러나 듣기의 경우는 이보다 훨씬 많은 어휘 지식을 필요로 한다. 사용되는 단어를 청자가 선택하여 들을 수 없기 때문에 일상생활에서 영어로 전달되는 메시지를 큰 어려움 없이 이해하기 위해서는 최소한 4,500개 정도의 단어는 알고 있어야 한다. 읽기에서는 최소한 7,000개 정도의 단어가 필요한데, 이는 구어보다 문어가 더 다양하고 풍부한 어휘를 사용하기 때문이다.

💬 **첫째, 다양한 방법을 동원하여 단어의 의미를 전달하라.**

1단계에서는 아이들에게 가르치고자 하는 어휘 항목의 의미를 제시한다. 그림, 몸짓, 실물, 설명 등 다양한 방법을 동원하여 아이들에게 단어의 의미를 알려준다. 예를 들어 'boring'이라는 단어를 가르치는 경우 부모는 몸짓이나 설명으로 단어의 의미를 설명할 것이다.

💬 **둘째, 제대로 이해했는지 질문을 통해 확인하라.**

2단계에서는 학습자가 과연 단어의 의미를 제대로 이해했는지 확인하는 과정으로, 부모는 1단계에서 제시했던 단어와 관련된 일련의 질문들을 한다. 만약 아이들이 일관성 있게 이런 질문들에 올바른 대답을 한다면, 부모는 아이들이 단어의 의미를 이해하고 있다고 판단해도 될 것이다.

🗨 셋째, 실제로 새로운 어휘를 사용할 수 있는 기회를 갖자.

3단계에서는 학습한 새로운 어휘를 연습을 통해 강화함으로써 아이가 이를 능동적 어휘로 사용할 수 있는 단계이다. 이 단계에서는 학습한 어휘를 의미 있는 맥락에서 사용해볼 수 있는 기회를 학습자에게 주어야 한다.

🗨 넷째, 교과서에 나오는 단어와 숙어를 외우자.

특별한 단어·숙어집을 사서 외워도 좋지만, 우선 초등학교 고학년 아이라면 교과서에 나온 단어·숙어를 철저히 외우는 것이 가장 중요하다. 발음이나 철자가 특별히 중요한 단어는 없는지, 강세를 유의할 단어는 없는지 등을 확인하라. 그리고 독해집이나 문법책을 통하여 이따금 나오는 단어를 외우면 문맥 속에서 단어를 외울 수 있으므로, 단어·숙어집을 통해 무조건 외우는 것보다 상대적으로 쉽게 외울 수 있다. 단어·숙어를 외울 때 가장 중요한 사항은 매일매일 조금씩 꾸준히 외워야 한다는 점이다. 따라서 마음이 맞는 친구나 부모의 도움을 받아 함께 점검해가면서 외우면 도움이 된다.

🗨 다섯째, 단어장을 사용하라.

영어 단어는 문제를 풀고 난 다음에 그 안에 포함된 단어를 공부하는 것이 좋다. 즉 문장의 의미를 먼저 이해한 후, 문장의 구성요소인 단어를 기억해야 한다. 단문보다는 중문이 좋고, 이야기가 재미있는 것이 더 효과적으로 기억된다. 단어장을 사용할 때에는 단어만 따로 옮겨 적지 말고 문제나 문장을 통째로 옮겨 적는 방법을 사용하라. 문제나 문장의 해당 단어를 지우고 떠올리는 방법도 있다. 이것이 숙달되면 문장을 통째로 암송하는 것도 그다지 어렵지 않다. 노력 대비 효과가 큰 방법이다.

💬 **여섯째, 사전을 효율적으로 사용하라.**

사전에는 영한사전과 같이 영어 단어의 뜻을 한국어로 풀이해 놓은 것이 있고 '영영사전'과 같이 영어로 단어의 뜻을 풀이해 놓은 것이 있다. 학자에 따라서는 영한사전을 사용하는 것이 단어의 정확한 의미와 사용을 파악하는 데에 문제가 있다고 하여 사용하지 말 것을 주장하는 사람도 있으나, 언어 능력이 제한된 학습자들이 처음부터 영영사전을 사용하는 것은 여러 면에서 부담이 될 수도 있으므로 영한사전의 애용을 막을 필요는 없다. 다만 영영사전이 영한사전보다 단어의 의미를 보다 정확히 전달한다는 것은 확실하므로, 학습자의 언어 능력이 향상됨에 따라 점차 영영사전을 사용하도록 권하는 것이 바람직하다. 따라서 단계별로 살펴보면, 1) 영한사전, 2) 영한사전+영영사전, 3) 영영사전+영한사전, 4) 영영사전으로 순차적으로 발전시키는 것이 좋다. 초등학생의 경우는 일단 주제별로 정리되어 있는 그림 사전을 이용하도록 하고 점차 단어의 의미가 예문과 함께 제시되어 있는 글자 중심의 사전을 사용하도록 유도해야 할 것이다.

✏️ 문법

의사소통능력을 강조한 영어교육은 실제 언어사용 능력을 기르는 데 기여하였다. 그러나 우리와 같은 외국어교육 상황에서 이러한 주장이 전적으로 옳다고 말할 수 없다. 미국에 이민 가서 영어를 배우는 경우와 같이 자연적 언어 입력을 많이 얻을 수 있는 상황에서는 문법교육을 특별히 실시하지 않아도 문법을 저절로 습득할 수 있다. 그렇지만 우리와 같이 한정된 장소에서 한정된 언어 입력만을 얻게 되는 상황에서는 영어의 중요한 문법사항들이 자연스럽게 저절로 습득되기를 기대하기 어렵다. 그러므로 제한된 시간을 최대한 효율적으로 이용하기 위해서는 습득이 저절로 일어나기를 기대하고 방치하기보다는 균형

있게 잘 짜여진 계획을 바탕으로 영어학습이 점진적이고 체계적으로 이루어질 수 있도록 지도하는 것이 바람직하다.

🔴 첫째, 영어 실력을 튼튼히 키워주려면 문법을 익혀야 한다.

영어책을 많이 읽으면서 만들어진 표현과 어휘로 이루어진 문법을 통하여 수준 높은 영어 표현이 가능해진다. 문법을 통해 영어로 생각하고 말하기, 자기 생각 표현하기가 한층 매끄러워지는 것이다. 이처럼 문법은 어느 정도 영어를 할 때 배워야 효과를 볼 수 있는데, 문법부터 배우게 되면 오히려 역효과가 나는 경우도 많다. 이를테면 충분히 알고 있거나 이해하고 있는 문장에 대해 문법적으로 접근해서 영어의 규칙성을 배워야 하는데, 이와는 반대로 문법적 개념을 이해하기 위한 수단으로 문장을 공부하게 되므로 문법과 표현이 모두 어려울 수밖에 없다.

🔴 둘째, 많은 문장을 접하고 어휘력을 증진시키면 문법이 자연스럽게 익혀진다.

문법은 영어라는 외국어를 이해하기 위한 보조 수단이다. 따라서 적어도 초등학교 때만큼은 문법에서 벗어나 자유롭게 공부하는 것이 나중에 문법공부를 하는 데 도움이 된다. 많은 책을 통해 다양하고 훌륭한 문장을 많이 접하고 어휘력을 증진시키면 문법은 자연스럽게 익힐 수 있다.

🔴 셋째, 교과서에 나온 문법을 중심으로 공부하라.

문법은 자신에게 적합한 문법책 하나를 선정해서 공부하는 것도 좋은 방법이지만, 교과서에 나온 문법을 중심으로 공부하면서 관련된 부분을 문법책에서 찾아 정리하면서 공부하자. 특히 초등학교 시기의 문법은 그다지 많지 않으므로 지금부터 조금씩 철저히 다시 정리해 놓는 것이 앞으로의 문법 공부를 위해 아주 중요하다. 그러려면 문법 정리용 노트를 하나 준비하여 따로 정리하는 것이 시험을 치르는 데도 도움이 된다.

💬 넷째, 쉬운 문법용어를 사용하여 설명하라.

연역적 방법은 짧은 시간 안에 규칙을 알려줄 수 있어 편리하다. 이 방법은 주로 어린아이들보다는 성인에게 더 적당하며 다소 복잡한 문법구조를 가르칠 때 유용하다. 쉬운 우리말로 어떤 규칙성이 있는지를 지적해주는 것은 아이들의 이해를 분명히 하는 데에 도움이 된다. 초등학생들은 문법적 설명을 이해할 만큼 인지적으로 성숙하지 못하므로, 어려운 문법용어의 사용을 피해야 한다.

💬 다섯째, 실물을 이용한 충분한 연습은 아이 스스로 문법을 익히게 한다.

귀납적 방법은 아이들이 몇 가지 예를 보고 쉽게 규칙을 발견할 수 있는 간단한 문법을 지도하는 데 주로 사용이 가능하다. 이 방법은 아이들이 규칙의 발견과정에 적극적으로 참여하게 되므로 학습의욕을 높인다는 장점이 있다. 예를 들어 영어의 복수형 가르친다고 할 때, 부모는 실물을 들어 보이며 'This is a book', 'These are books'라는 예문을 준 후, 이와 유사한 여러 개의 예문을 줌으로써 아이들 스스로 규칙성을 발견하게 한다. 그러고 나서 아이들이 알고 있는 여러 물건들을 사용해 문장을 말하는 연습을 하게 한 후, 충분히 연습이 이루어진 다음에는 아이들에게 규칙에 대하여 설명해보도록 시킬 수 있다.

💬 여섯째, 필요에 따라 연역적 방법과 귀납적 방법을 혼용하라.

연역적 방법과 귀납적 방법은 각각 나름대로의 장점이 있으므로 두 방법을 절충하여 사용하도록 한다. 초등학생의 경우에는 특성상 귀납적 방법에 호응도가 높을 가능성이 크므로 가능하다면 이 방법을 사용해 가르치는 것이 바람직하다. 그러나 다소 복잡한 구문은 아이들이 규칙성을 발견하도록 하는 데에 시간이 많이 걸려 쉬운 일이 아니므로 연역적 방법을 사용하여 구문의 골격에 대해 이해시킨 후, 연습과 의사소통활동을 통하여 규칙을 내재화하도록 유도하는 편이 나을 것이다.

Chapter 3
수학두뇌 만들기

두정엽내 영역이 연산력에서 기초적인 역할을 한다고 해도, 뇌의 다른 많은 회로들의 지원이 없다면 결코 작동하지 못할 것이다. 우리가 어떤 대상을 보고 그것의 수를 가늠할 때, 일차시각피질(primary visual cortex)부터 두정엽내피질까지 이르는 일련의 피질영역은 점진적 수의 추출뿐만 아니라 대상의 크기, 모양, 위치와 같이 수와 무관한 매개변수들로부터도 수를 추출해내는 과정이 관여한다.

"수학은 공간감각이 중요하다"

53. 수학의 뇌를 활용하는 여섯 가지 전략

아이들은 적은 수량을 세는 법을 자연스럽게 익힌다. 자발적이든 또래를 따라하든, 간단한 수를 세어가며 연산을 익히기 시작한다. 손가락을 동원해서 더하기를 하다가 점차 손가락을 쓰지 않고 더하는 법을 배우고, 6세가 되면 덧셈 교환법칙(a+b=b+a)을 이해한다. 하지만 계산이 복잡해질수록 실수가 늘어난다. 그건 성인도 마찬가지이다. 도대체 왜 그럴까?

한 가지는 분명하다. 뇌는 계산을 하는 데 심각한 문제를 안고 있다. 아무리 진화를 거듭해 왔어도 조물주가 수십 가지 곱셈 연산을 외우거나 두 자릿수 뺄셈에 필요한 다단계 연산을 실행할 능력을 갖추지 못한 것이다. 수량을 근사치로 계산하는 능력은 유전자에 내장하고 있을지 모르지만, 정밀한 연산력은 내장하지 못하여 실수를 저지르기 쉬운 것이다.

아기는 태어난 지 이틀 만에 타고난 기초 산술 지식을 보여준다. 1+1=2, 1+2=3, 1-1=0, 2-1=1, 3-1=2, 3-2=1, 2-2=0, 3-3=0을 이해한다는 말이다. 그럼에도 불구하고 3 이하 정수의 덧셈과 뺄셈에 대해 보이는 타고난 정확성은

3 이상의 수에는 적용되지 않는다. 인간의 수 감각으로는 숫자가 클수록 숫자 처리가 어렵다. 두 개의 숫자로 이루어진 집합 중 차이가 같더라도 숫자가 커질수록 어느 수가 더 큰지를 파악하는 정확성과 속도가 떨어진다. 예를 들어, 두 경우 모두 숫자 차이는 3이지만, 5개와 8개로 된 것 집합 중에서 어느 것이 더 많은지를 파악하는 것이 19개와 21개로 된 것 중 어느 것이 더 많은지를 파악하는 것보다 더 정확하고 빠르다.

3 이상의 수에 대한 연산력은 언어력, 말하자면 최소한 대상에 기호로 된 명칭을 부여하고 2진법 체계에 대한 '기호추론'을 할 수 있는 능력이 있어야 하기 때문에 따로 훈련이 필요하다. 특히 수의 명칭과 구구단 같은 수의 기초를 처음 학습할 때 썼던 언어와 다른 언어로 수학교육을 받는 서양 아이들은 불리할 수도 있다. 중국어, 일본어, 한국어의 기초 수 단어들은 한 음절이고 십진수 체계의 표기법과 유사하게 조합된다. 예를 들어, 21은 '이-십-일'로 표현된다. 반면에 영어, 프랑스어, 스페인어와 기타 서양 언어는 명명체계가 더 복잡해서 eleven, twelve, thirteen, twenty, thirty처럼 자릿수가 바뀔 때마다 특수한 단어를 배워야 하고, 일부 언어에서는 특수한 구조까지 익혀야 한다. 가령 프랑스어로 83은 'quatre vingt trois', 문자 그대로 '네 개의 이십과 삼'이다.

🖉 어림수의 체계

어린아이가 수의 변화를 감지하는 데 성공하도록 만드는 주요 변수는 예상한 수의 예상치 못한 수의 비율이다. 예컨대 여덟 개 대 열여섯 개처럼 그 비율이 충분히 커서 어린아이가 무언가 잘못되었음을, 그리고 양이 변했거나 예상치 못한 것임을 알아차릴 수 있어야 한다.

생후 6개월 영아는 그 비가 1:2는 되어야 하는 반면, 9개월 영아는 1:1.5만

되어도, 예컨대 여덟 개 대 열두 개만 되어도 충분히 알아차린다. 따라서 영아들은 어림수밖에 이해하지 못한다는 것을 알 수 있다. 이 체계는 처음엔 매우 엉성하지만, 학령기를 거치면서 정밀해져서 마침내 성인 수준인 약 15% 차이의 수도 구별하게 된다. 성인이 되면 열둘 대 열넷 또는 100 대 115와 같은 수를 세지 않고도 구분할 수 있다는 뜻이다. 어림수 체계의 정밀도 향상은 수리력 발달에서 필수적인 역할을 하는 것으로 보인다. 십대에 측정하면, 어림수의 정확도가 표준수학 성취도 평가의 성적을 예측한다.

평생 연산에 어려움을 겪게 될 아이는 다른 감각장애나 인지장애가 없는데도 어림수 체계의 정확도만 지독하게 떨어지는 것을 볼 수 있다. 예컨대 그들은 13세 때에도 어림수 체계의 정확도가 평균적인 4세 아이의 수준에 머문다.

2000년 이래 과학자들에 의해 기초적인 어림수 체계를 지원하는 뇌 체계가 상당 부분 밝혀졌다. fMRI로 수 감각을 담당하는 영역이 확인되었다. 좌우뇌의 꼭대기 뒤쪽, 두정엽, 두정엽내구(intraparietal sulcus) 등이 그것이다. 이 부위가 결정적이라고 보는 데는 그것이 우리가 수를 생각할 때마다 활성화되기 때문이다. 그 수가 말인가, 글인가, 단어 형태인가, 아라비아 숫자 형태인가는 아무 상관도 없고, 심지어 우리가 어떤 대상을 살펴보면서 몇 개일까 생각하기만 해도 활성화된다. 우리가 수행해야 하는 수과제가 덧셈인가, 뺄셈인가, 곱셈인가, 비교인가 하는 것과도 무관하게 활성화된다. 그저 아라비아 숫자나 한 묶음의 대상을 바라보기만 하면 무조건 활성화된다. 이 부위는 우리가 계산을 할 때마다 어김없이 활성화되는 것이다. 따라서 이 영역의 뉴런에 이상이 있으면 산수장애를 일으킨다.

수학의 뇌

두정엽내 영역이 연산력에서 기초적인 역할을 한다고 해도, 뇌의 다른 많은 회로들의 지원이 없다면 결코 작동하지 못할 것이다. 우리가 어떤 대상을 보고 그것의 수를 가늠할 때, 일차시각피질(primary visual cortex)부터 두정엽내피질까지 이르는 일련의 피질영역은 점진적 수의 추출뿐만 아니라 대상의 크기, 모양, 위치와 같이 수와 무관한 매개변수들로부터도 수를 추출해내는 과정이 관여한다. '열다섯'처럼 문자로 쓰인 숫자를 보면 좌반구의 언어 처리 시스템에 속하는 다른 영역들이 단어의 철자, 단어, 음운 해독에 관여한다. 문자로 된 단어는 이미 학습된 알파벳 체계 안에서 확인과정을 거친 다음에 비로소 두정엽내피질 안에서 특정한 양에 대응될 수 있다. 마찬가지로, '15'와 같은 아라비아 숫자를 보아도, 또 다른 시각 영역들이 숫자적 내용을 해독한 연후에야 그것을 해당되는 양으로 대응시킨다. 따라서 양, 언어적 숫자, 아라비아 숫자를 처리하

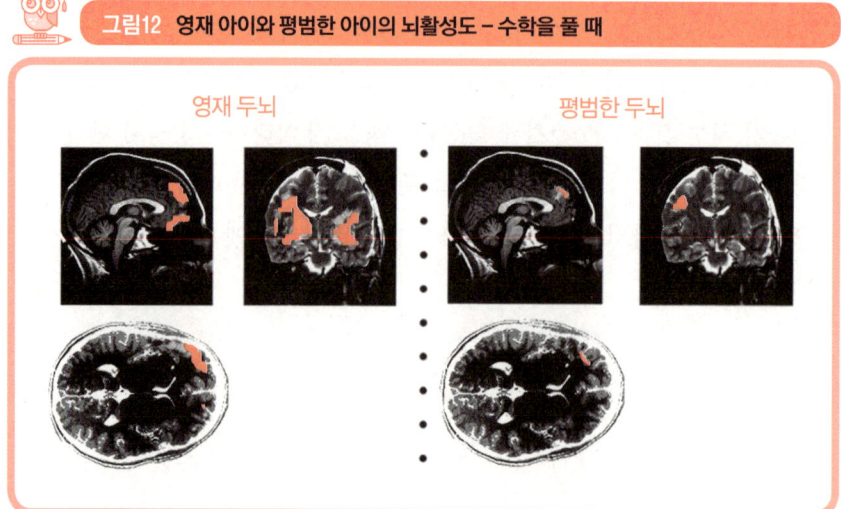

그림12 영재 아이와 평범한 아이의 뇌활성도 – 수학을 풀 때

는 세 가지 별도의 신경망이 서로 교신하는 삼중부호 체계가 존재함으로써 아이들은 한 표상을 다른 표상으로 속히 변환할 수 있다.

수학을 잘하기 위한 전략

문제를 푸는 데에는 암기력이 바탕이 되어야 한다. 암기력에 가장 결정적인 역할을 하는 것이 바로 측두엽과 정서의 뇌이다. 이들이 주로 기억을 담당하는 기관이기 때문이다. 하지만 모르는 문제가 주어지는 경우에는 전두엽이 가장 필요하다. 아이가 처음 부닥치는 문제를 해결하려면 먼저 문제에 대한 정확한 이해가 있어야 하고, 기존에 자신이 알고 있는 문제 중 어느 범주에 속하는지를 알아야 하며, 가능한 해결책에 대한 추론을 할 수 있어야 한다. 그리고 추론 중에서도 우선순위에 따라 구체적인 행동을 어떠한 형식으로 하겠다는 합리적 의사 결정을 내려야 하는데, 이 모든 것을 담당하는 것이 바로 전두엽이다.

따라서 수학을 잘하기 위해서는 여러 가지 전략이 필요하다.

첫째, 수학적 사실을 많이 경험하라.

아이는 자신이 경험한 사실들을 통하여 다양한 계산에 대한 해답을 할 수 있다. 그러나 사실에 대한 지식이 많다고 하더라도 아이는 학교 또는 실생활에서 문제를 해결하는 데 있어서 여전히 부족하다.

둘째, 절차적 활동을 연습하라.

절차적 행동은 어떤 목표를 성취하기 위하여 단계적으로 행하는 활동이나 행동을 말한다. 정확히 해답을 도출하기 위해 어떤 방식으로 단계적인 수행이 필요한지 알려주는 일종의 문법과 같은 것이다. 절차적 행동은 여러 수준으로 존재하는데 가장 낮은 수준으로는 구체적인 행동과 알고리즘이 있으며, 다소 높은 수준으로 전략과 직관이 있다.

🗨 셋째, 개념을 잘 파악하라.

유형적으로 절차적 활동을 하는 방법을 아는 것과 특별한 상황에서 수행되는 이유를 아는 것 사이에는 분명한 차이가 있다. 개념을 파악하는 아이는 그 의미를 이해하고 수학적 사실과 절차적 행동을 적절히 활용한다. 수학적 사실을 많이 경험하고 절차적 활동을 연습하면 문제를 해결할 수 있지만 자신이 무엇을 하고 있고 왜 하고 있는지는 알지 못한다.

🗨 넷째, 어림기술을 이용해 속도를 높여라.

시험 때는 대부분의 문제를 60초 이내에 풀어야 하므로 어림기술은 시험을 잘 보기 위해 꼭 필요하다. 근사치는 몇 초 이내에 얻어지고 가능한 답과 비교할 수 있지만, 완벽한 계산은 대개 주어진 60초보다 더 오래 걸린다. 수학적 사실, 절차적 행동, 개념파악은 가능하더라도 적당한 때에 어림하는 능력이 부족한 아이도 있다.

🗨 다섯째, 그래프, 도표, 수학방정식을 활용하라.

그래프, 도표, 수학 방정식은 자료 내의 패턴들을 개념적으로 잘 이해하게 도와주고, 이러한 패턴들을 이해하기 위해 수행되는 많은 양의 정보처리를 감소시켜줌으로써 추론을 잘할 수 있도록 한다. 수학을 잘하는 아이는 전략적 방식으로 그래프를 이용한다.

🗨 여섯째, 다양한 기회와 꾸준한 연습이 꼭 필요하다.

수학적 사실, 절차적 행동, 개념파악이 되더라도 지도를 제대로 받지 못하면 연습기회가 부족하기 때문에 문제를 해결하는 데 어려움을 겪을 수 있다. 수학을 잘 하려면 필요한 지식을 소유하고 그 지식을 적용할 수 있는 다양한 기회들을 가져야 폭넓은 범위의 문제들을 해결할 수 있다.

54. 수학, 연산력 키우기

　학습이 일어나려면 뇌 안에서 다양한 신경회로가 만들어지거나 강화되어야 하는데 이는 반복을 통해 이루어진다. 실은 우리가 아는 한, 반복만이 뇌가 학습할 수 있는 유일한 방법이다. 이 지식은 기초 연산교육에 기계적 학습을 포함시켜야 한다고 주장하는 사람들의 입장을 강력하게 지원한다. 기계적 학습이 없다면 아무도 구구단을 배울 수 없을 것이다. 반면 수많은 연구들이 기계적 학습만으로 얻은 지식은 적용범위가 제한적이고 안정성이 부족한 지식임을 보여주었다. 기계적으로 학습한 아이는 학습한 것을 재현 또는 암송해서 시험에 통과할 수는 있지만, 새로운 정보를 꼭 이해하는 것은 아니어서 그것을 문제 해결에 사용하지도 못한다.

연산력의 발달

아이에게 '9-3'을 풀어보라고 하라. 아마도 아이는 "9 다음 8인데, 그럼 1이 빠지는 것이고, 그다음은 숫자는 7, 그럼 2가 빠지는 것이고, 그다음은 6, 3이 빠지는구나. 그러니 정답은 6이요!"라고 말할 것이다. 이 경우 아이는 큰 수에서 시작하여 거꾸로 센 것이다. 이번에는 아이에게 '9-6'을 물어보라. 아이는 이번에는 더 효율적인 방식으로 작은 수에서 큰 수로 숫자를 셀 것이다. "6 다음은 7, 그럼 1만큼 차이가 나고, 8이 되려면 2만큼 차이가 나고, 9라면 3만큼 차이가 나는구나. 정답은 3이요." 아이는 연습을 통해서 빼기 부호 앞의 수가 뒤의 수와 아주 가깝지 않으면 더 큰 수에서 거꾸로 세는 것이 효율적이라는 걸 알고 있다. 반대로 빼지는 수가 빼는 수와 가까우면 작은 수에서 세어 올라가는 것이 더 빠르다. 이러한 전략을 자연스럽게 알고 적용하면서 아이는 '9-3'과 '9-6'을 계산한다.

아이들은 만 5세만 되도 손가락을 꼽아 세거나 순간적으로 파악하는 방식으로 개념구조를 형성한다. 우선 아이들은 포괄수량 모델이 있다. 아이들은 나무토막을 쌓아놓은 두 더미에서 어느 쪽이 더 많은지 구별할 수 있다. 또한 두 개의 시간 단위 중에 더 긴 쪽과 짧은 쪽을 구별하고, 두 가지 화폐 단위 중에서 어느 쪽이 더 큰지 구별한다. 천칭저울을 이용하여 어느 쪽 물체가 더 무겁거나 가벼운지, 저울이 어느 쪽으로 기울어지게 될지도 구별할 줄 안다.

만 7세 아이들은 포괄수량 모델과 처음부터 세어나가기 모델을 통합하여 더 큰 구조로 발전시킨다. 마음속 수직선을 이용하여 아이들은 계수열에서 더 높이 올라갈수록 더 큰 수라는 사실을 인식한다. 더 나아가, 수 자체가 규모를 지닌다는 사실을 파악하여 7이 5보다 더 크다는 사실을 깨닫는다. 아이들은 수직선을 활용해서 앞으로 세거나 뒤로 셈으로써 실제로 물체를 보지 않고도 간단히 더하거나 빼기를 할 수 있다. 이 발달단계를 기점으로 아이들은 수학이 실제

환경에 일어나는 데 그치지 않고 머릿속에서도 일어날 수 있다는 점을 이해한다. 아이들은 수를 셀 줄 알게 되면서 시계의 시침을 읽고, 지폐 크기가 같아도 어떤 것이 액수가 더 큰지 결정할 수 있다. 5세와 달리 7세 아이들은 물체의 수를 결정할 때 포괄수량 모델보다 숫자세기에 더 의존한다.

만 9세 아이들은 십진법의 자리 값을 이해하고 두 자릿수 덧셈 문제를 암산할 수 있으며, 두 자릿수 숫자 두 개 중 어느 것이 더 큰지도 안다. 시계에서 시침과 분침을 읽을 수 있고, 지폐와 동전이 포함된 액수도 계산할 수 있으며, 추의 개수뿐만 아니라 받침점에서 거리를 따져야 하는 저울대 문제도 풀 수 있다.

만 11세가 되면 아이들은 이제 정수 시스템을 더 깊이 이해한다. 올림수나 내림수를 포함하는 두 자릿수 계산을 암산할 수 있고, 세 자릿수가 포함된 문제도 풀 수 있다. 하나의 변수를 다른 변수에 따라 조정하여 비교할 수도 있다. 시간을 분으로 바꿔 3시간과 150분 중 어느 것이 더 긴 시간인지 비교할 수 있다. 500원짜리 동전을 100원이나 10원짜리 동전으로 바꿔 계산하여 누가 돈을 더 많이 가졌는지도 쉽게 알아낸다. 또한 받침점에서 거리와 추의 개수를 모두 따져야 하는 저울대 문제도 풀 수 있다.

연산력의 뇌

아이가 많은 지식을 기억하고 있다고 하더라도 그것을 빨리 불러올 수 없다면 아무런 소용이 없다. 연산에서는 정확성과 속도가 모두 필요하다. 우리는 머리가 좋고 나쁘다는 판단 기준으로 IQ를 이용한다. 하지만 뇌과학자들 사이에서는 지능검사가 전두엽의 기능보다는 측두엽의 기능을 많이 측정한다고 보는 견해가 많다. 정확한 답을 요구하는 산술과제는 측두엽의 언어기능에 의존하는 반면에, 추정을 필요로 하거나 근사치를 요구하는 과제는 언어기능을 사용하지 않는다고 보았다.

  이 가정을 시험하기 위해 연구자들은 영어와 러시아어를 둘 다 사용하는 피험자 집단을 모집하여 그들에게 두 언어 중 한 언어로 새로운 두 자리 덧셈을 가르친 다음, 두 언어 중 한 언어로 시험을 보았다. 질문이 정확한 답을 요구한 경우, 공부한 언어와 질문의 언어가 같을 때는 피험자들이 2.5~4.5초 뒤에 답했지만 두 언어가 다를 때는 꼬박 1초가 더 걸렸으므로, 연구자들은 피험자들이 질문을 공부한 언어로 번역하는 데 추가의 시간을 썼을 것이라는 결론을 내렸다. 그러나 질문이 근사치를 요구했을 때는 질문의 언어가 반응 시간에 영향을 주지 않았다. 연구자들은 시험을 보고 있는 피험자의 뇌 활성도 측정하였다. 그 결과, 근사치를 요구하는 질문에 답할 때는 수 감각을 담당하고 공간 추리를 지원하는 두정엽 부위에서 최대의 뇌 활성이 일어났지만, 정확한 수를 요구하는 질문에 답할 때는 말을 제어하는 전두엽 부위에서 훨씬 더 많은 뇌 활성이 일어났다.

연산력을 높이려면 많은 연습이 필요하다

  계산을 하는 데 많은 연습이 이루어지면 전두엽은 연산수행에 몰두하지 않고 다른 일에 할당될 수 있다. 어떤 과제를 전문가 수준으로 연습하면 전전두엽의 활동량은 줄어드는 대신 점차 머리 뒤쪽에 있는 더 자동적인 뇌 영역이 활성화된다. 이러한 자동화가 일어나기 전까지 아이의 전전두엽은 기계적인 계산에 전부 할당되어서 해답의 적합성, 문제 전체의 의미를 점검하는 등의 다른 중요한 측면에는 할당될 여유가 없다. 따라서 연산교육의 다른 목표는 기초적인 산술연산의 유창성과 자동성을 높임으로써 더 복잡한 문제를 처리하는 데 전전두엽을 할애할 수 있도록 하는 것이다.

💬 **첫째, 생활에서 규칙성을 찾자.**

규칙성과 함수 부분은 고학년이 되면 필요하므로 생활에서 규칙성을 찾아보거나, 신문을 통해 규칙적인 패턴을 찾아보거나, 교구를 활용하여 규칙성을 익히자.

💬 **둘째, 구체물을 통하여 익히자.**

초등학교 저학년 수학은 머리로 하는 것이 아니라 구체물을 통해 배우고 익혀야 한다. 또한 놀이를 통하여 수학을 하면 더 쉽고 재미있다. 여러 가지 길이의 막대기, 구슬, 다양한 블록 등을 사용하여 수학을 하면 아이의 머릿속에 이미지가 남기 때문에 구체적으로 수학을 배울 수 있다.

💬 **셋째, 기본개념을 먼저 알자.**

수학 문제를 풀더라도, 아이에게 무조건 문제를 풀라고 하기보다는 부모가 교과서에 있는 내용을 먼저 설명해 기본개념을 알게 하자. 문제를 줄 때는 문제를 조금씩 나누어 주면서 타이머로 시간을 재자. 아이가 잘 따라오면 조금씩 시간과 분량을 늘리자.

💬 **넷째, 복습을 통하여 암기하자.**

수학은 이해를 해야 하는 과목이기는 하지만 암기하지 않으면 잊어버린다. 이미 충분히 아는 것도 잊지 않으려면 복습을 통해 암기하여야 한다. 구구단을 외우거나 매일 일정한 양의 연산 문제를 풀어야 한다.

💬 **다섯째, 사고력이 필요한 문제를 주자.**

머리는 좋은데 집중력이 떨어지는 아이가 있다. 복잡한 문제를 잘 풀면서도 계산상의 실수가 잦은 아이이다. 이런 아이는 사고력이나 추론력이 뛰어난 아이로 단순히 계산 문제를 풀게 하기보다는 계산력과 사고력이 동시에 필요한 문제를 주어 지루하지 않게 계산력을 키워나도록 한다.

여섯째, 귀납적 사고력이 필요한 논리적 문제를 풀어보자.

수학은 직관적으로 계산하기보다는 논리적으로 문제를 해결하여야 한다. X를 이용하여 식을 세워보아 답을 구해보는 문제는 수학의 귀납적 사고력을 향상시키고, 문장제 문제를 분석하고 푸는 데 중요한 고리가 되므로 충분히 연습하자.

55. 수학, 독해력을 키워라

　수학은 초등학교 저학년 아이에게는 쉽고 즐거운 과목이지만 고학년으로 가면서 어려운 과목으로 바뀐다. 따라서 부모는 아이가 초등학교 저학년 때부터 수학에 좀 더 관심을 가져야 한다. 초등학교 저학년 수학은 연산 연습이 가장 중요하다. 가정에서 매일 일정 시간동안 꾸준히 연습시키면 연산 속도가 빨라져 시험도 잘 본다.

　기본연산을 잘하면 수학에 대한 자신감이 생기고, 시험을 볼 때도 여유가 생겨 실수를 줄일 수 있다. 또한 초등학교 저학년 때 배우기 시작하는 수와 연산, 도형, 측정 영역은 고학년으로 갈수록 점점 폭넓고 깊어지기 때문에 기초를 잘 다져두어야 한다. 처음에는 쉽지만 단계적으로 학습하다보면 높은 수준의 내용이 나온다. 따라서 초등학교 저학년 때부터 수학개념을 확실히 알고 지나가야 한다. 그때그때 충실하게 해놓지 않으면 다음 단계로 진행하기가 어렵기 때문에 수시로 점검하자.

초등학교 고학년 때 수학이 중요해지는 이유

초등학교 고학년 때는 수학을 잘하는 아이가 공부를 잘한다. 지능검사만 봐도 그렇다. 지능검사는 언어성 지능과 동작성 지능으로 나뉘는데 수리력은 언어성 지능에 속한다. 반면 공간적 지각능력이나 직관은 동작성 지능에 속한다.

수학을 잘하기 위해서는 언어성 지능과 동작성 지능이 모두 필요하다. 인지 기능 전체를 활용해야 수학을 잘하는 아이가 될 수 있다. 단순히 수학 공부만 해서 되는 것이 아니고, 문장제 문제가 길어지고 복잡해져도 이해할 수 있도록 언어적 능력이 뒷받침되어야 한다. 어휘력도 물론 좋아야 하지만 출제자의 의도를 잘 파악해야 한다. 계산식 문제는 잘 푸는데 문장제 문제는 잘 못 푸는 아이들은 언어력이 뒷받침되지 않아서인 경우가 많다. 따라서 수학을 잘하기 위해 수학만 공부시키면 문제가 생긴다.

 ## 수학을 싫어하는 아이들

수학은 사고의 학문이다. 인수분해나 함수를 몰라도 인생을 살아가는 데는 전혀 지장이 없다. 더구나 행렬의 연산을 어디다 써먹겠는가? 하지만 인수분해를 풀고 함수를 해결하고 행렬의 연산을 생각하는 과정에서 우리는 어떤 일을 처리하는 데 필요한 능력을 키우게 되며, 이를 합리성, 논리성이라 부른다. 바로 이것이 수학을 공부하는 이유이다.

아이들은 수학이 실생활과 아무 관련 없는 과목이라고 생각해 수학을 싫어하기도 하지만, 수학을 잘 적용하면 생활에도 많은 도움이 된다. 아이는 생활 속에서 수학과 수학적인 원리들을 많이 만날 수 있다. 부모가 평소 생활 속에서 아이에게 알려주고 대화한다면 아이는 무의식적으로 수학이 생활과 밀접한 관계가 있다고 생각하여 더 열심히 배울 것이다.

🔴 첫째, 구체적 경험을 반복하고 연습하라.

아이가 수학 공부를 시작할 때 추상적인 개념은 바로 가르치기보다 구체적인 접근을 통해 이해시키도록 하자. 즉 아이가 구체물을 통해 이해하도록 해야 한다. 바둑돌, 블록, 수모형으로 사칙연산에 대한 기본 개념을 확실히 다지고 나서 사과나무 한 그루, 사탕 한 개, 사람 한 명, 집 한 채 등 개별적이고 구체적인 예를 통해 하나라는 개념을 익히게 하는 것이다. 육면체라는 개념도 벽돌, 상자, 책 등을 사용해 구체적으로 익힐 수 있다. 구체적 경험으로 반복해 연습하다보면 어느새 전형적인 개념이 획득되고 이후에는 대수학이든 기하학이든 더 나아가서는 추상성을 필요로 하는 대부분의 과목이 그리 어렵지 않게 될 것이다.

🔴 둘째, 보드게임으로 문제해결력을 향상시켜라.

수학 교과서에도 나오는 패턴 찾기 역시 문제해결력과 관계가 있다. 아이들이 좋아하는 보드게임 중에도 문제해결력을 요구하는 게임들이 적지 않다. 아이와 즐겁게 놀면서 문제해결력을 향상시킬 수 있는 게임을 한다면 정서의 뇌와 전두엽을 동시에 발달시키는 일석이조의 효과를 얻을 수 있다.

🔴 셋째, 실생활에서 수학적 경험을 하게 하라.

아이가 아주 쉬운 문제도 잘 이해하지 못하는 것처럼 보이는 경우가 있는데, 이는 실생활에서 경험하지 못했기 때문이다. 장을 볼 때 직접 계산해보게 하거나 단위를 따져보는 등 수시로 수학적 개념을 연관시켜야 한다. 자로 재기나 도형 등은 수없이 해보아야 터득할 수 있다. 무엇이든 충분히 이해하고 넘어가야 한다.

💬 넷째, 사고도 연습과 훈련의 결과이다.

대부분의 아이들에게 사고력 수학은 순수한 추상 개념에 관한 정밀하고도 논리적이고 분석적인 사고와의 첫 만남이다. 부모는 그러한 사고력은 타고나는 것으로 생각할지 모르지만, 실은 연습과 훈련의 결과이다. 뇌는 그러한 사고를 결코 자연스럽게 느끼지 않는다. 따라서 논리적이고 분석적인 사고력은 배워 습득해야 길러지는데, 이를 배울 수 있는 유일한 방법은 하향식 접근방식이다. 먼저 규칙을 배우고 그 규칙을 적용하다보면 의미를 알고 이해하게 된다. 인간의 뇌는 경험하는 모든 것에서 의미와 이해를 찾도록 만들어졌기 때문이다.

💬 다섯째, 개념형성을 확실하게 하자.

아이가 스스로 확실하게 개념을 파악하고 있는 문제들은 집에서도 잘 틀리지 않는다. 하지만 개념을 확실하게 이해하지 않은 채 문제를 풀면 반복해서 틀리기 쉬우므로, 반복해서 틀리는 문제 유형을 파악하여 개념을 이해시키고 익숙하게 반복시켜라. 개념을 익히려면 수준에 맞는 수학 문제집을 선택해야 한다. 너무 쉬우면 동기유발이나 실력 향상에 도움이 되지 못하고 너무 어려우면 수학에 대해 좌절하게 된다. 아이가 풀었을 때 80점 정도 나올 문제집을 선택하는 것이 좋다. 문제집을 풀 때는 시험을 볼 때처럼 시간을 정해놓고 푸는 연습을 하자.

💬 여섯째, 책을 많이 읽자.

국어를 잘하는 아이가 수학도 잘하는 것은 문제를 읽고 이해하는 능력이 탁월하기 때문이다. 책을 많이 읽는 아이일수록 문장제 문제에 강하다. 초등학교 4학년 첫 단원 '큰 수'에서는 조와 경 단위의 숫자가 나온다. 1조 단위와 경 단위의 숫자는 현실적으로 보고 느낄 수 있는 숫자가 아니기 때문에 추상적 사고력이 뒷받침되어야 문제를 풀 수 있다. 따라서 초등학교 때에는 수학에만 집중하기보다 언어적인 경험을 많이 하여 추상적 사고력을 향상시켜야 한다.

56. 수학 공부에 실패할 때

저학년 때는 수학을 잘 하다가 고학년 때는 수학을 못하는 경우를 많이 보게 된다. 이런 원인은 여러 가지가 있지만 문제풀이 위주의 공부방식이 문제가 된다. 수학은 개념에 대한 충분한 이해가 있어야 갈수록 재미있어지고 맛도 느껴진다. 하지만 문제풀이 위주로 공부하다보면 나중에 수학이 재미가 없고 지겨워진다.

대부분의 아이들은 무슨 과목이든지 유형별로 공부한다. 아이는 시험 문제를 받자마자 먼저 자신의 직관을 이용하여 각각의 문제가 어떤 유형의 문제인지를 파악하는 데 신경을 쓴다. 문제의 유형을 파악한 다음에는 유형별로 어떻게 풀 것인지 미리 정리해놓은 해법들을 머릿속에 떠올린다. 이렇게 문제에 맞는 풀이가 머릿속에서 파악되면 그 방법을 사용하여 문제를 푼다. 특히 어려운 수학에서 이런 유형별 학습은 더 강조된다.

유형별 학습은 나름대로 장점이 있다. 문제를 보는 순간 바로 어떻게 풀 것인지를 떠올리기 때문에 시간을 절약할 수 있다. 특히 시험시간이 모자라 여유 있게 문제를 풀 시간이 없는 고학년 수학시험에는 효과적이다. 하지만 유형별 학습은 수많은 위험 요소도 함께 갖고 있다. 예를 들면 다음과 같다.

🗨 첫째, 실수가 많다.

아이가 문제 유형을 파악하는 데 관심을 쏟다보면 문제의 세부사항을 놓치기 쉽다. 숫자를 잘못 보거나 계산을 잘못해서 뻔히 아는 문제도 실수로 틀리는 것이다.

🗨 둘째, 고난도 문제를 못 푼다.

자기가 풀어본 유형의 문제가 나오면 다행이지만 좀 복잡하거나 새로운 유형의 문제가 나오면 손도 댈 수가 없다. 그래서 아이는 시험을 앞두고 많은 문제를 풀어 다양한 유형의 문제를 접하면서 새로운 유형에 대비하게 된다. 그러나 이렇게 해서는 아무리 노력해도 최상위를 가리는 고난도의 문제를 풀 수 없다.

🗨 셋째, 끊임없이 해법을 외워야 한다.

문제 유형을 파악했다 하더라도 해법을 잊어버리거나 해법이 떠오르지 않으면 그 문제를 풀 수가 없다. 많은 아이들이 선행학습으로 반복 학습을 하는 것도 해법을 머릿속에 새기고 잊어버리지 않기 위해서다. 문제는 이렇게 해도 여전히 틀리고, 더 이상 점수가 오르지 않는다는 것이다.

🗨 넷째, 사고력이 떨어진다.

유형을 파악한 후 해법을 기계적으로 적용하는 방식은 아이의 사고력을 떨어뜨린다. 문제를 놓고 어떻게 풀지 생각할 필요 없이 그저 머릿속에 떠오른 해법을 적용하기만 하니 당연히 사고력이 좋아질 리 없다.

수학은 공간감각이 중요하다

수와 공간이 상호작용하는 영역은 두정피질(parietal cortex)이다. 두정피질에 있는 양 체계가 크기, 위치, 응시 방향과 같은 공간 차원을 부호화하는 다른 뇌 영역과 현저하게 가깝거나 겹쳐진다. 어떤 수가 제시되면, 두정엽을 활성화하고 공간 부호화에 관련된 영역들을 활성화하는데, 이때 일관된 방향으로 확산된다. 즉 작은 수는 왼쪽 공간을 부호화하는 우반구를 더 크게 활성화한다. 아이가 덧셈을 할 때 처음부터 주의력을 수직선 오른쪽 방향으로 옮기는 것처럼, 뇌의 활성화 부위도 공간의 오른쪽으로 부호화하는 피질을 향해 옮겨간다. 이때 필요한 것이 선형적 대응이다. 원래 뇌는 로그적(logarithmic) 대응을 하도록 만들어졌기 때문에 뇌가 선형적 대응을 하려면 수학적, 문화적 교육에 노출되어야 한다. 연습과 훈련이 필요한 것이다.

연습과 훈련을 통해서 아이들은 어느 순간 연속되는 수는 간격이 똑같아야 함을 이해하고, 측정을 쉽게 하는 선형적 대응을 하기 시작한다. 뇌가 이렇게 로그적 대응에서 선형적 대응으로 전환되는 변화는 초등학교 1학년과 4학년 사이에 일어난다. 이때 수에 대한 정확한 이해도 생긴다. 실제로 이런 선형적 이해를 잘하는 아이가 학교에서도 수학성적이 좋은데 이는 훈련에 의해 향상된다. 따라서 수를 일종의 공간으로 개념화하고 그 공간의 선형성을 이해하는 공간감각은 많은 경험과 훈련에 의해 향상될 수 있으며, 수학적 사고에 있어서 필수적인 과정이다.

공간감각의 뇌

fMRI로 정확한 계산 및 근사치 계산과 관련되는 뇌 영역을 비교해본 결과, 근사치 문제에서 더 많이 활성화되는 부위는 뇌 양측의 두정피질이었던 반면, 정확한 값 문제에서 더 많이 활성화되는 부위는 전전두피질로 드러났다.

아이는 연령이 증가함에 따라 전각회(anterior angular gyrus)를 포함한 좌측하두정피질(left inferior parietal cortex)의 활성화가 증가한다. 말하자면 사고력 수학을 담당하는 뇌가 발달한다는 뜻이다. 반면에 전전두피질과 전대상피질의 영역을 비롯해 해마와 대뇌기저핵(basal ganglia) 같은 영역은 활성화가 감소한다. 덧셈과 뺄셈 같은 연산을 담당하는 뇌는 오히려 덜 쓴다는 뜻이다. 어릴 때에는 아이가 연산을 하는 데 작업기억이 많이 필요하기 때문에 전전두피질을 많이 사용하는 반면, 연령이 증가하면서 연산이 자동화되면 공간감각이 필요한 두정피질을 더 많이 사용하는 것이다. 특히 양측 상두정엽(superior parietal lobe) 영역으로 수를 처리하는 동안 필요한 주의력을 보조한다. 여러 자리 계산을 할 때에는 한 자리 계산을 할 때보다 주의력이 더 많이 필요한데 이때 중요한 역할을 한다. 게다가 이 회로는 공간적 처리와 수치적 처리가 연결되는데 일조한다. 이 과정에서 수학이 미숙한 아이와 수학이 능숙한 아이는 수학문제를 풀 때 다른 뇌를 사용하는 것이다. 수학을 포기하는 수포자는 이 과정에서 생긴다.

중요한 개념은 외워야 한다

수포자가 되지 않으려면 전두피질에서 두정피질로의 역동적 전환이 이루어져야 한다. 그러기 위해서는 다음의 지침이 필요하다.

 첫째, 문제를 한 줄 한 줄 따라 읽어라.
절대로 자신의 생각을 개입시키지 말고 읽어라. 또 출제자가 어떤 의도로 이 문제를 만들었는지 생각하고, 그 의도를 찾는 데 집중해야지 해답을 보거나 딴 생각을 하면 안 된다. 이렇게 훈련하면 문제를 많이 풀지 않아도 사고력이 좋아지고, 문제해결 능력도 월등히 향상된다. 조금씩이나마 자기의 방법을 바꾸려고 꾸준히 노력해야 한다.

둘째, 기본개념을 정확히 하자.

비와 비율, 비례식 등의 용어에 대해 정확하게 이해하고 있으면 중학교에 가서도 어려움을 겪지 않게 된다. 특히 규칙성과 함수 영역은 고학년 때부터 배우기 시작하여 중고등학교에서도 연속해서 배우기 때문에 중요하다. 이를 바탕으로 중학교에서 일이차함수를 배우고 고등학교에 가서 유리함수, 무리함수, 역함수, 합성함수 등을 배우기 때문에 함수의 기초 공사가 고학년 때 이루어진다.

셋째, 중요한 개념은 외우자.

도형 영역에서 중요한 개념은 외워야 한다. 요즈음 수학 문제에는 이유를 말하라는 문제가 많기 때문에 중요한 개념은 외워야 한다. 또한 나중에 중학교 가서 더 어려운 도형문제를 풀 때 수학적인 사고를 하는 데 필요하다. 어려운 개념은 수학개념 노트를 만들어서 매일 한 번 정도씩 읽어보도록 하자. 종이에 자기가 꼭 알아야 하는 개념들을 뽑아서 기록한 후 시간 날 때마다 한 번씩 읽다보면 자신감이 붙는다.

넷째, 정확성과 속도를 위해 연산력이 필요하다.

초등학교 고학년 문제를 해결하려면 다단계의 연산 과정을 거쳐야 하는 경우가 많다. 그래서 기본연산 연습이 잘되어 있는 아이일수록 시간에 여유가 있다. 하지만 연산 연습이 되어 있지 않은 아이는 연산에 너무 많은 시간을 빼앗기기 때문에 시간이 모자라게 된다. 따라서 고학년이 되었다고 연산 연습을 너무 등한시 하지 말고 가정에서 꾸준히 연습하는 것이 좋다.

💬 다섯째, 눈으로 풀기보다는 연습장으로 풀어라.

실제로 시험에서 눈으로 풀면 실수하기가 쉽다. 머릿속에서 계산을 하면 정확성이 떨어지고, 또 검토하려 해도 어디에서 틀렸는지를 찾아낼 수가 없다. 더군다나 학년이 올라갈수록 이러한 방법은 통하지 않게 돼 있다. 문제가 조금만 어렵거나 복잡해도 암산을 잘 할 수가 없기 때문이다. 또 최근에는 서술형 평가가 강화되면서 비록 답을 아는 문제라도 단계적으로 풀어나가는 것이 중요해지고 있다.

💬 여섯째, 도형은 구체적인 활동을 통하여 익혀라.

도형 단원에서는 각도의 의미를 먼저 정확하게 이해하는 것이 필요하다. 직각과 1도의 개념 등을 이해해야 하고, 삼각형과 사각형의 내각의 합을 배우게 되는데 이때 구체물을 통하여 익혀야 한다. 집에서 각도 재는 연습을 많이 하자. 도형 영역에서는 생소한 용어가 많이 나오므로 그때그때 용어의 개념을 정확하게 이해하고 넘어가자.

도형 영역에서는 입체도형으로 가장 간단한 직육면체와 정육면체를 배운다. 그렇게 어렵지는 않지만 반드시 실제로 만들어보고 실물을 보면서 학습하는 것이 훨씬 효과적이다. 겨냥도도 보이지 않는 부분에 대한 공간감각이 떨어지는 아이의 경우 매우 힘들어한다. 공간감각이 현저하게 떨어지는 아이들은 실제 상자를 가지고 연습을 해보거나 혹은 투명한 아크릴로 직접 도형을 만들어보면 직육면체를 보다 쉽게 이해할 수 있다.

57. 수학을 잘하기 위해 부모가 할 일

　부모가 수학을 직접 가르치다보면 곧잘 아이랑 입씨름이 벌어진다. 아이는 문제를 내기가 무섭게 눈으로 금방 답을 찾아낸다. 부모는 암산으로 하지 말고 차근차근 식을 써내려가면서 풀 것을 요구한다. 그러면 아이는 답만 맞으면 되지 식이 뭐 중요하냐고 따지듯 반문한다. 어느 부모나 한번쯤 겪어봤을 것이다.
　부모가 이러한 아이의 공부습관을 걱정하는 건 당연하다. 눈으로 풀기를 좋아하는 아이는 대개 지능이 높고 순발력이 강해 단순계산에는 아주 강하다. 또 게으른 특성으로 인해 자기가 다 아는 것을 연습장에 다시 써내려가는 것을 아주 귀찮아한다. 차라리 연습장보다는 자신의 머릿속에 있는 칠판에서 문제를 푸는 것이 훨씬 간편하고 효율적이라고 생각한다. 구태여 바꾸어야 할 이유가 없다고 생각하기 때문이다. 그러나 실제 문제를 풀면 오답이 많다는 것이다. 연습장으로 풀다보면 틀리지 않을 일도 눈으로 풀다보면 작업기억력의 한계 때문에 오답이 많아진다. 따라서 아이가 문제를 자주 틀린다면 오답의 유형이 무엇인지 파악해야 한다.

단순히 문제를 잘못 읽거나 지문의 숫자를 잘못 봐서 실수하는 경우가 많다면, 문제에 밑줄을 긋거나 별표를 치게 하여 집중력을 높여야 한다. 또 문제집을 많이 풀어서 유형문제에 익숙해진 아이는 문제를 제대로 읽지 않고 답을 쓰기도 한다. 내용을 잘 알아도 기존에 풀었던 방법대로 습관적으로 풀기 때문에 실수를 하는 경우이다.

유형별 학습에 대한 점검이 필요하다. 그리고 선행학습으로 문제를 깊이 이해하지 못해서 틀리는 경우도 있다. 지나친 선행학습을 한 아이는 고학년이 되면 진정한 실력을 발휘할 수 없다. 선행학습의 결과로 만들어진 실력은 초등학교 고학년으로 갈수록 실체가 드러나는 법이다.

수학의 자기주도성을 높이기 위한 부모의 지침

저학년 때 실력은 부모에 의해 만들어지는 경우가 많아서 온전히 아이의 실력이라고 할 수 없다. 초등학교 저학년 때 부모에게 너무 의존하였던 아이는 자기 주도적으로 공부하기가 어려워 초등학교 고학년으로 갈수록 성적이 떨어지는 경우가 많다. 부모가 세심하게 봐주는 것은 좋지만 아이의 자기주도적 학습력을 높여주는 방향으로 이루어져야 한다.

첫째, 문제를 분석하는 능력을 키워라.

수학을 잘하려면 언어력이 선행되어야 한다는 것을 절실하게 느끼는 때가 초등학교 고학년이다. 부모가 아이가 가져오는 교과서를 보면 내용이 어려워서 선뜻 알려주지 못할 때가 있다. 문제를 이해하는 데 어려움이 있는 것이다. 문제가 요구하는 바를 찾기 위해서는 가장 먼저 문제부터 철저히 분석해야 한다. 주어진 문제가 세 줄 이상인 것은 예사이고, 학년이 올라갈수록 한 문제가 문제집 한

페이지를 메우고 있는 경우도 흔하게 볼 수 있다. 특히 수학에서 주어진 문제와 지문은 답을 찾아내는 데 중요한 실마리를 제공한다.

💬 둘째, 수학적 교구재를 적극 활용하라.

기하학적 사고 모델을 설계한 피에르 반 힐(Pierre van Hille)은 고등학생에게 기하학을 가르치면서 중요한 연구를 실시하였다. 연구 결과, 나이가 많은 학생들도 기하학을 처음 배울 때는 손으로 조작할 수 있는 교구재가 유용하다는 사실을 알아냈다. 성인들은 고등학생 정도라면 직접 만져보는 활동을 하지 않고서도 복잡하거나 익숙하지 않은 개념을 익힐 수 있을 거라고 기대한다. 하지만 그런 기대는 해당 영역에 대한 아이들의 좌절과 실패만 불러올 뿐이다. 즉 기하학 분야를 배울 때는 손으로 조작하는 교구재를 제공받으면 아이들은 추상적인 가소를 빠르게 이행하게 되는데 이는 다른 분야에도 적용할 수 있다.

💬 셋째, 긴장감과 공포 분위기로부터 벗어나라.

무서운 얼굴과 목소리로 시작하는 수학 공부가 잘될 리가 있겠는가. 문제를 설명해줄 때는 잘 푸는데 다시 풀라고 하면 못 푸는 아이들도 많다. 설명을 들을 때 긴장하는 아이는 다시 문제를 풀려고 하면 떨려서 풀지 못한다.

알려준 사실을 가지고, 묻고 있는 것을 어떻게 알아낼 것인가가 문제 해결의 과정이다. 이 질문을 스스로에게 던지고 답을 찾는 연습을 하면 문제 앞에서 당황하여 풀지 못하는 어려움을 극복할 수 있다. 이 방법은 조금만 생각하면 풀 수 있는 문제를 시작도 못 하는 아이에게는 큰 도움이 된다.

💬 넷째, 아이 스스로 풀게 하자.

남이 푸는 것을 보기만 해서는 자기 지식이 되기 어렵다. 아이에게 문제 하나를 내고 스스로 풀 때까지 기다려주어라. 한 시간이든 두 시간이든 풀 때까지 충분히 기다려주는 것이다. 아이가 스스로 풀면 그때서야 다른 풀이방법도 알려준다. 틀린 문제는 혼자 다시 풀게 해야 한다. 아이가 지적 희열을 맛보게 하게 하기 위해서다.

이렇게 한두 번 스스로 다시 풀게 해도 모르는 경우에는 약간의 힌트를 주는 것이 좋다. 힘든 과정을 거쳐 결국 최종적인 정답은 아이가 내도록 한다. 어렵게 겨우 정답을 알아내면 절대 다시 틀리지 않는다. 이런 과정을 맛보아야만 공부를 잘할 수 있다.

💬 다섯째, 꾸준히 연습하게 하자.

구체적으로 해결하는 절차를 알고서 문제를 잘 해결한다고 하더라도 아이는 여전히 다양한 절차적 실수를 한다. 오답노트를 이용하는 것은 이런 실수를 줄이기 위한 좋은 방법이다. 오답노트를 만들어 그 문제를 반복해서 풀다보면 익숙해져 다음에 그런 문제가 나오더라도 틀리지 않는다.

오답노트는 공부 시간을 절약할 수 있게 도와준다. 오답노트를 만드는 데 시간이 오래 걸리기 때문에 시간 낭비라고 생각하는 아이도 있는데, 이는 잘못된 생각이다. 물론 오답노트 작성에 시간이 걸리기는 하지만 결과적으로는 시간을 더욱 효율적으로 쓸 수 있게 한다. 평소 여유가 있을 때 시험을 위해 투자하는 것으로 생각하자. 오답노트를 만들지 않고 공부하면 시간이 많이 걸리는데, 오답노트를 활용했다면 시간을 많이 단축할 수 있다.

💬 여섯째, 정기적으로 암산을 하라.

암산을 잘하는 아이라면 모든 수학문제를 펜을 들지 않고 오직 눈으로만 풀도록 해보라. 처음에는 가볍게 여기지만 막상 모든 문제를 눈으로 풀려면 곧 힘들어진다. 눈으로 푸는 것이 머리를 많이 써야 하기 때문이다. 실제로 눈으로 풀려면 문제를 푸는 전 과정을 자신의 머릿속 칠판에 적어놔야 한다. 그래서 이렇게 하도록 하면 우뇌가 발달하고 작업기억 용량이 늘어나 지능도 좋아진다. 또 머릿속에서 단계적으로 연산을 여러 번 반복해야 하기 때문에 장기기억이 좋아지고 좌뇌의 순차적 사고능력도 많이 향상된다. 거기에다 과제에 도전하는 힘이 강해지고, 지적 성취감까지 생긴다. 이처럼 암산도 때로는 공부두뇌를 만드는 데 좋은 도구가 된다.

압도적인 결과는 내는
공부두뇌

초판 1쇄 인쇄 2018년 9월 20일
초판 1쇄 발행 2018년 9월 27일

지 은 이 김영훈
펴 낸 이 권기대
펴 낸 곳 베가북스
총괄이사 배혜진
편   집 김영명, 문현정
디 자 인 김영수
마 케 팅 황명석, 하유빈

출판등록 2004년 9월 22일 제2015-000046호
주소 (07269) 서울특별시 영등포구 양산로3길 9, 2층 201호
주문 및 문의 전화 02)322-7241 팩스 02)322-7242

ISBN 979-11-86137-77-2

※ 책값은 뒤표지에 있습니다.
※ 좋은 책을 만드는 것은 바로 독자 여러분입니다. 베가북스는 독자 의견에
   항상 귀를 기울입니다. 베가북스의 문은 언제나 열려 있습니다.

원고 투고 또는 문의사항은 info@vegabooks.co.kr로 보내주시기 바랍니다.
홈페이지 www.vegabooks.co.kr 블로그 http://blog.naver.com/vegabooks.do
트위터 @Vega_event 인스타그램 vegabooks 이메일 vegabooks@naver.com